中國古代文化漫談

趙超 著

百種調香×異域歌舞×相馬游獵

古人其實比你更懂生活！

目錄

目錄

代序 ── 關於治學

前兩年，我的小書《新唐書宰相世系表集校》出版以後，呈送一冊給楊泓先生。楊先生對我說：「今後再也沒有人做這種學問了。」誠哉斯言。當前時世，走前儒考證之路恐怕是難以立身了。如今卻承蒙各位讀者青眼，讓我寫寫自己治學的體會，不勝惶恐。真的，不勝惶恐。一想到自己走的這條小路明知沒有人會再走，卻還去指給別人，就覺得有誤人子弟之嫌。何況面對著「外面的世界很精彩」，卻要勸人皓首窮經，「一簞食，一瓢飲，在陋巷」，大概誰也不會去聽的。只是歷來不善拂人美意，在這「學術界充斥空泛、虛假、浮躁之風」（據某報評論）的今天，卻有出版方能致力於介紹治學之道，實在令我感佩不已，不寫太對不起人家。但是自己思量，念了幾十年書，還是似通非通，所謂「上窮碧落下黃泉，兩處茫茫都不見」，怎麼敢談治學呢？細想多年來埋首故紙舊物，爬了上百萬字的格子，其中體會最深的，還是當年指導教授孫貫文先生再三叮囑過的幾句話，就便在這裡寫出來，既算是自己的一點體會，也是對先生的一點紀念。

清儒有言：「讀天下書未遍，不可妄加雌黃。」孫先生常一字一頓地對我強調這句話。當然，讀遍天下書這條件現在說來太高，當代資訊爆炸，幾人能讀遍天下書呢？我們平常進的圖書館書庫裡，那書已幾乎令人無法讀遍了。而那些著名的大圖書館館藏會嚇死人。國外的圖書館和我們不同，不可以隨便進入書庫，帶給人的震懾就更大。記得我第一次走進大英圖書館時，看到那鋪天蓋地的幾層樓高的書架上滿滿的圖書，真是有一種人都要被淹沒了的感覺。按清儒之誠，今天的人大多該緘口不言了，可是偏偏還要說，而且是越說越敢說，妄加雌黃的事情就越來越多。我體會到，孫先生是以此告誡我寫文章、提觀點要慎重，沒有對要研究的問題全面了解之前，不要急著發議論、下結論。老一輩學者研究一個問題，往往要多年蒐集資料，了解相

關研究情況，反覆考察，深思熟慮後才發言，寥寥幾語，就能振聾發聵，成不移之說。與強不知以為知，以其昏昏，卻欲使人昭昭之徒，高下豈止千里？說來慚愧，自己迫於生計，有時也是匆忙成文，掌握的資料恐怕未必全面。實在對不起先生的諄諄教誨。

古往今來，真心做學問的人，總會追求得到一些自己獨特的見解，做出一點超越前人的成績，對於別人的說法，也不會簡單地全部沿用，而要透過自己的思索與評判。即使達不到，也不會因循守舊，人云亦云，甚至抄人家的書，用人家的話。天下文章一大抄，下筆千言，空無一物的，有沒有味道，想來大家都體會得出。更何況抄襲已經是涉及學術道德的大事了呢？這句話還可以延伸到研究的選題上去。已經被人家研究爛了的題目，除非能別出蹊徑，有所創新，否則還是不要再炒為妙。

孫先生說過：「不與別人爭題目，搶熱門，要會用舊題目作新文章。這就像廚師做菜，好廚師能用同樣的原料做出上百種不同的菜來。不好的廚師就只會糟蹋材料。」我知道這是針對當時爭新題目的風氣而言，豈知而後此風越來越盛。靠把持新題目先聲奪人，為爭題目不擇手段，借助傳播媒體大肆炒作……層出不窮。考古文物界在這一點上尤其明顯。但是往往熱鬧一時，過後就無人再問津了，相關研究究竟深入到什麼程度？解決了多少問題？恐怕沒有多少人再去注意。我自知不善爭搶，孫先生的話，於我心有戚戚焉。至於對別人是否適用，不敢擔保。

多年來，這幾句話一直記憶猶新，甚至連孫先生當時說話的神情都歷歷在目。話雖簡單，做起來卻極難。自己也未能完全做到，只好「雖不能至，而心嚮往之」。後來悟到，先生就是在講做學問只是一個「實」字，老實、真實、踏實。這就不僅是做學問，而是做人的真諦了。我總覺得這是老一輩知識分子的彌高彌堅之處。學問與人格人品是完全一致的。不像當今學術界，有的人學問漂亮，人品卻不那麼漂亮；有的人學問不漂亮，人品更不漂

亮，甚至公然謊話連篇，虛偽成性。可能是世界變了，學問已經成為謀生之工具，而非天下之公器了吧。

　　由此就又想到，這些話說給別人聽是否合適。「不是我不明白，這世界變化快。」我在中小學讀書時，最流行的一句話就是：「在科學上，沒有平坦的大道可走，只有那在崎嶇小路上不畏攀登的人，有希望達到光輝的頂點。」現在很少聽到人說這句話了。白雲蒼狗，大約如今是大道入雲端了。有專車可坐的，或者買得起賓士、BMW 的，可以直驅頂點。上小路去攀登的，也許只有專好這一口的登山運動員了。沒有人再做笨學問，幸甚。至於學術，幸乎？抑不幸乎？「君其問諸水濱」。

冠、幘、編髮、扁髻與其他

　　中國古代一直傳說「周公制禮」。禮之由來，可謂久矣。比較古代文獻的記載，我們可以感覺到：中國古代社會與世界上其他古代文明的不同中，有一點特別明顯，就是對「禮」的極度重視。中原漢族在很早以前就建立起來的一整套禮儀制度一直與法律相侔，是維繫社會形態的重要支柱。這種禮儀制度實際上是從商周乃至更早時期的生活習俗和社會組織形式中衍生出來的。所以，它與人們的生活結合得十分緊密。例如當時倍受重視的「冠禮」以及「及笄禮」，就是從古代原始部族中普遍存在的成人禮演變而來的。但是中國古代的「冠禮」與我們從民族學資料中看到的一般原始部族成人禮還有所不同。由於它已經不完全是原始社會的遺存，而罩上了階級社會的濃彩，所以它不僅僅是象徵成人而已。透過「冠」這種特殊的頭衣，這種禮儀還表現出等級的差別與民族的特色。如：是否著冠，曾經被認為是華夏民族與四方蠻夷的一個重要區別。所以冠禮被放在禮儀制度中極其重要的位置。恰如《禮記・冠義》所言：「凡人之所以為人者，禮義也。禮義之始，在於正容體，齊顏色，順辭令……故冠而後服備，服備而後容體正，顏色齊，辭令順。故曰：冠者，禮之始也。」

　　中國歷來講究「身體髮膚，受之父母，不敢損傷」，這可能是一個非常古老的傳統。也就是說，華夏民族從生下來開始，就沒有剪過頭髮（受了刑罰的除外），讓它一直長著。那麼，如何處理這些頭髮，就成了一個包含著重大文化因素的問題。我們可以看到，古代各民族在處理頭髮的方式上往往都有明顯的民族特色。頭髮的樣式也就成了區分各民族的一種特徵。古代華夏民族生存的區域周圍，還居住著許多不同的民族。我們的祖先在描述與其他民族的區別時，首先注意的就是如何處理頭髮。如孔子感嘆：「微管仲，吾其披髮左衽矣。」指的就是披散頭髮、不加梳理的異族。《史記・越王勾踐世家》云：「封於會稽，以奉守禹之祀。文身斷髮，披草萊而邑焉。」是指南方的古越民族。《漢書・西南夷兩粵朝鮮傳》中記載：「西南夷君長以十數，夜郎最大。其西，靡莫之屬以十數，滇最大。自滇以北，君長以十數，邛都最

大。此皆椎結……其外，西自桐師以東，北至葉榆，外為嶲、昆明，編髮。」
「朝鮮王滿……滿亡命，聚黨千餘人，椎結蠻夷服而東走出塞。」漢魏時期
對烏丸、鮮卑等東胡民族的描述是，「父子男女，相對蹲踞，悉髡頭以為輕
便。」（《三國志‧魏書‧烏丸鮮卑東夷傳》注引《魏書》）這些四方蠻夷對
頭髮的不同處理方式，成了區分各民族文化的最佳依據。與之相對應的，就
是中原漢族的「束髮」。冠，應該就是與束髮相配合的頭衣了。

這裡，我們注意到漢代對昆明國的描述，即「編髮」。編髮應該就是將
頭髮梳成辮子。而後北方的一些民族，如女真，就一直以「編髮」為特徵，
但是他們的編髮，應該是吸收了烏丸、契丹等民族髡首的部分習俗，將頭前
部剃光，與原來昆明等地的「編髮」有所不同了。

由此看來，古代中原華夏民族，或者說從漢代形成的漢族，成年男子應
該是不「編髮」的了。所以才有後來對鮮卑人的「索虜」之稱，才有清代初年
被迫梳辮子時的強烈反抗。因為漢代以來的漢族人普遍是「束髮」，即在頭上
梳成一個髮髻的。漢代以前想必也是如此吧。

但是從出土文物中來看，我們卻可以得出另一種結論：在漢代以前，華
夏民族曾經也有過編髮的歷史。所謂「束髮」也是在編髮的基礎上再進一步
將髮辮盤成髮髻。想想這也很自然，一個成年人的頭髮，如果一直不削剪，
一般應在三尺以上，甚至四五尺長。要將這樣多的頭髮束到頭頂上，而且保
持一定的形狀，不會鬆散開來，不是一件容易的事。如果直接攏起來用頭繩
束緊它，在日常勞作中恐怕是很難維持住的，除了使用大量的簪、笄插上去
加以固定外，只有先編成辮子後盤起才比較穩妥。但簪、笄等裝飾品恐怕多
是貴族老爺的專利。例如殷墟的婦好墓中出土了上百件各式簪、笄，應該是

當時供婦好一人使用的。而同時期的平民墓葬中往往只有一兩支簪、笄。限於條件，庶民階級大概不會大量使用簪、笄，那麼就只有編辮子比較便利了。編辮子的歷史應該很早，人們在發明編繩索的前後，可能就會編辮子了。現在能夠看到的最早的中國古代人編髮形象，應該是在青海大通上孫家寨出土的屬於馬家窯文化的彩陶盆上。盆沿上描繪的舞人頭上，都垂有編成的髮辮。而河南安陽殷墟婦好墓中出土的玉石人雕上，則可以看到更清晰的編髮樣式。如有一件玉人頭上梳了一條長長的辮子，又把它盤到頭頂，從頭頂繞到左耳後側，再纏到右耳後側去。同墓出土的另一件玉人則將頭髮向上梳，在頭頂中心束住，梳了一條垂至後頸的短辮。說明當時編髮的做法是很常見的。

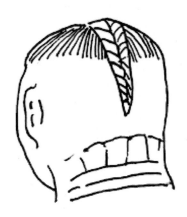

殷墟婦好墓出土玉人髮式

殷墟婦好墓出土玉人髮式

降至戰國，表現編髮的文物更多，如河北平山中山國王族墓中出土的銀銅人燈、易縣燕下都遺址出土的銅人、故宮博物院所藏戰國白玉人像等，尤其是秦始皇兵馬俑陪葬坑中出土的大量陶俑，為我們留下了栩栩如生的各種編髮樣式。秦始皇兵馬俑在藝術上的高度寫實性已經被大家所公認。它應該如實地反映了當時的士兵形象。髮式也是如此。關於秦俑的髮式，有過不少介紹與研究文章，如劉林〈秦俑的髮式與頭飾〉、林劍鳴〈秦俑髮式和陰陽五行〉、王玉清〈秦俑的髮髻〉等。對秦俑的髮式進行了詳細的分類，並探討了秦俑髮式的內在含義。如王玉清〈秦俑的髮髻〉中將秦俑的髮式分為辮狀扁髻與圓錐髻兩大類，扁髻類又分為 2 種 5 式，圓錐髻則從開始曲環的方向劃分為 6 種 18 式。真是如沈從文先生所言：「編結之複雜到不可思議。」但是細觀秦俑頭上的髮髻，基本上都是先編成髮辮後再盤成髻的。

那麼，為什麼在漢代人的記載中，卻不注重中原人也會編髮的情況，把編髮看成是中原人與四夷的一個重要區別呢？我們想，答案只能是：當時中原人的髮式出現了變化，大多不再採用編髮的方式了。

與商周至秦代那些繁縟的梳辮形式比較起來，不梳成辮子而結成扁髻的髮式要簡單方便得多，可能它使用得更廣泛，特別是在漢代。就我們現在可以見到的文物實證，如陝西陽陵隨葬的兵馬俑、江蘇徐州漢楚王陵陪葬的兵馬俑等人物形象，基本上是把頭髮在頭頂上中分，由兩側向後梳，然後反盤上來。由於大多陶俑在頭頂上戴有冠巾，無法看到具體的髮型，但是從它們頭頂上沒有高起的圓髻這一點來看，應該是梳成一個垂在腦後的扁髻的。他們沒有秦始皇陵兵馬俑那樣繁多的髮式，尤其少見頭頂梳高髻的現象。這應該是秦代與漢代人們髮式的根本不同。湖南長沙馬王堆 1 號漢墓出土的穿衣男木俑、河北滿城漢墓出土的玉人等西漢早期文物上的人物髮式就是上述的那種扁髻，可以證明這種髮式是西漢流行的樣式。此外，陝西陽陵陪葬俑的髮式是將頭髮梳到後面，再從右側將髮束反梳上來，在頭頂後部盤成一個平

髻。但相比起來，梳扁髻的要更多一些。湖南長沙馬王堆 1 號漢墓出土的軑侯夫人髮髻實物，陝西西安、臨潼等地出土的漢代女陶俑等告訴我們，不僅男子，就是女子也普遍梳這種扁髻。區別就是女子的扁髻要大一些，多盤兩圈。它梳法簡單，樸實無華。很有意思的是：嚴緊整齊的編髮盤成的髮髻與嚴刑酷法的秦代社會正相符合，與此相同，鬆散的髮髻與西漢初年崇尚黃老、簡樸無為的社會風氣也非常一致。

洛陽金村出土戰國銅人髮式

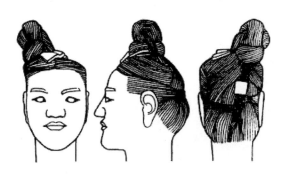

秦始皇陵兵馬俑髮式

西漢陶俑髮式

　　這種髮式也許是來自戰國時期楚國的習慣。西漢初期繼承了很多楚地的風俗。著名的長沙楚墓帛畫中，御龍的男子梳的是從腦後反轉上去的高髮髻，鳳鳥下的女子梳的是下垂的扁髻，都看不出曾先梳成辮子的跡象。這些都與漢代的髮髻形式頗為相似。

西漢壁畫人物髮

東漢畫像石人物髮式

　　下垂的扁髻對於男子來說，可能不便於劇烈的體力活動，把它梳得高一些，末端別在頭頂上，或者讓扁髻貼在後腦上，就更方便一些。這也就成了東漢時期比較流行的樣式。筆者在重慶巫山地區做考古挖掘時，曾經仔細觀

察過這裡東漢墓葬中出土的陶俑髮式。有一些男樂俑的腦後就梳著這樣的髮髻。看上去是沒有結成辮子，只是將頭髮攏到一起，別在腦後。這樣的髮式在四川等地出土的東漢陶俑中常可見到。其他如山東汶山縣孫家村出土的東漢畫像石門吏、四川成都羊子山出土的東漢畫像磚謁見圖、山東嘉祥武梁祠東漢畫像石等圖像上的大量人物，都可以從他們頭上看到類似的髮髻。當然，同時也有將髮髻盤在頭頂上的做法，四川成都羊子山出土的東漢畫像磚弋射圖與收穫圖中，就有在頭頂梳一個髮髻的人物形象，特別是收穫圖中，既有頭頂梳髮髻的，也有不在頭頂梳髮髻的，那麼就應該是頭頂梳圓髻與在腦後垂扁髻兩種髮式同時存在了。其他像在成都出土的東漢陶俑中也有頭頂梳圓髻的農民形象，河南、山東等地的東漢畫像石中也有一些頭頂梳圓髻的人物出現，如河南南陽出土的狩獵圖等。但這時的髮髻，應該不經過先梳成辮子的那一道手續了。

東漢石雕戴幘人物

東漢女陶俑髮式

這時，梳扁髻的漢族與其他少數民族的髮式仍可以明顯地分辨開來。在徐州獅子山漢墓兵馬俑中有個別騎俑的髮式比較特殊。它是從頭頂上中分，披散在頭兩旁。似乎還被剪短過。這種俑的面部扁寬，顴骨突出，具有明顯的蒙古人特徵，可能就是北方遊牧民族士兵的寫照。後來嘉峪關地區的十六國時期墓葬壁畫磚上，也可以見到披髮、赤足的農人形象，可能也是在當地落戶的原遊牧民族。

在注意到這些梳扁髻的髮式的同時，我們也會看到，與先秦人物形象有所不同的是，這些漢代人物形象，特別是梳扁髻的人物形象，大多同時戴有各式各樣的頭衣，如冠、巾幘、頰、帩頭、弁等等。如此豐富的頭衣應該是造成人們不先梳辮子再挽成髮髻的一個重要原因，或者可以說是彼此互相影響。由於有了頭衣壓束頭髮，鬆散的頭髮攏成髮髻後也不再容易鬆脫。而人們習慣簡單地梳理扁髻後，又對頭衣提出了更高的要求。因此，漢代的頭衣便隨之產生明顯的變化，並且影響往後的各個朝代。

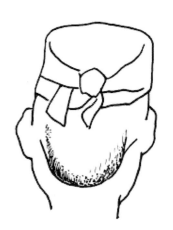

巫山出土東漢戴幘陶俑　　　　　　　　巫山出土東漢陶俑髮式

西漢早期，由於開國皇帝劉邦與主要功臣都是楚人，繼承了大量楚國的文化習俗，戴高冠就是其中之一。這時的冠，只是單獨的裝飾用品，沒有遮風擋沙或防曬、束髮等作用。但需要看到，古代並不是所有的人都能戴冠

的。在宗法等級禮儀制度的約束下，似乎冠是貴族以及社會中上層的專利。古代士以上階層的男子才在二十歲時行冠禮，之後可以戴冠。漢代劉向的《說苑》中稱：「君子成人，必冠帶以行事，棄幼少嬉戲惰慢之心，而衍衍於進德脩業之志。」而一般社會下層的男子，即與君子對應的「小人」、「野人」之屬，大概就沒有戴冠的資格了。

《續漢志》載：「古者有冠無幘。」在西漢的玉雕、空心磚與壁畫中出現的戴冠者都沒有幘，他們的冠正是一種「帣持髮」的用具。有冠無幘，也可能是戴冠者不幘，戴幘者無冠。西漢時人冠不加幘的做法，東漢人是知道得很清楚的，例如東漢的沂南畫像石上歷史故事畫中人物都戴無幘的冠，而出現在當時人生活的祭祀、飲宴場面中的人物則戴有幘之冠。幘是什麼呢？《急就篇》顏師古注：「幘者，韜髮之巾，所以整亂髮也。」看來它起先就是一塊包頭髮的布帛。從冠到幘，是漢代頭衣的一個重大演變。這裡我們需要注意一種人們平時不大看重的頭衣──頍。

《儀禮注疏》卷二：「緇布冠缺項青組，纓屬於缺，緇纚廣終幅，長六尺。皮弁笄，爵弁笄，緇組紘纁邊，同篋。」注云：「緇布冠，無笄者著。頍圍髮際，結項中，隅為四綴，以固冠也。項中有，亦由固頍為之耳。今未冠笄者著卷幘，頍象之所生也。滕、薛名薗，為頍屬，猶著纚今之幘梁也。終，充也。纚一幅長六尺，足以韜髮而結之矣。笄，今之簪。有笄者屈組為紘，垂為飾。無笄者纚而結其條。纁邊，組側赤也。同篋謂此上凡六物。隋方曰篋。」由此我們看到，對於冠來說，有沒有簪笄是一個大的區別。有簪笄的，可以利用簪笄將冠固定在髮髻上。而沒有簪笄的，如緇布冠，就只能利用頍來固定了。所以說漢代的卷幘是從頍演變來的了。《詩經·小雅》中有一首「頍弁」，據說是「刺幽王也」，可見頍的歷史十分悠久。而從詩的含義中，我們可以體會到，頍確實是用來包圍頭髮，使冠固定住的。從這一點上來看，孫機先生將頍解釋成：「固冠的帶子。它的形象在秦始皇陵兵馬俑

坑出土的陶俑上可以看得很清楚。」是有一定道理的。而殷墟婦好墓中將一件出土玉人頭上的捲筒狀飾物解釋成「頍」，就不大正確了。實際上，從文獻記載來分析，頍應該是一個圓圈形狀的髮箍，套在頭頂上，壓住頭髮，左右兩側有纓系，可以在頷下打結。秦始皇陵兵馬俑坑出土的陶俑上表現的帶子，只能是一種簡化了的頍。而殷墟婦好墓中那件出土玉人頭上刻畫出的一圈束壓頭髮的圓箍，可能近乎「頍」的原形。但是它下面沒有繫帶，不知是不是工匠省略了還是當時的「頍」尚不完全。至於前面的捲筒狀飾物，則應該是另外附加的頭飾，大約近似於冠了。

頍在壓束頭髮上具有獨特的功能。古代人講求禮教，對於外貌是很重視的，頭髮應該梳理得整齊乾淨，沒有亂髮露出。而「首如飛蓬」那樣，就是內心十分憂傷，顧不到禮教的情況了。女子是利用大量簪釵來達到使頭髮整齊這一目的的。而男子，就是利用頍了。巾幘，作為「整亂髮」的頭衣，應該是繼承了頍的作用。後來魏晉至明代間陸續興起的籠冠、幞頭、網巾、勒子等種種頭衣，也或多或少地在發揮著類似的作用。所以，很可能「幘」在流行後就代替了頍。

最早的幘，也是一件纏在頭上的巾子，可能是用窄窄的長條，整齊地在頭上纏成一圈，類似現今苗族的纏頭。漢代時它被改進成一種帽子。原來無屋的幘只有一個圓圈，有屋的幘則在圓圈的上面加一個可以蓋住頭頂的高頂，有點像近代人戴的無檐制帽。從漢代文物圖像中可以看到，這時的幘變成一條整齊的寬沿，在腦後斷開，形成兩個向上翹的尖端。

除幘以外，在東漢時期，還出現了一些類似今天人們戴的帽子那樣的頭衣，如「巾」、「帽絮」等。這些頭衣的特點之一就是它們帶有鮮明的等級色彩。《釋名‧釋首飾》：「二十成人，士冠，庶人巾。」蔡邕《獨斷》云：「幘者，古者卑賤執事不冠者之所服。」《續漢志》云：「秦雄諸侯，乃加其武將首飾，為絳帕以表貴賤。其後，稍稍作顏題。漢興，續其顏卻摞之，施巾連

題卻覆之；今喪幘是其制也。名之日幘。幘者，賾也。頭首嚴賾也。」

　　幘本來是卑賤的執事人員和普通平民所使用的頭衣。所以我們可以在漢代的陶俑、壁畫與畫像石中見到很多戴幘的士兵、百姓等人物形象。例如在四川成都附近漢墓中出土的陶俑，就是一些極好的實證。

　　之後，幘的應用範圍越來越廣。戴幘的人也不僅限於下層人民了。像王莽頭禿，就用幘加上遮頂的「屋」來戴。所以就出現了很多改進了的幘樣式。有的是在原有的幘上面加上兩側的護耳，這些護耳還有長耳、短耳之分。有些是在幘上面加上髮冠，如文官在進賢冠下戴介幘，武官在武冠下襯平上幘等。有的把頭巾與幘一起戴。人們為這些各式各樣的幘也取了不同的名稱。例如平巾幘、介幘、平頂幘、冠幘等等。在東漢時期，人們日常頭戴巾幘的現像是十分普遍的。所以我們看到這一時期的各種畫像、雕刻、陶俑中大多數人物都是戴著各種頭衣的。幘是其中最常見的一種。由於這些頭衣能嚴密地包裹頭髮，而它們的平頂又壓迫得髮髻不宜高高地聳在頭上，所以這時垂在後腦的扁髻該是很流行的。

唐楊思勗墓出土戴幞頭的武士俑

平民中還有用布包頭的做法。其中一種包頭巾的樣式叫做「帩頭」，也稱作「絡頭」。漢代樂府〈陌上桑〉中唱道：「少年見羅敷，脫帽著帩頭。」在四川省成都天回山出土過一個生動的東漢舞人陶俑，他的頭上就包了一個帩頭。在額頭前束出了兩個尖角，外形與現代陝北地區的農民用白羊肚手巾包頭的樣子很相似。可能當時包頭時也是用一條長方形的布巾從腦後向前包攏，然後再打結。從他頭頂上沒有突起的髮髻來看，可能他的頭髮還是在腦後梳一個扁髻。

　　漢代末年，名士們認為用幅巾包頭是很風雅的舉動，致使戴頭巾的風氣大興。根據記載，當時的名人袁紹、孔融、鄭玄等人都喜愛戴幅巾。這些幅巾主要用絲綢與葛布製作。頭戴綸巾，手揮羽扇，是當時文士的普遍裝束。蘇東坡的著名詞作〈念奴嬌·赤壁懷古〉中描述周瑜也是：「羽扇綸巾，談笑間，強虜灰飛煙滅。」由此，可能形成了頭衣的又一種變化。使用巾來包裹頭髮，從而代替了束髮的幘。如唐代的《封氏聞見記》卷五云：「幞頭之下別施巾，像古冠下之幘也。」就說明了這一點。因為這時的幞頭已經發展成固定形狀的硬幞頭，所以在裡面還要用巾子來裹住頭髮。《封氏聞見記》卷五又稱：「陸長源滑稽，在鄆中忽裹蟬翼羅幞交巾子。或訊之。長源曰：『若有才，雖以蜘蛛網裹一牛角有何不可；若無才，雖以卓琰子裹一簸箕亦將何用？』」「巾子制頂皆方平，仗內即頭上而圓銳，謂之內樣。」由此可見隋唐時巾子的作用與以前的幘相同，但巾子後來也發展成為固定形狀，成為頂上平整的頭衣了。

　　可是用巾子包頭，還是需要用帶子（巾繩）的。這時使用巾繩大多是在額頭至後腦環繞一週，將頭髮與包在外面的巾子束緊。這樣就會將腦後的髮髻向上、向前推，使得梳到頭頂的髮髻越來越多。而後發展到只用繩束緊髮髻。在北朝、隋唐的墓葬壁畫中，就可以看到這樣的趨勢。如洛陽出土的北朝孝子石棺石刻畫、山西太原北齊婁睿墓壁畫儀衛圖等。

　　南北朝晚期形成的襆頭，也是由包頭巾子發展成的，而且在隋唐宋遼時期非常流行，成為主要的男子頭衣。它開始是把巾繩在腦後勒緊，再反轉上去束在頭頂。這種勒法，自然會把髮髻向前推到頭頂上去，這樣垂在腦後的扁髻就不適應了。束到頭頂的圓髻又成為主要的男子髮式。然而這時的髮髻早已不用先編成辮子再束緊了。越來越遠離中原漢族的編髮也就完全成為少數民族的習俗，並長期成為漢族區別異族的一個特徵。

原載《中國典籍與文化》2002 年第 2 期

《香譜》與古代焚香之風

「隨風本勝千釀酒，散馥還如一碩人。」

梁代昭明太子蕭統〈香爐賦〉中的這聯佳句，極其生動地描繪了焚香為人們帶來的莫大享受。隨著社會經濟的迅速發展，人民生活品質普遍提升，形形色色的香料透過化妝品、香水、洗滌劑等越來越多地進入平民家庭。香料相關的工業生產也成了國民經濟的一個重要成分。在古代僅能被上層社會享用的香料已經成了眾多平民生活中的日用品。這時，我們來回顧一下中國古代社會中源遠流長的焚香之風，可能是頗有趣味的。

雲岡 13 窟石雕捧香爐菩薩

提到焚香，在浩如煙海的中國古代典籍中也能找到幾種記載古代關於香料知識的著作。傳說為宋代洪芻所作的《香譜》，就是其中比較早的一部書。

《香譜》原本未署作者姓名。它最早見於宋代左圭編輯刻印的《百川學海》叢書中。左圭題之為洪芻撰。洪芻字駒父，江西南昌人，生值北宋末年，紹聖元年中進士，靖康年間官至諫議大夫，後因事被謫配沙門島，卒於其地。《宋史‧藝文志四》載有洪芻《香譜》五卷，同時又載有沈立《香譜》一卷。據《四庫全書提要》引周紫芝《太倉稊米集》「題洪駒父《香譜》後」云：「歷陽沈諫議家，昔號藏書最多者。今世所傳《香譜》，蓋諫議公所自集也，以為盡得諸家所載香事矣。以今洪駒父所集觀之，十分未得其 —— 二

也。」可見洪芻《香譜》的內容比較豐富，與現在見到的這個本子比較接近。而《四庫全書提要》又據宋人晁公武《郡齋讀書志》記載洪芻《香譜》中記有鄭康成漢宮香、南史小宗香、真誥嬰香、戚夫人迫駕香、唐貞半千香等內容對校，發現此本中均不見以上內容，卷數也比《文獻通考》中記載的洪芻《香譜》卷數多一卷（與《宋史・藝文志》載《香譜》五卷亦不符）。《四庫全書提要》認為《直齋書錄解題》中載有侯氏《萱堂香譜》二卷，不知何代人，可能就是此本。所以，這本書是否洪芻《香譜》原文，尚待它證。但是它記載的內容基本上是唐及北宋以前的情況，則出入不大。

敦煌帛畫中的引路菩薩

　　《香譜》這本書，是比較詳細、全面地介紹中國古代香料使用情況的一本專門著作。它分成「香之品」、「香之異」、「香之事」、「香之法」四部分，引用古代各種著作、筆記中的相關內容，敘述了古代香料的主要種類、相關典故和使用、製作方法等知識，對於我們了解中國古代香料史頗有裨益。

　　從「香」這個文字的形體上我們就可以看出，在遙遠的中國上古時代，人們並沒有享用香料的習慣。「香」字表現的是穀物食品的芬芳氣息。《說文解字》七上「香」字下注解道：「香，芳也，從黍從甘。《春秋傳》曰：『黍稷馨香。』」正說的是先民們造字時的本意。《詩經・大雅・生民》中唱道：「卬盛於豆，於豆於登。其香始升，上帝居歆。」也是把食品的氣味稱為香。

　　春秋戰國時期的文獻中已經有一些當時人們使用香料的情況，那時的香料主要是植物性的香花、香草。如《左傳·宣公三年》有「夢天使與己蘭」的記載，稱：「以蘭有國香，人服媚之如是。」大概這時人們已經在身上佩帶香草等香料了。所以屈原在他的《楚辭·離騷》中才大量引用木蘭、申椒、菌桂、蕙茝、荃、杜衡、秋菊等香草，並寫出「紉秋蘭以為佩」的句子。

　　這時人們佩帶香草，可能是把它放在縫製的香囊裡，放在衣服內，懸於肘後，或掛在腰間。湖南長沙馬王堆一號漢墓中出土的西漢早期絲織品中就有保存完好的袋狀香囊，囊中還存有各種香草。這可能是現在能見到的最早的香料和香料用具，但使用它的歷史卻能上溯到三千年前。

大雁塔門楣唐代線刻菩薩

河北滿城漢墓出土博山爐

　　唐代杜牧的〈阿房宮賦〉中曾寫道：「渭流漲膩，棄脂水也；煙斜霧橫，焚椒蘭也。」這雖然是唐代人根據自身社會條件推想的文學描寫，但秦代，甚至戰國時期就已經有了焚香的習慣，這不能說是絕對不可能的。因為在西漢早期的墓葬中已經出現了用於焚香的熏爐和殘存的香料。例如最近在廣州發掘清理的西漢初期南越墓葬的西耳室中，就曾出土一小堆裝在漆盒中的乳香，重達 21.22 克。這些香料肯定是用來焚燒熏香的。在同一耳室中出土了三件銅製的熏爐，就是專門焚香的用具。像這樣的香爐，在南越王墓中一共出土 13 件，有的爐腹中還存留著香灰和炭粒，殘存有燒剩下的零星香料。這一

切，都充分說明了西漢初期上層社會的宮室中流行開了焚香的習俗。這種習俗自然不可能在一兩天內就突然形成。所以，由此推測，秦代、甚至戰國時期就可能有焚香的現象，也不能說是毫無根據的。但是，現在還沒有極其明顯的考古證據以資證實，所以，這一推測的確定，尚有待於今後的考古發現。

　　南越王墓中出土的乳香，是一種樹脂香料，在古代中國及世界的香料史上具有很重要的地位。值得注意的是，它不產於中國境內，而是阿拉伯半島上的特產。上古時期，古埃及人與古巴比倫人都曾把乳香作為重要商品經營。看來在秦漢時期，中國已經和西方有了海上的交往。古代中國人對這一點了解得很透澈。《香譜》卷上即記載；「《廣志》云：即南海波斯國松樹脂，有紫赤櫻桃者，名乳香，蓋熏陸之類也。」西方這些可供焚燒熏香的香料傳入中國，迅速推動了中原的焚香之風。

　　根據近年來廣州地區發掘的漢代墓葬情況來看，熏爐成了重要的陪葬器物，象徵著漢代焚香風氣的不斷發展。在《廣州漢墓》一書中介紹的一批兩漢墓葬中，共出土熏爐 100 件。「西漢前、中期墓出的還不多，僅占墓數的十分之一左右。自西漢晚期到東漢期間，大約半數的墓都有熏爐隨葬。」[001]這正說明了焚香之風的發展狀況。類似的現象，在中原各地的漢代墓葬中也可以見到。

西安出土唐代香熏爐

001　見《廣州漢墓》125 頁。

　　這時的熏爐是陶制的，形狀像有蓋的深腹豆（一種有高柄足的容器，盛放食品用），蓋面上有鏤空的幾何形狀氣孔，向外散放香煙。而在中原地區的王公貴族墓葬中，則發現了更加精美的銅製熏爐——博山爐。博山爐是在熏爐基礎上發展成的工藝品。它的下部仍有一個高圈足，上有細柄，托舉起半圓形的爐體，爐體上面有一個鑄造成山巒形狀的尖形爐蓋，十分美觀，故後人稱之為博山爐，是代表著漢代工藝美術成就的不朽佳作。七十年代在河北滿城漢中山王劉勝墓中出土的錯金銅博山爐，在爐具上部和爐蓋上鑄出高低起伏、層巒疊嶂的群山。山間用金絲鑲嵌出石紋、雲氣和獵人、野獸等紋樣，形成一幅生機盎然的狩獵圖。散香的氣孔巧妙地藏在山石之中，充分顯示了漢代工匠的高超技藝，是一件極為難得的文物珍寶。由此也可以看出當時上層社會把焚香看得多麼重要了。《漢官儀》中記載：「尚書郎入直臺中，給女侍史二人，皆選端正，指使從直，女侍史執香爐燒熏，以從入臺中，給使護衣。」[002]《東宮故事》云：「皇太子初拜，有銅博山香爐。」[003] 可見焚香在漢代已成為宮廷中必不可少的日常習慣。在這種影響下，全社會如草隨風，形成了焚香的社會風習。所以在兩漢時期的墓葬中，熏爐、博山爐成了十分常見的隨葬物品，象徵著社會上越來越普遍的焚香風氣。

　　「博山爐中百和香，鬱金蘇合與都梁。」

　　中國古代曾經使用的香花、香草，如蘭、芷、蕙、杜蘅、辛夷等，大多是不能焚燒的，燒出來的煙也不香。而可供焚燒的香料，如乳香、沉香、檀香、鬱金香、蘇合香等，又大多不出產於中國本土。面對著社會上焚香的需求，開展與海外的交流，輸入香料，就是一個重要的貿易課題。南方海路的交通固然很早就存在，但是浪濤凶險，不能保證經常而穩定的貨源。開拓陸上商路，打通中西往來的途徑，這恐怕也是漢武帝時「鑿空」，派遣大批人員

002　以上見《香譜》引文。孫星衍集《漢官儀》作「給尚書史二人，女侍史二人，皆選端正，從直女侍執香爐燒熏從入臺護衣。」紀昀等集《漢官舊儀》作：「給尚書郎伯二人，女侍史二人，皆選端正者從直。伯送至止車門還，女侍史執爐燒熏，從入臺護衣。」似以《漢官舊儀》所言為確。

003　《香譜》引文。

西去探險的原因之一吧。在張騫通西域，建立起中西交往的陸上通道，也就是著名的「絲綢之路」後，西域乃至中、西亞的香料便源源不斷地透過它進入中國。在很大程度上香料是與中國絲綢進行交易的主要商品。

眾所周知，漢代，直至唐宋，中國的貨幣與西域各國有著本質的不同。西域，乃至西亞、歐洲各國實行金本位，使用金銀貨幣[004]。而中國則以銅鑄幣為主。這樣，中西的商貿往來只能採用易貨貿易的形式。西方是中國絲綢的巨大市場，而中國對西方的需求，也只是良馬、寶石、香料和奇禽怪獸等奢侈品而已。由此可見，中國香料市場需求的擴大，對絲綢出口和中西貿易往來具有多麼重要的意義。

證明這一點的最好資料是《全後漢文》二十五卷收入的東漢班固〈與弟班超書〉：「竇侍中令雜綵七百匹、白素三百匹，欲與市月氏馬、蘇合香。」《後漢書・西域傳》載：「大秦國……會合渚香，煎其汁以為蘇合。」遠自東羅馬帝國運來的香料已經成為交換絲綢的重要商品了。

上面介紹廣州漢墓發掘中揭示的熏爐自西漢晚期開始增多，香料的使用普及化，是不是也正說明了張騫開通西域後香料進口增多的現象呢？

大概也正是由於漢武帝時中西交通的開通，漢代以來的傳說中就記述了漢武帝時種種西域奇香的故事。如《太平御覽》卷九八 —— 引《十洲記》云：「漢武時，長安大疫，人死日以百數。帝乃試取月氏國神香燒之於城內，死未滿三日者活，芳氣經三月不歇。」又引《洞冥記》云：「漢武帝於招仙閣燒麋離之香屑，如粟一粒，香氣三月不歇。」等等。《香譜》中集錄的大量香料，多來自西域等地。如：「龍腦香，《酉陽雜俎》云：『出波律國。』」「沉水香，《唐本草》注云：出天竺、單于二國。」「蘇合香……今皆從西域來。」「安息香，《本草》云：『出西戎。』……《酉陽雜俎》曰：『安息香出波斯國。』」「鬱金香，《魏略》云：『生大秦國。』」「雞舌香，《唐本草》云：

004　《漢書・西域傳》：「安息國……亦以銀為錢，文獨為王面，幕為夫人面。王死輒更鑄錢。」「大月氏國……民俗錢貨，與安息同。」近代在中亞、西亞等地的考古發掘也證明了這一點。

『生崑崙及交愛以南。』」「乳香，《廣志》云：『即南海波斯國松樹脂。』」「降真香，《南州記》曰：『生南海諸山，又云生大秦國。』」……自漢代以來，西域進口的各種香料一直是中國上層社會珍視的日用品。圍繞著香料，曾引出了多少流傳至今的趣聞佳事。

《漢官儀》中記載了一個東漢桓帝時的故事：侍中迺存年老口臭。大約桓帝受不了他的臭氣吧，就賞給他一些雞舌香，讓他含著。迺存一介腐儒，不知道這是什麼東西，含到嘴裡時辛辣蜇口，便以為自己得罪了皇上，被敕令服毒自盡，回到家中與家人相對哭泣，準備就死。同僚們聽說後，前來探問，認出是雞舌香，一場悲劇才變成了喜劇。

一代梟雄曹操自稱不喜歡焚香，而且由於當時社會經濟凋敝，禁止過焚香。但晉代文人陸機的〈弔魏武帝文〉中記述陸機在祕閣見到魏武帝曹操的遺書，提到：「餘香可分與諸夫人。」從而招致了陸機「紆廣念於履組，塵清慮於餘香。結遺情之婉孌，何命促而意長」的譏諷。可見曹操最終也沒有能擺脫香料的誘惑。

韓壽竊香的故事就富有傳奇色彩了。《晉書·賈充傳》詳細記載了這一故事：「韓壽……美姿貌，善容止，賈充闢為司空掾。充每燕賓僚，其女輒於青璅中窺之，見壽而悅焉，問其左右識此人不。有一婢說壽姓字，云是故主人。女大感想，發於寤寐。婢後往壽家，具說女意，並言其女光麗艷逸，端美絕倫。壽聞而心動，便令為通殷勤。婢以白女。女遂潛修音好，厚相贈結，呼壽夕入。壽勁捷過人，逾垣而至。家中莫知。唯充覺其女悅暢異於常日。時西域有貢奇香，一著人則經月不歇，帝甚貴之，唯以賜充及大司馬陳騫。其女密盜以遺壽。充僚屬與壽燕處，聞其芬馥，稱之於充。自是充意知女與壽通……遂以女妻壽。」這段由奇香洩露的風流韻事，便成了文學藝術上常引用的千載佳話。

到了南北朝時期，隨著佛教的興盛，焚香之風更加廣泛地傳播開來。寺院與焚香成了密不可分的一體，恰似南朝著名文人謝靈運〈山居賦〉中所描

述的「法鼓即響，頌偈清發。散華霏蕤，流香習越」。

佛教的最早流行地域 —— 南亞一帶很早就有使用香料的習慣。佛教的經義中也曾多次提到香的作用，把香稱作佛使，能把人們的祝禱傳送給佛祖。《賢愚經》中講述了放鉢國的一個故事：「時富那奇俱與其兄，辦足供養，各持香爐，共登高樓，遙向祇洹，燒香歸命佛及聖僧。」就生動地反映了佛教發源地區燒香禮佛的風俗。

這種風俗隨著佛教來到中國，更擴大了香料的使用範圍。在南北朝時期的石窟寺雕塑中、造像上，都可以見到各種各樣的香爐，說明當時寺院和敬佛人家中香火時刻不斷的焚香風氣。這時使用的香爐主要形狀仍與漢代博山爐相近。例如山西大同雲岡石窟第 13 號窟中有一位菩薩，手托香爐，它的上端作桃形，但底座比較短，在河南鞏縣石窟寺第 1 窟中南壁浮雕的供養人行列內，排在最前面的比丘手捧的香爐也是這樣，與博山爐相似。

在佛教造像和其他圖畫中還可以見到另外一種小型手持香爐，時人或稱為鵲尾香爐 [005]。石窟造像中的婦女供養人常被刻畫成手持這種香爐。它的外形像一只無蓋（之後加上了蓋子）的杯盞，側面接有長長的手柄，下面有圈足或三隻高腳，可能是從漢代的鐎爐演變而來。鞏縣石窟、龍門石窟等處的浮雕供養人行列中，常可以見到這種香爐。在敦煌藏經洞中發現過大量唐代經卷和帛畫。有一幅引路菩薩像便是右手持鵲尾香爐，左手執幡幢，儀態非凡。

南北朝時期，與南海及西域諸國的交往增多。來往使節，多帶來香料作為貢禮。《梁書・諸夷傳》記載扶南、盤盤、婆利、天竺、於陁利等國都曾貢奉香料給梁朝。又云：「大秦人采蘇合，先笮其汁以為香膏，乃賣其滓與諸國賈人，是以展轉來達中國，不大香也。」這時對香料的認知已經很深入了。

唐代在中國歷史上是一個開放的朝代，海外各種文化因子紛紛傳入中原，使唐代文化在很多方面表現出世界性的文化影響。焚香用的器物也增添

005　《香譜》云：「朱玉賢……更著黃巾裙，手執鵲尾香爐，下親婦禮。」

了新的紋飾和形制。在陝西西安大雁塔這座唐代建築的石門楣上,刻有一尊捧持香爐的菩薩。這座香爐形狀十分奇特,下部是承盤,喇叭形的高足上托著一朵盛開的蓮花,花心是圓形的香爐。這種具有佛教文化特徵的造型,是以前的中原器物中從未有過的。

近年在陝西扶風法門寺塔基地宮中出土的唐代瑰寶中,有不少精美的焚香用具。例如一件鎏金臥龜蓮花紋五足銀熏爐,它的圓形淺腹爐體上鉚結了五隻獨角獸頭,每個獸口中含著一隻獸足,支撐起熏爐。這種具有強烈西域藝術特色的造型奇特動人。獸足之間懸掛著鏤空的如意花結飾件。爐蓋高凸,鏨刻有蓮花和纏枝花蔓紋飾。蓋鈕製成寶珠形,恰似一朵正待綻放的菡萏花苞。蓋鈕四周,刻了一圈向上翹的蓮瓣。瓣上鏨空,用來散發香煙。其華麗精巧,舉世罕見。

再例如一件鎏金鴻雁紋壼門座五環銀香爐。它的上部是盆狀爐身,分成五瓣,每瓣上都鉚有 —— 個獸面鋪首,口中銜著提環,下面的底座呈覆盆形。腹壁上鏤空成五個壼形的門洞,供通風使用。還有一件素面銀香案,是真實生活中使用的香案的縮小模型。這些稀世珍寶都是唐代皇室施與佛門供養的,當然不能與一般的佛寺用品相比。但是當時佛寺焚香之風盛極一時,借此亦可了解一二。

唐代社會中,世俗焚香熏衣、淨化氛圍的做法更為流行。唐代名詩人溫庭筠的〈詠博山爐〉詩中寫道:「博山熏香欲成雲,錦段機絲妒鄂君。」既形容了香氣的濃郁,又描述了熏爐的華美紋飾。近年來發現的一種唐代熏香器 —— 香囊,更是令人驚嘆不已的工藝精品。

《香譜》引《西京雜記》云:「被中香爐,本出房風,其法後絕。長安巧工丁緩始更為之。機環運轉四周,而爐體常平,可置之於被縟,故以為名。」這種漢代便有的被中香爐,就是現在發現的香囊。它用金銀製成,通體鏤空成花紋,呈球形,小巧細緻,華美非凡。

現在可見到的五六件唐代金銀香囊都出土於西安附近。直徑一般在兩寸以下。法門寺地宮中發現的一件最大，直徑達 12.8 公分，重 547 克[006]。這種香囊分上下兩半，之間用鉸鏈相連。囊內有內、外兩重圓環，呈十字形交叉。環之間、環與囊體之間均由短軸相鉚接，可以轉動。內環中又用短軸鉚接上一個半球形的香盂，供焚香用。香盂也可以在內環中轉動。這就形成了一個持平裝置。在圓球滾動時，內外環也隨之轉動，香盂的重心始終在下，保證了香盂處於平衡狀態，無論囊體如何滾動，處於任何位置，香盂中的香火都不會落出來。這就是《西京雜記》中說的「爐體常平」。令人驚嘆的是：這種機構完全符合近代航空、航天、航海中必不可少的陀螺儀的製作原理，表明了中國古代先民在科學技術上的先進成就。

如此大量的使用香料，自然刺激了西方香料的進口貿易。絲綢之路上的香料交易活動便日益擴大。這在新疆地區出土的吐魯番文書和敦煌地區出土的書簡中得到了充分的驗證。在敦煌出土的粟特文書中，曾記述了兩晉時期，粟特商人在這一帶進行毛毯和香料貿易的情況。《高僧傳》卷十二中記載：十六國時的著名龜茲僧人佛圖澄，來到中原後，仍「常遣弟子向西域市香」。吐魯番阿斯塔那 73TAM514 中出土的文書《高昌內藏奏得稱價錢帳》是記載高昌時代這個絲綢之路上的重要中轉站對香料徵收交易稅的珍貴文獻[007]。相關文字為：

……翟薩畔買香五百七十二斤，次五日，康夜虔買樂（藥）一百四十四斤。

康不里昂買香二百五十斤。

射蜜畔陁買香三百六十二斤。

（上缺）買香八百斤，石蜜三十斤。

（上缺）買香一百七十二斤。

006　法門寺地宮出土唐代〈衣物帳〉上有僖宗供奉佛指舍利的：「香囊二枚重十五兩三分」的記載，經與實物核對確證之。見《文物》1988 年第 10 期〈扶風法門寺唐代地宮發掘簡報〉。

007　見《吐魯番出土文書》第三冊。

起十二月廿七日，康牛何畔陁買香六百五十□斤。

（上缺）有尼屈量香五十二斤。

（上缺）日，安符夜門延買香三十三斤。

由此可見絲綢之路上香料貿易的盛況。

僅此殘卷上記載的交易，每天就有數百斤之多。要知道香料的價格不菲，數百斤的貿易量已很可觀了。我們可以參考一下日本大谷探險隊在吐魯番擄去的一件文書記載。

大谷三〇九六號文書上的唐代天寶二年交河郡市估案載有當時交河（即今吐魯番市西北交河故城）市場的香料價格[008]。如：

鬱金花一分上直錢陸拾文，次伍拾文，下肆拾文。

麝香一分上直錢一佰貳拾文，次一佰一拾文，下一佰文。

丁香一分上直錢參拾伍文，次參拾文，下貳拾伍文。

沉香一分上直錢陸拾伍文，次陸拾文，下伍拾文。

白檀香一分上直錢肆拾伍文，次肆拾文，下參拾伍文。

將這些香價與開元二十八年時「西京東都，米斛直錢不滿二百，絹匹亦如之」[009]的物價比較一下，就會看出香料價格的高昂。而如此昂貴的香料，卻每日數百斤的進行交易。中原社會對香料的需求該有多麼大啊！而高昌、龜茲、安息、大食、波斯、天竺等國家商賈從香料貿易中獲取的利潤，則是難以設想的巨大。絲綢之路所以能維持下去，香料交易是有很大作用的。

長期的焚用香料風習，使中國古代對香料的認知和配用香料的技術不斷進步。自然，這些知識有很大一部分來自印度與波斯。佛教文化的輸入在這裡起了很大促進作用。佛經中多處提及香藥，如《大智度論》、《大方廣佛華嚴經》等。《大日經疏》中說：「調和香水，以鬱金、龍腦、旃檀等種種妙香。」北朝和隋代已經有了各種調和香料的香方。如雜香方、龍樹菩薩和

008　見《史學雜誌》（日），第 77 卷 1、2 號，池田溫：〈中國古代物價初探 —— 關於天寶二年交河郡市估案斷〉。

009　見《資治通鑑》卷二一四。

香方等。劉宋時期的文人范曄曾撰寫一篇《和香方》，其序云：「麝本多忌，過分必害。沉實易和，盈斤無傷。零藿虛燥，詹唐黏濕，甘松蘇合，安息鬱金，奈多和羅之屬，并被珍於外國，無取於中道。又棗膏昏鈍，甲煎淺俗，非惟無助於馨烈，乃當彌增於尤疾也。」這段序雖然是借物諷人，但也反映出時人對各種香料性能的了解。

敦煌藏經洞中發現的寫經《金光明最勝王經》卷七弁才天女品中列舉了一張調香的配方。收入香藥三十二味，為：「菖蒲、牛黃、苜蓿香、麝香、雄黃、合昏樹、白及、芎藭、枸杞根、松脂、桂皮、香附子、沉香、旃檀、零陵香、丁子、鬱金、婆律膏、筆香、竹黃、細豆寇、甘松、藿香、葦根香、吐脂、艾納、安息香、芥子、馬芹、龍花鬚、白膠、青木、背等分。」[010] 敦煌卷子中還有一份《香藥方》[011] 記錄了〈熏衣香方〉和〈裹衣香方〉、〈面脂方〉等調香方。如〈熏衣香方〉云：「沉香一斤、甲香九兩、丁香九兩、麝香一兩、甘松香一兩、熏陸香一斤、白檀香一兩，右件七味擣碎□□承接為半和合相著，蜜和之。」《香譜》卷下記載了多種唐、宋時期的制香方法。如唐化度寺牙香法：「沉香一兩半，白檀香五兩，蘇合香一兩，甲香一兩（煮），龍腦半兩，麝香半兩，右件香細剉，擣為末，用馬尾篩羅，煉蜜溲和得所。用之。」又如蜀王熏御衣法：「丁香、馝香、沉香、檀香、麝香已上各一兩。甲香三兩，制如常法。右件香擣為末，用白沙蜜輕煉過，不得熱用，合和令勻入用之。」這些香方，正是古代社會焚香之風世代不絕、愈演愈烈的鐵證。

唐宋時期，除西北陸路貿易外，南海上還開展了越來越多的商船貿易。近年來在東南沿海及中亞、南亞沿海發現的古代沉船中，均曾發現大量當時販運的香料。1973 年，福建泉州後渚港曾發現一艘宋代海船。經學者研究，猜想它可達 370 噸左右，是一艘用於遠洋商運的船隻。在船中發現了大批的

010　P3230 卷子。見《敦煌寶藏》。
011　S4329 卷子，同上。

香料木，如沉香、檀香、降真香等，濕重達到 2,350 公斤，還有乳香、龍涎香、檳榔等海外香料藥品 [012]。可見直至宋代，西方的香料仍是重要的貿易商品。所以宋代人說：香料雖不產於中國，但「中華遍有之」。正是中外貿易日益興盛的結果。

「朱火然其中，青煙揚其間。順風入君懷，四座莫不歡。香風難久居，空令蕙草殘。」[013] 幾點香火，一縷芳煙，飄飄緲緲，竟聯結起了東西幾萬里間的無數民族文化，造成了利潤豐厚的往來經貿活動，這實在是中外文化史上的有趣現象。而億萬織女操機，販夫奔波，匹匹絹帛綢緞千里外運，卻換來了一縷香風，轉瞬即逝。這裡面又有多少人生的是是非非，讓人沉思，發人深省啊！

原載《中國典籍與文化》1996 年第 4 期

012　參見《文物》1975 年第 10 期〈泉州灣宋代海船發掘簡報〉。
013　古詩詠香爐詩，見《初學記》卷二十五。

古代文物中見到的古代冶鑄

「爐火照天地，紅星亂紫煙。赧郎明月夜，歌曲動寒川。」（〈秋浦歌〉）

這是唐代大詩人李白熱情謳歌冶鑄工人的詩歌。你看，熊熊的爐火照亮了山川天地，濃煙中迸發著閃閃的火花，被爐火烤得黝黑的工人們在夜裡辛勞，歌聲響徹寒冷的江河上空。這是一幅多麼生動感人的古代冶鑄圖啊！在古代文學作品中，這是一首十分罕見的描寫古代冶鑄工人勞動的佳作。

眾所周知，在中華古國，自新石器文化晚期開始，就逐漸產生並形成了開採、冶煉、鑄造等金屬工業。商周時期，已經具有了技術先進、規模宏大的金屬冶鑄業。迄今發現的商周青銅器數以萬計。龐大的司母戊大鼎，一件就重達 875 公斤，經研究分析，需用數百人配合約時澆鑄而成。精細複雜的曾侯乙編鐘架青銅基座，紋飾細膩，纏繞重疊、瓏瓏剔透，用失蠟法鑄成，顯示了高度的鑄造技巧。鋒利如新的吳越寶劍、秦代戈矛，在地下埋葬幾千年不鏽蝕，採用了先進的表面滲透技術。這無數令人嘆為觀止的奇蹟，都在向我們驕傲地宣揚古代冶鑄業的輝煌成就。

漢代的冶鑄業有了更普遍的發展，從今天的東北、新疆到雲南、兩廣地區，都發現有漢代的鋼鐵冶鑄遺址。河南鞏縣鐵生溝漢代冶鑄遺址，在 2,000 多平方公尺的範圍內，發掘出冶鐵爐 18 座、熔爐 1 座、鍛爐 1 座，以及藏鐵坑、礦石坑、配料池等。在這裡出土的鐵鑊，含有良好的球形石墨結構，顯示出漢代工匠已經掌握了在 20 世紀中才發明的球墨鑄鐵技術。這是世界冶金史上的一大奇蹟。

河南溫縣曾發掘了一座漢代的烘範窯址。在窯中發現了五百多套疊鑄範，其中大部分保存完好。範的結構嚴密，總澆口只有 8 至 10 毫米大小，分澆口僅 1 至 3 毫米，可以鑄造壁薄至 3 毫米的精密鑄件。可見當時的鑄造工藝是何等的精巧了。漢代還發明了「炒鋼」、「灌鋼」等製鋼技術。1974 年在山東蒼山出土了一件東漢永初六年「卅湅（煉）大刀」；1978 年在江蘇徐州駝龍山漢墓出土了一把五十煉劍，它們都是用炒鋼原料製作的。

然而古代的冶鑄場面究竟是什麼樣子的呢？這就無法從冶鑄遺址和金屬器物中反映出來了。幸運的是，我們在山東滕縣西戶口出土的一件東漢畫像石上，可以看到一幅罕見的古代冶鑄鍛造的作坊生產畫面，其場面之壯觀，刻繪之生動，足以與李白的詩歌相媲美。

　　這幅畫像的左側是一座冶鐵爐。一個皮製的鼓風橐囊在向爐中送風，爐火正旺。中間，幾個冶鑄工人正在澆鑄器物。右邊，還有正在鍛打鐵器的工人。人物互相呼應有致，動態盎然，表現出熱烈緊張的勞作場面。

漢代畫像石中的冶鑄場面

　　特別值得注意的，是鼓風的「橐」，這個給金屬冶煉插上翅膀的重要設備，是一個橢圓形的皮囊。它用木框架作骨，外面包上皮革做成。上面用繩索或吊桿懸掛在木梁上，下面一端連結著排風管。把它像拉手風琴一樣地推拉起來，就可以將新鮮空氣不斷地鼓入煉鐵爐中，使爐內達到必要的高溫。漢代還發明了水排，利用水輪推動皮囊鼓風，大大節省了人力物力。「橐」的形狀與用法，歷來無法確證。現在依靠這件畫像石得以明瞭。它的功勞實在不小呢！

　　古代的金屬冶鑄業，長期以來都是官府專營。漢代設立鐵官管理冶鑄業，每個鐵官管轄一處或幾處大型作坊。每個作坊都有「吏」督管，「吏」下邊有「卒」，管理工人，當時稱為「徒」。這套嚴密的管理系統，是從戰國時期沿襲下來的。在戰國兵器刻銘、青銅器刻銘和璽印文字中，學者們已經總結出了三晉和楚國、齊國等國家的冶鑄管理系統。

　　從兵器刻銘上可以看到，趙、魏、韓等國都曾設立「工師」來管理冶鑄業，「工師」下屬有「冶」，具體管理一地的冶鑄生產，「冶」下邊是「執

齊」，負責冶煉時的原料配合等，類似今天的煉鐵工程師或技師。（詳見《考古學報》1974 年 1 期〈試論三晉兵器的國別和年代及其相關問題〉一文。）

此外，滕縣黃家嶺漢畫像石墓中還出土了一件描寫鐵器製作的畫像圖。畫面上反映了一個鍛鐵作坊，中央一人正在加熱爐旁鐵砧上執錘鍛打，左邊的一個人在檢查打好的長刀，右邊有一個人正在埋頭磨礪鐵刀。牆上掛滿長刀。看來這個作坊是專門製作兵器的，它可能帶有一定的官營性質吧？楚國的銅器銘文中，記錄了楚國負責冶煉的官員稱作「冶師」，「冶師」的助手叫「佐」。楚國還大量引進技術人才，為聘請來的外國技師專門設立了「鑄客」、「鑄冶客」等官職。故宮博物院收藏了一方「鑄錢客璽」，就是楚國專門聘請來負責鑄錢的技師官印。傳世的戰國古璽印中還有一件楚國的「群粟客璽」。《周禮·冬官考工記》中記載：「粟氏為量。」粟氏是管理金屬冶鑄制度的工官之一，負責製作量器，供給官方收取租稅和日常商業流通中使用。「群粟客璽」大概就是楚國聘請來鑄造量器的外國技師總管的印章吧。

至於秦國，它的冶鑄官員組織就更嚴密了，有工師、工大人、丞、工等各級主管人員。這些主管都要在器物上記下自己的名字。古人稱作「物勒工名」，這也是表明各司其職，是最早的「職位責任制」吧？

令研究者們一直感到奇怪的是，唯獨沒有發現燕國的冶鑄官員。是燕國的冶鑄業不發達嗎？不，在燕下都的發掘中，曾經發現了多處冶鐵、鑄錢、制鏡等金屬冶鑄工業遺址，並且發現了多種鐵製的生產工具，可見燕國也有先進的冶鑄工業。石志廉先生曾經結合燕國貨幣明刀的背文「外」考證故宮博物院收藏的「外司（爐）璽」一方印章，認為它是掌管鑄幣的工官名稱。

近來，我們在傳世的古代璽印文物中，又考釋出兩件反映燕國冶鑄官員的璽印。一件是《尊古齋古璽集林》中收錄的「易鑄師璽」，一件是《燕陶館藏印》中收錄的「甫陽鑄師璽」。這兩件璽印中關鍵的「鑄」字，一直沒有被識讀出來，所以也一直沒有能確定這兩件璽印是什麼官印。我們借助最近

出土的「中山王鼎」、「信陽長臺關楚簡」等戰國文字資料，考證出它們的確切字義，才發現了它們反映出的燕國冶鑄管理官職（詳細文字考證見《遠望集》「鑄師考」一文。）

鑄師與三晉的工師相似，是管理冶鑄業的官員名稱，它和一些燕兵器上反映的「工」，以及「外司爐」等具體職司組成了燕國的冶鑄管理系統。

嚴密的管理系統，先進的冶鑄技術，加上勤勞智慧的勞動人民，使得中國古代的金屬冶鑄長期居於世界先進地位。西元一世紀時，羅馬博物學家普林尼在他的《自然史》一書中說：「沒有一種鐵能與中國來的鋼相媲美。」我們今天回首文物之林，看看它們反映出來的中國古代冶煉鑄造工業規模，不正是這個評語的最好證明嗎？

原載《文物天地》1991 年第 6 期
署名「肖易夫」

埋在地下的宇宙 ——
漢畫像石墓和壁畫墓的布局

燦爛輝煌的日月星辰,變幻莫測的天仙龍鳳,熱鬧歡快的酒宴歌舞,森肅威嚴的巡行禮拜,端莊冷峻的忠烈先賢……這一幅幅映現著現實宇宙與幻想宇宙的畫面,凝聚在石塊上,構築成一個個縮小的宇宙空間,靜靜地埋入了地下。這就是在考古學與美術史上占有重要地位、馳名中外的漢代壁畫墓與畫像石墓。

提起畫像石墓和壁畫墓,人們往往注重於它們的刻畫技法、畫像內容、分期斷代等。卻很少考慮過畫像在墓中的布置安排,以及這種布局所隱含的內在意義。如果我們按照這個思路探討下去,將會得到什麼樣的啟發呢?讓我們來看幾個典型的漢代壁畫墓和畫像石墓吧。

內蒙古和林格爾縣新店子漢壁畫墓,是一座有前、中、後室及 3 個耳室的大型多室磚墓。墓中券頂及四壁上,繪製了大量壁畫。現存者達 46 組,57 幅畫面。各室的頂部,繪製仙人、神獸、四象等象徵天穹及仙界的圖畫。前、中、後室壁畫著重表現墓主的一生經歷、財富及文化倫理教育。有表現死者官場活動及歷官地點的畫面,有經史故事與祥瑞圖,有表現其莊園財產及家居生活的圖像。耳室中則繪製了許多種地、放牧的奴僕,以象徵莊園生產生活的各方面。[014]

山東沂南漢畫像石墓,是一座大型多室石墓。其前室的四方橫額上,刻繪大幅的官吏拜謁圖、宮室車馬圖等。墓門內的前室南壁,在門左右分別刻有持彗侍立的門吏和建鼓,正中有侍衛官員及兵器蘭錡。它們表現了嚴密守衛的宮室大門。前室的北、東、西三面牆壁上,刻滿了奇禽怪獸、羽人、神祇及四象等。中室的四個橫額上,刻繪樂舞百戲、豐收宴樂、迎候儀仗、出行車馬等,反映出漢代官吏地主的政界活動、財富占有、享樂生活等社會日常畫面。中室四壁上刻有倉頡、周公、齊桓伐衛、孔子見老子等歷史人物故事。後室表現莊園內寢的情景,有侍婢、家具、廁所、武庫等等。[015]

---

014 〈和林格爾漢墓壁畫〉。
015 《沂南古畫像石墓發掘報告》。

河南密縣打虎亭漢畫像石墓，在藻井和室頂刻繪雲氣紋、怪獸紋等。前室四壁刻有侍奉的僕婢，南耳室牆壁上刻有圍囿山林、僕役車馬及官方發贍老糧的敬老圖，東耳室牆上刻庖廚圖。北耳室四壁刻房屋庭院、家具什物及宴飲圖。[016]

浙江海寧東漢畫像石墓是一座中型的畫像石墓，畫像集中在前室。四壁上方的橫額上，刻有鳳凰、飛鹿、麒麟、神仙羽人及靈瑞等。四壁刻繪鼓舞、禮祭、征戰、庖廚、百戲宴樂等生活場面及荊軻刺秦王等歷史故事。[017]

此外，山東蒼山、河南唐河、山東肥城等漢畫像石墓，河北望都、安平等漢壁畫墓，其墓中畫像的分布情況都與此大致相同。這種布局，把墓室的頂部及四壁上部安排為天穹及仙界，是籠罩在人們頭頂上的天空象徵；四壁為地上的人間世界及人文歷史氛圍，是人們親歷的社會象徵。從置於墓室中的墓主角度看，恰如置身於陽世的宇宙空間中。這種布局方式，正是漢代壁畫墓、畫像石墓中普遍採用的布局規律。

為什麼要這樣布局呢？我們先看一看漢代人們的宇宙觀念吧。「蓋天說」是產生最早、影響也最大的一種宇宙結構認知。它在漢代仍然被社會上普遍認同。

《晉書‧天文志》中記載：「（蓋天之說）其言天似蓋笠，地法覆盤……日麗天而平轉。」在漢代人的思想中，大地是四方的平面，天空像一頂斗笠覆蓋其上，日月星辰附著在天穹中。這是一種直觀的宇宙模式。漢代的「式盤」就表現出這種模式。「式盤」的天盤是圓形的，上面畫出星宿分野，覆蓋在地盤上，地盤為正方形，按十二辰分成四方。它是「蓋天說」的產物。漢代壁畫墓、畫像石墓的結構也與此相近。特別是它們中經常採用的券頂結構，更是形象地表現了「天似蓋笠」的天穹觀念。穹廬形的券頂在東漢乃至後世的墓室建築中被普遍採用，恐怕都是用它來表示天穹的概念。唐代的一

---

016 《文物》1972 年第 10 期〈密縣打虎亭漢代畫像石墓和壁畫墓〉。
017 《文物》1983 年第 5 期〈浙江海寧東漢畫像石墓發掘簡報〉。

些大型墓葬，如懿德太子墓等，還在券頂上繪製天文星圖，使之成為逼真的星空，更有力地證明了將券頂當作天空處理的傳統。

在漢代畫像石墓中，也有不少將日、月、星辰刻石置於頂部。如陝西米脂漢畫像石墓中即有前室券頂嵌太陽刻石，後室頂部嵌月亮刻石。河南唐河針織廠畫像石墓二室頂部置有太陽、月亮、星宿、北等天象刻石，都表現了將墓頂作為天穹的意識。

沒有直接刻畫日月星辰的墓室中，則以雲氣、神祇、仙人、龍鳳等來表現天空。這是因為秦漢人們的宗教觀念中把天穹看作天神上帝居住的未知世界，那裡有五方天帝、風伯雨師、雷公電母等，還有盤古、伏羲、女媧等開闢鴻蒙、創造人類的天神及超越人間的仙人，以及神龍、玄鳥等。用這些神幻的未知宇宙圖像來表現天穹，還包含有希望靈魂升天入仙的迷信意識。

墓室四壁的圖像，除了表現人們居住的天地四方外，更重要的作用是人們親身經歷並認知到的世界。官吏巡行，政務往來，庖廚宴樂，歌舞百戲，乃至表示財富的耕獵工漁、倉廩財物等，可以說是漢代社會上層成員一生中最有代表性的活動場面。這些場面表現的也是漢代社會中最為流行的人生願望，代表了社會上最普遍的一種人生觀。漢代人們常用的銅鏡、磚瓦、漆器等物品的刻銘中多有「君宜高官」、「大富貴、宜子孫」、「長樂未央」、「君幸酒、君幸食」等吉祥祝詞，正反映出追求富貴享樂的社會風尚。

四川地區盛行的漢畫像磚墓，特別適宜證明這些畫像旨在表現漢代人們理想的社會生活。四川漢畫像磚用模板製作，往往在不同的墓中發現同一模製作的畫像磚，說明它們成批製作出售。現見到的畫像磚模式有 50 餘種。死者家屬可以購買若干類型的畫像磚組合構築墓室。常見的畫像內容仍是神話人物、出行尊老、耕種弋射、樓宅百戲等等。這些典型場面是將漢代社會生活高度概括抽象的結果。每種畫像都代表了一個特定的時空環境，具有高度的象徵意義。曾任官員的，多安排出行拜謁圖。未經出仕的，就大量刻繪莊園財產。迷信仙界的，便強調神奇靈瑞……

穿插於人間社會畫面之間的歷史人物故事，目的則在於表現充盈於陽世社會中的人文氛圍。忠義節孝、倫理禮制等等社會精神產物，是維繫漢代社會的重要支柱，也是漢代人們生活中不可缺少的一部分。陽間的宮室中便經常繪製歷史故事的壁畫。如《漢書‧霍光傳》載：「上乃使黃門畫者畫『周公負成王朝諸侯』以賜光。」《漢書‧廣川惠王劉越傳》載：「其殿門有成慶（荊軻）畫。」在墓室中安排歷史人物畫，同樣要表現這些精神產物是社會的重要組成部分。

這些畫面，這種安排與墓室仿照生人宮室的結構合在一起，便將有限的墓室空間擴展為一幅完整的宇宙時空模式。這裡有天、地、仙界、人間，有財富、官勢、享樂，有倫理、歷史、文化、上下四方、過去現在，為墓主構造了一個完整的與陽間的理想世界相同的冥間世界。

漢代壁畫墓和畫像石墓，表現了漢代葬制，乃至中國古代葬制上的一個大變革。

直至西漢早期，墓葬仍以土坑木槨墓為主，在一些大型的黃腸題湊墓（如北京大葆臺 1 號墓）中，才開始模擬陽間宮室，分隔成前堂、後室、迴廊等部分。河北滿城中山靖王墓，在岩洞中建築房屋，仿照人間宮室，構築了一套完整的居住空間，標誌著埋葬制度的改變，從此以後興起的構築磚（石）室墓葬之風，便逐漸實現了將生人宅第縮小移至地下的普遍願望。

隨著漢代社會經濟的發展，厚葬之風愈演愈烈，已經達到「法令不能禁，禮義不能止」（《後漢書‧光武紀》）的地步，僅僅再現宮室的做法也不能滿足世俗的要求。進而發展到要在地下完全復原宇宙空間及社會人文環境。私有欲的膨脹，使他們已經毫無顧忌、公然扮演起創造世界的神的角色來了。漢代畫像石墓中的日月、神怪、山林、耕牧、紡織、屋舍、出行、樂舞、宴飲、歷史人物等圖像內容就是在這種社會意識的發展變化中逐漸充實完善，形成規律的。

　　漢代畫像石墓與壁畫墓，是一個個靜靜地埋在地下的小小宇宙，也是漢代人們宇宙觀與人生觀的集中展現。

原載《文物天地》1991 年第 1 期

署名「肖路」

借問漢宮誰得似？可憐飛燕倚新妝

千百年來，斗轉星移，物換人非。一件珍貴的文物瑰寶輾轉沉浮，會造成多少文壇佳事、趣聞奇話。今天珍藏在北京故宮博物院中的一方「倢伃妾娋」漢代繆篆玉印，就是這樣一件充滿了傳奇色彩的珍寶。

清末著名諷刺小說《孽海花》書中第二回寫道：「肇廷道：『莫非是趙飛燕的玉印嗎？那是龔定庵先生的收藏。《定公集》裡還有四首詩記載此事。』」

小說裡介紹的趙飛燕玉印，就是我們所要介紹的這方故宮博物院藏印。書專科門提到這方玉印，可見它在當時價值高昂，名重一時。

在眾多文物裡，這方玉印的來歷經由算是特別清楚的了。根據記載，它出土於北宋年間，當即由宋徽宗的駙馬、著名收藏家王詵收藏。到了元朝，又轉到文物大家顧阿英之手。明朝末年，它被權相嚴嵩強行占有。而後輾轉於著名收藏家項子京、錫山華氏、李日華、文鼎等人之手。李日華曾在《金石屑》一書中為這方玉印的拓本題跋，自稱：「余愛慕十餘載，購得藏十六硯齋。」不難想見，當他將十餘年朝思暮想的心愛珍品購求到手時，該是何等高興！

倢伃妾娋印

到了清朝，這方印被著名學者龔自珍（定庵）購得，根據姚衡《寒秀草堂筆記》中記載：龔自珍是用一本宋拓《夏承碑》和五百兩銀子才換來這方玉印。宋拓《夏承碑》同樣是文物珍品，身價不下數百兩白銀。這樣一算，這方玉印竟曾經達到千兩白銀的高昂價格。龔自珍身後，它又歸屬於何子

貞、潘德輿、陳介祺等人。陳介祺藏有此印時，出售拓片，拓印一張價值十兩銀子，幾乎是平民小戶一年的開銷。

一方玉印，有過如此曲折的經歷，又輾轉於這麼多的著名文人及收藏家之手。有人為得到它狂喜不禁，有人為看到它奔波千里，作詩歌頌，題跋稱讚，紛紛揚揚，成為明清時期的文壇盛事。能有這般殊榮的文物，的確是十分罕見的。

人們不禁想問，傳世玉印成百上千，為什麼歷代文人墨客偏偏如此看重這方玉印呢？原來，自從北宋時起，人們就把它認作是漢代著名的風流皇后——趙飛燕的玉印。

趙飛燕是頗具傳奇色彩的歷史人物。她曾以身輕如燕、能作掌上舞而專寵後宮，被漢成帝立為皇后。成帝死後，又被哀帝尊為皇太后。哀帝死後，趙飛燕毒害成帝諸子的事件被揭發出來。她被迫自殺。因此趙飛燕成了歷代文人吟詠中的常見人物。唐代就曾有多種《飛燕外傳》流傳於世。李白曾帶醉為楊貴妃作《清平調》三首，其二為：「一枝紅豔露凝香，雲雨巫山枉斷腸。借問漢宮誰得似，可憐飛燕倚新妝。」借趙飛燕讚美楊玉環，卻不料高力士進讒說：「李白以趙飛燕比娘娘，賤之極矣。」致使李白不得重用，壯志難酬。此後，南宋愛國詞人辛棄疾乾脆就用「君莫舞，君不見玉環飛燕皆塵土」來痛罵苟且偷安的佞臣。這樣一位名人的玉印，自然成為收藏家們爭相染指的珍品了。

說來好笑，這卻是一個張冠李戴的誤會。它根本就不是趙飛燕的玉印。

清代大儒孫詒讓曾經說：「至王晉卿屬之飛燕，近人又或疑為鉤弋，咸臆定無徵。」一句「臆定無徵」說出了近千年來收藏家們的致命傷。實際上，我們只要認真審視一下印文就可以判定，它上面刻的是「婕伃妾娋」四個字。婕伃是漢代妃子的一種官品名稱，妾是女子自稱時的謙辭。關鍵的第四個字是娋，而不是趙。按照漢代禮俗，在臣、妾等稱呼後面只能稱自己的名字，而不能用姓，否則就是對上不敬。這方印中的「娋」字也是女人的名

字，歷代收藏家出於一廂情願，硬把末字釋成「趙」，好把它附會成趙飛燕的玉印，稱之為「臆定」，恰如其分。但是直至近年，還有人把它說成是趙飛燕的玉印。可見成見之深，影響之大。

當然，不是趙飛燕的印並不有損於這方玉印的文物價值。它刻文精美，可以說是漢印中的上品。龔自珍的千金之價出得並不冤枉。

今天，在考察研究文物時，有些人還可能重複前人的錯誤。他們忽視出土文物本身的實際價值，卻把它和一些風馬牛不相及的名人逸事拉在一起，以為這樣可以抬高身價。實際上往往會「撿了芝麻，丟了西瓜」。從這方「婕伃妾娋」玉印的經歷中，我們不正可以看到這一點嗎？

原載《文物天地》1989 年第 1 期

東漢肥致碑與方士的騙術

　　1990 年代初，河南省偃師縣出土了一件十分罕見的漢代小型碑刻——肥致碑。

　　據《文物》1992 年第 9 期〈偃師縣南蔡莊鄉漢肥致墓發掘簡報〉介紹：這座碑出土於一個已經遭到破壞的漢代磚室墓中。這座墓的規模較大，包括墓道、甬道、前室、後室以及南北兩個側室。肥致碑設立在南側室的北部，高 98 公分，寬 48 公分，碑下有長方形的碑座。碑座前面刻出三個並排的圓盤，每個圓盤中刻了一個耳杯，象徵祭祀的供品。碑陽上面用整齊秀麗的隸書書寫了一篇具有神奇色彩的銘文。而這篇銘文與這座石碑又帶給人們一系列的問題與疑惑。這裡，我們不妨先從頭到尾讀一下這篇銘文，再共同探討幾個相關的問題。或許它能對了解東漢社會的方術流行狀況有些啟發。

　　碑額處刻寫有：「孝章皇帝，孝和皇帝。」旁邊的暈紋間刻有：「孝章皇帝太歲在丙子崩，孝和皇帝太歲在己丑崩。」下面的碑文為：

> 河南梁東安樂肥君之碑
> 　　漢故掖庭待詔君諱致字萇華，梁縣人也。其少體自然之姿，長有殊俗之操，常隱居養老。君常舍之棗樹上，三年不下，與道逍遙。行成名立，聲布海內。群士欽仰，來集如雲。時有赤氣著鐘連天，及公卿百遼（僚）以下無能消者。詔聞梁棗樹上有道人，遣使者以禮聘君。君忠以衛上，翔然來臻，應時發算，除去災變。拜掖庭待詔，賜錢千萬。君讓不受詔。以十一月中旬上思生葵。君卻入室，須臾之頃，抱兩束葵出。上問君於何所得之。對曰：從蜀郡太守取之。即驛馬問郡。郡上報曰：以十一月十五日平旦，赤車使者來發生葵兩束。君神明之驗，譏徹玄妙，出窈入冥，變化難識。行數萬里，不移日時，浮游八極，休息仙庭。君師魏郡張吳，齊晏子，海上黃淵，赤松子，與為友生。號曰真人，世無及者。功臣五大夫雒陽東鄉許幼仙事肥君，恭敬蒸蒸，解止幼舍。幼從君得度世而去。幼子男建，字孝萇，心慈性孝，常思想神靈。建寧二年太歲在己酉五月十五日丙午直建孝萇為君設便坐，朝暮舉門恂恂，不敢解（懈）殆（怠）。敬進肥君餟（啜）順，四時所有。神仙退泰，穆若潛龍。雖欲拜見，道徑無從。謹立斯石，以暢虔恭，表述前列（烈），啟勸童蒙。其辭曰：赫赫休哉，故神

君皇，又有鴻稱，升遐見紀。子孫企予，慕仰靡恃，故刊茲石，達情理，願時彷彿，賜其嘉祉。

　　土仙者，大伍公。見西王母崑崙之虛，受仙道。大伍公從弟子五人：田區、全□〔雲？〕中、宋直忌、公畢先風、許先生，皆食石脂仙而去。

　　眾多研究者都認為這件石刻是早期的墓誌。這樣，就等於說東漢中期已經有了定型的墓誌。從而將中國古代墓誌產生的時間大大提前了。然而我們如果深入考察一下碑文，結合發掘情況分析，就可以看出這不是墓誌，而是一件類似神座的祭祀用碑。

　　首先，我們知道，墓誌應該是用來表示墓主身分的。這裡立碑人是肥致弟子許幼的兒子許建，他建造這座墓應該是為埋葬他的父親許幼。墓主是許幼，這座碑卻全部是敘述肥致的生平事蹟，自然就不是為象徵墓主所做，也就不存在著作為墓誌的根本作用。

　　其次，碑立於墓中南側室。按照漢代多室墓的一般情況，墓主應該安放在後室或主室中。側室象徵著墓主在世時宅院的旁屋，用作客房、廚房、儲藏室、妾侍及僕從的住室等。碑文中也明確說出：「孝萇為君設便坐。」《漢書·張禹傳》「禹見之於便坐」注云：「便坐，謂非正寢，在於旁側，可以延賓也。」很明顯，許建正是把肥致的神位置放在墓中表示接待賓客的側室中，即「設便坐」，表示他父親對仙師的敬重，也表現他們對神仙的崇敬，希望得到仙人的保佑。這件碑與其說是墓碑，不如說是功德碑更為恰當。雖然墓中各側室都出土了人骨，顯示這是一座多人合葬墓。但在沒有更多的證據說明肥致確實埋葬在這座墓中以前，我們不能輕易認定這座墓中埋有肥致以及他的多個弟子，也就不能輕易認定這座碑是早期的墓誌。

　　如果僅僅讀到這篇銘文，會覺得這位肥致的故事就像《神仙傳》、《搜神記》、《後漢書·方術傳》、《風俗通》乃至唐代的《酉陽雜俎》、《北夢瑣言》等許許多多漢唐之間記錄神仙怪異的筆記小說一樣，充滿向壁虛構，純屬子虛烏有。但是，記載這些虛妄故事的石碑卻是被當時的人虔誠地豎立在自己

父親的墓中，作為神仙師傅供養著。這就使得我們應該把這種對神仙方士的信仰作為當時社會上的一種流行習尚來看待了。

古代皇帝篤信神仙，時時不忘祈求長生不老，所以上方士們的當永遠也上不完。而且往往越是有些成就的皇帝越是求仙心切，耗資無算。戰國時的諸侯們都不用提了。千古一帝秦始皇的求仙問道，就能把國家搞得民不聊生。用血汗白骨堆起來的萬里長城，不就是方士們杜撰的一紙仙符「亡秦者胡也」引出來的嗎？

所以，我們看到太史公在《史記・漢武帝本紀》中十分清楚地揭露那些方士的騙人把戲，指責漢武帝迷信神仙、誤國誤民時，不能不為他的超凡見識而驚嘆。

可惜的是，真理往往只掌握在少數人手裡。那麼社會上的大多數人，還是會追隨著統治者的好惡去篤信神仙。這樣一來，東西兩漢的神仙方士故事怎麼炒怎麼有人聽。肥致故事中的所謂神蹟，總讓我們覺得眼熟，其實不過是把歷來傳說的神仙故事加加工罷了。

那麼，我們就來看看肥致利用的前人神仙故事。

先說「棗」。「棗」與神仙結下緣分的時間可不短了。《史記・漢武帝本紀》中，首先來騙漢武帝的方士李少君就對漢武帝言之鑿鑿地說：「臣嘗游海上，見安期生，食臣棗，大如瓜。安期生仙者，通蓬萊中，合則見人，不合則隱。」於是，漢代關於神仙的傳說中，接二連三地出現了棗的記載。

漢代十分常見的一種銅鏡銘文格式就是：「某氏作鏡真大好，上有仙人永不老，渴飲玉泉飢食棗。」例如在《中國古代銅鏡圖典》中記錄的江蘇揚州出土的一件神獸鏡銘是：「王氏作鏡真大好，上有仙人不知老，渴飲玉泉飢食棗。」

晉代人寫的《拾遺記》中記載周穆王西遊時說：「西王母……又進洞淵紅花，嵊州甜雪，昆流素蓮，陰歧黑棗……黑棗者，其樹百尋，實長二尺，核細而柔，百年一熟。」

《太平廣記》卷五〈沈羲〉：記載沈羲見到老君。「老君身形略長一丈，被髮文衣，身體有光耀。須臾，數玉女持金桉玉杯，來賜羲曰：『此是仙丹，飲者不死，夫妻各一杯，壽萬歲。』乃告言。飲服畢，拜而勿謝。服藥後，賜棗兩枚，大如雞子。」

《太平廣記》卷十〈李意期〉：「飲少酒，食脯及棗栗。」根據下文中「劉玄德欲伐蜀，報關羽之死，使迎意期」的記載，可以知道李意期也是東漢末年的方士。

《太平廣記》卷十二〈董奉〉：「奉不食他物，唯啖脯棗。」以上均出自《神仙傳》。

甚至連棗核也有著神效。《後漢書·方術傳·郝孟節傳》：「孟節能含棗核，不食可至五年十年……曹操使領諸方士焉。」

從文獻到漢代的日用實物，都表現了棗與漢代神仙方士的密切關係。這些例子是不是可以證明這樣一點：在漢代人們的觀念中棗就是神仙日常的食品，要成仙得道必須要得到仙棗。這種觀念在中國古代社會中長期流傳下去，直至明代吳承恩的《西遊記》中還是在各路神仙的飲宴上擺滿了棗，連豬八戒還要一見到壽星就追著他要棗吃。所以，這位肥致先生乾脆就住到棗樹上去。這可是顯示自己有道術的最佳方法了。

「赤氣著鐘連天」，是肥致進入宮廷的根本。也是古代皇帝與方士們極為注重的望氣方技。這種占卜在當時占有十分重要的地位。古籍中記載，秦始皇聽方士說東南有天子氣，就到南方巡遊厭勝。漢武帝得知長安獄中有天子氣，便下令殺死獄中的全部犯人。《史記·天官書》中記載：「凡望雲氣，仰而望之，三四百里。平望，在桑榆上，千餘二千里。登高而望之，下屬地者三千里。雲氣有獸居上者，勝。自華以南，氣下黑上赤。嵩高、三河之郊，氣正赤。恆山之北，氣下黑上青。勃、碣、海、岱之間，氣皆黑。江淮之間，氣皆白。」以下還詳細記載了各種顏色和形狀的雲氣所象徵的吉凶禍福等望氣方法。可見連司馬遷這樣偉大的學者對望氣之說也是頗為相信的。

赤氣在古代的占卜中大多是不吉利的，往往與兵亂有關。早在西漢初年的占卜書中，就有這樣的記載。例如湖南長沙馬王堆出土的西漢帛書《天文氣象雜占》中便畫了種種雲氣的圖形，並且寫道：「赤虹冬出，主□□不利人主。」「赤雲如此，麗月，有兵。」「有雲赤，入日月軍（暈）中，盡赤，必得而地之。」「有赤雲如雉，屬日，不出三月，邦有兵。」（見《馬王堆漢墓帛書》）

《靈臺祕苑》卷四談到吉凶雲氣時，說：「赤氣浸浸血光，流血之象。赤氣如火影見者，臣叛不過三朔。赤氣如龍蛇在山頭住，又如夜光者，臣離其君，國不安，民流亡也。赤氣覆日如血色，大旱，民饑千里。」

由此可見，有了赤氣出現，的確是足以震動朝廷，動搖天下的了。能夠消除赤氣的方士，不說是再造天下，起碼也是救國救民的聖賢吧。「拜掖庭待詔，賜錢千萬」那只是一點小菜罷了。至於赤氣是怎麼出現的，又是怎麼除去的，是不是肥致搞的鬼把戲，不見詳細記載，不好揣測。起碼望氣云云是源於先秦方士的傳統，該是不會錯的。

再說說蜀郡。兩漢時期，關在西南的蜀郡已經開發得十分繁榮，成為天下的經濟中心之一。晉代文學家左思的〈蜀都賦〉中說：「侈侈隆富，卓鄭埒名。公擅山川，貨殖私庭。藏鏹巨萬，鈒摡兼呈。」（見《文選》卷四）這裡的卓，即蜀中大文學家司馬相如的老丈人卓王孫，就是富可敵國的巨商。

蜀地的氣候條件優越，水源豐富，土壤肥沃，物產聞名天下。〈蜀都賦〉中記述：「其園則有林檎、枇杷、橙、柿、榟、樗，櫛桃函列，梅李羅生，百果甲宅，異色同榮。朱櫻春熟，素柰夏成……紫梨津潤，榠栗罅發，蒲陶亂潰，若榴競裂，甘至自零，芬芳酷烈。」「其園則有蒟蒻茱萸、瓜疇芋區、甘蔗辛薑、陽蓲陰敷。日往菲薇，月來扶疏，任土所麗，眾獻而儲。」這些果菜中，很多可能是中原地區不生產或者不能在冬季得到的。因此，北方對蜀郡的物產應該是非常歡迎的。

但是，雖然有石門、邸閣（即棧道）的交通設施，北方與蜀郡的往來仍然是十分不便的。直至唐代，大詩人李白還發出「蜀道之難，難於上青天」的感嘆。這樣，得到蜀地的物產，便成了方士們顯示法術的一種常用手段。與肥致所為相類似的故事，就見於《後漢書·方術傳·左慈傳》。左慈「嘗在司空曹操座。操從容顧賓客曰：『今日高會，珍饈略備，所少松江鱸魚耳。』放（按即左慈）於下座曰：『此可得也。』因求銅盤貯水，以竹竿餌釣於盤中，須臾引一鱸魚出……操又謂曰：『既已得魚，恨無蜀中生薑耳。』放曰：『亦可得也。』操恐其近即就取，因曰：『吾前遣人到蜀買錦，可過敕使者，增市二端。』語頃，即得薑還，並獲操使報命」。這個故事產生於肥致之後，恐怕也是受到肥致相關傳說的影響吧。當然，肥致也不見得就是這種法術的始作俑者。

方士們的表演不光是用法術去取到蜀郡的稀奇物品而已，蜀郡還是他們表現神技的重要場所。《後漢書·方術傳·樊英傳》中記載：「嘗有暴風從西方起。英謂學者曰：『成都市火甚盛。』因含水西向漱之，乃令記其日時。客後有從蜀都來，云：『是日大火，有黑雲卒從東起，須臾大雨，火遂得滅。』於是天下稱其術藝。」類似表演還見於《後漢書·方術傳·郭憲傳》：「從駕南郊，憲在位，忽回向東北，含酒三潠。執法奏為不敬。詔問其故。憲對曰：『齊國失火，故以此厭之。』後齊果上火災，與郊同日。」這裡只是把著火的地點改在了東方的齊國，作法的手段卻絲毫沒有改變。

造成許先生等弟子死亡的原因是服用「石脂」。這應該是反映了當時方士們已經開始使用服食藥物以求取長生的法術。根據《漢書》的記載，淮南王劉安就曾經廣招方士，使用煉丹術。東漢時期，這種煉丹服食的方術想必已經十分普遍。「石脂」是什麼藥物，尚不得確解。但是在道家關於煉丹的書中，「赤石脂」卻是一種常見的藥物。據說是晉代以前成文的《黃帝九鼎神丹經訣》第一卷記載：製作煉神丹的六一泥時要「用礬石、戎鹽、鹵鹹、

礜石四物先燒，燒之二十日，東海左顧、牡蠣、赤石脂、滑石凡七物，分等多少自在，合搗萬杵，令如粉」。製作「第四神丹名曰還丹。取礜石、礬石、代赭、戎鹽、牡蠣、赤石脂、土龍矢、雲母、滑石凡九物，皆燒之一日一夜，猛其火……」該書的第二卷以下可能是唐代的作品，裡面記述的赤石脂用法更多，主要也是用於製作「六一泥」。晉代的相關記載不多，從《抱朴子・金丹卷》中可以找到製六一泥中要使用赤石脂的紀錄，應該是從《黃帝九鼎神丹經訣》中沿襲下來的。之後的道家煉丹書中，如《太清金液神氣經》、《龍虎還丹訣》等，也都記錄了赤石脂這種藥物。

赤石脂可能是一種類似大理石的石灰質礦物。《世說新語・汰侈》中記載：「王（王愷）以赤石脂泥壁。」既說明赤石脂是一種昂貴的物品，又反映了它類似石灰具有黏合力，有泥壁的性能。由此推測，它也許具有較強的鹼性，過多食用當然對人體不利。

不過，也許肥致碑中說的「石脂」另有所指，或許是道家服食藥物中常見的「石芝」誤字，限於資料，這裡做的一些推測，也是僅供大家參考而已。不過服食藥物的做法，在方士中同樣是一代傳一代，肥致恐怕沒有什麼創新。

這些陳陳相因的古舊戲法，卻能屢試不爽，可見在東漢時期人們的觀念中，對求仙得道的熱衷與篤信始終未曾衰減。有人說過：沒有上當受騙的人，就不會有騙子。社會上的盲目迷信，為靠方術矇騙世人的方士提供了極好的發展環境。這的確是一種本小利大的買賣。前人早已經編好了種種神仙的模式，只要照本宣科，換湯不換藥，總有上至皇帝下至草民的大批信徒前來供養。運氣好的可以騙得官運亨通，運氣不好的也還能拉來幾個徒子徒孫墊背。只有許先生之類的信徒，明明是被這些方士騙得服了「石脂」，嗚呼哀哉，還被後代子孫說成是「仙去」。不知他們的靈魂能不能感到安寧。

原載《中國典籍與文化》1999 年第 1 期

漢唐墓葬中的鬼怪形象及其他

　　1999 年 5 月，我去美國開會期間，加州大學洛杉磯分校（UCLA）的羅泰教授（Dr. Lothar von Falkenhausen, 1959 －）要我順道去作一次講座，同時陪我參觀了當地的博物館。雖然時間不多，行色匆匆，但是仍有不少精彩的中國古代文物讓我留下了深刻的印象。其中在洛杉磯縣立博物館中見到的一件陶俑尤其新奇，不僅引起了我濃厚的興趣，而且使人聯想起不少有趣的問題。

　　這件陶俑高約 20 公分，不大可能是佛教造像雕塑的附件，而更接近於墓中隨葬的器物。可惜係盜賣而來，已經無法查尋它的由來了。

　　根據它的藝術造型來看，很有可能是唐代初期的器物。但是就個人所見，中國近幾十年來唐代墓葬中出土的器物中還很少見到與它相似的陶俑。它和我們經常見到的唐代人物俑不一樣，是一個肌肉暴起、赤身裸體、雙目圓睜的怪異形象。最明顯的異狀表現在它的耳朵與鼻子很接近動物的形狀，有些像豬；而它的手、足都是只有兩個鳥爪一樣的指（趾）。它的面目表情猙獰可怕，右手按膝，左手舉起，彎腰蹲踞，彷彿要向前方撲過來，整個造型十分生動。

　　這件陶俑無疑是在表現一個鬼怪形象。類似這種鬼怪的藝術形象在漢唐之間的墓葬隨葬品及佛教壁畫造像中應該還不少見。首先令我們聯想起來

的就是著名的北魏馮邕妻元氏墓誌上的線刻神怪形象[018]。它們同樣是怒目圓睜，耳、鼻酷似野獸，赤身裸體，肌肉飽滿，充滿了怪異的神情。不同的是北魏馮邕妻元氏墓誌上的線刻神怪身上披有長長的鬣毛（或是火焰，也有人說是飛翼），其手足是三爪與兩爪兩種，不像這個陶俑只是兩爪。

北魏馮邕妻元氏墓誌上的鬼怪形象

關於北魏馮邕妻元氏墓誌上的線刻神怪，現在有幾種不同的解釋。有人將它解釋成「守護墳墓，驅除魔鬼的方相神」[019]。也有人將它看作天神的形象，指出：「馮邕妻元氏墓誌中所出神像，應該是鮮卑拓拔人中流行過的象徵雷電山川的天神像。」[020] 還有人認為這些神像是拜火教尊崇的天神形象，是鮮卑人與漢人心目中的胡天火神[021]。近年來還有國外學者提出新的看法，認為北魏馮邕妻元氏墓誌上的線刻神怪像是雷神與風神[022]。眾說紛紜，足以表明這些怪異的藝術形象是多麼引人注目。同時也說明，現在人們對這些怪異的形象還沒有統一的看法。

如果我們把研究的範圍放廣闊一些，就可以看到，具有與上述陶俑類似藝術特徵的造型在南北朝隋唐時期主要出現在以下幾種藝術品中。

018　參見趙萬里：《漢魏南北朝墓誌集釋》，科學出版社，1957 年。
019　王子云：《中國古代石刻畫選集》，中國古典藝術出版社，1959 年。
020　姜伯勤：〈「天」的圖像與解釋〉，見《敦煌藝術宗教與禮樂文明》，中國社會科學出版社，1996 年。
021　施安昌：〈北魏馮邕妻元氏墓誌紋飾考〉，《故宮博物院院刊》1997 年 2 期。
022　[美] 卜蘇珊：〈中國六世紀的元氏墓誌上的雷公、風神圖〉，《敦煌研究》1991 年 3 期。

其一為墓誌、石棺上面的紋飾，例如上述的北魏馮邕妻元氏墓誌上的線刻神怪，以及元乂墓誌蓋上的神怪，1977 年在洛陽出土的北魏石棺上的紋飾等 [023]。其二為佛教石窟壁畫造像中的神怪形象，例如敦煌莫高窟 285 窟中窟頂西魏壁畫中的九尊天神。又如 305 窟頂部南北兩側斜披上的帝釋天與帝釋天妃壁畫中，帝釋天及其妃的乘車旁邊各有一個獸頭人身、兩眼圓睜、張口咆哮的怪神形象。它們除去手、足不作鳥爪形以外，其他均與北魏馮邕妻元氏墓誌上的線刻神怪相似，尤其是面部的形象與肩披的鬣毛最為相像。在敦煌莫高窟 419 窟的隋代彌勒上生變、河北邯鄲北響堂山石窟、河南鞏縣石窟造像等處，也有類似的石刻形象。

敦煌壁畫中的雷神

其三為隋唐墓葬中的鎮墓獸形象。它們與上述神怪形象差別較大，多為獸身蹲踞狀，或人面，或獸頭，但是其中仍有一些類型的面部造型與上述的神怪形象頗為相似，如出一源。例如陝西西安郊區唐代獨孤思敬墓中出土的一對鎮墓獸，一件除頭上有角以外，口、眼、鼻、爪等均與北魏馮邕妻元氏墓誌上的線刻神怪十分相似；而另一件鎮墓獸的面部造型則與洛杉磯縣立博物館的那件陶俑沒有什麼重大的區別 [024]。在鎮墓獸中，這樣的例子還可以找出不少。

023　洛陽博物館（黃明蘭）：〈洛陽北魏畫像石棺〉，《考古》1980 年 3 期。
024　中國社會科學院考古研究所：《唐長安城郊隋唐墓》，文物出版社，1980 年。

以前，我在討論古代墓誌覆斗形蓋的象徵意義時，曾經借助北魏馮邕妻元氏墓誌上的線刻神怪作為天神出現來說明墓誌蓋象徵天穹的含義。也就是說，我傾向於這些形象在這裡是表現各種天神的說法。但是這些神，並不是上帝、東王公、西王母、佛陀等大神，而是一些表現力量與威懾的凶神惡煞，有著為最高的天神護衛的作用，有些類似佛教中的四大天王、天龍八部等等。上述敦煌莫高窟 305 窟等處的這類神怪，奔走於帝釋天的神車左右，正展現了它們在天界的地位與作用。

我們可以看到，唐代的一些神怪小說中，記錄了一些雷神與鬼怪的形象，與上述神怪形象頗有些共通之處。這也是有些學者將北魏馮邕妻元氏墓誌上的線刻神怪認作是雷神、風神的根據之一。例如：

《酉陽雜俎》中記載：「唐貞元年，宣州忽大雷雨，一物墮地，豬首，手足各兩指，執一赤蛇嚙之。俄頃雲暗而失。時皆圖而傳之。」

《錄異記》載：「唐潤州延陵縣茅山界，元和春，大風雨，墮一鬼，長二丈餘，黑色，面如豬首，角五六尺，肉翅丈餘，豹尾。又有半服絳褌，豹皮纏腰，手足兩爪皆金色。執赤蛇，足踏之，瞪目欲食，其聲如雷。田人徐冽忽見驚走，聞縣，尋邑令親往睹焉。因令圖寫。尋復雷雨，翼之而去。」

《傳奇》云：「怪雲生，惡風起，迅雷急雨震之。鸞鳳乃以刃上揮，果中雷左股而斷。雷墮地，狀類熊豬，毛角，肉翼青色，手執短柄剛石斧。」

《投荒雜錄》記載：「嘗有雷民，因大雷電，空中有物，豕首鱗身，狀甚異……雷民圖雷以祀者，皆豕首鱗身也。」[025]《酉陽雜俎》中記載的鬼怪，雖然沒有明確地稱之為雷神，但是它從大雷雨中墮地，又隨雲暗而飛去，其文意自然是在暗指它就是雷神。看那文中所說「豬首，手足各兩指」的形象，簡直就是在描繪洛杉磯縣立博物館中的那件陶俑。而《錄異記》等書記載的雷神（或雷鬼）「黑色，面如豬首，角五六尺，肉翅丈餘，豹尾。又有

半服絳褌，豹皮纏腰，手足兩爪皆金色。執赤蛇，足踏之，瞪目欲食，其聲如雷」，則又像是在敘述隋唐墓葬中的鎮墓獸形象。

由此看來，這些神怪應該就是雷神造型了。但是，我們覺得事情沒有這麼簡單。光憑這些文獻記載似乎還不足以證明有些學者作出的這一結論，即：南北朝至隋唐時期流行的這些神怪圖像是雷神。首先，現在可以見到的文物圖像雕塑實物遠在這些之前數百年就已經存在了。而《酉陽雜俎》、《錄異記》等卻都是唐代晚期的作品。從它們的敘述中反映出，作者對雷神的描述帶有某種心理，即感到它們的形象是極其新奇的。如果雷神的形象在幾百年前就確定下來，並且持續不斷地出現在壁畫、雕塑中，出現在佛寺、墓葬裡，那麼，唐代晚期的人們還會把它當作從未見過的異狀「圖而傳之」嗎？我們甚至會產生這樣的猜想，寫作《酉陽雜俎》的段成式等人是不是看到過唐代早期的鎮墓獸，才把雷神描繪成這個樣子？

滕州東漢畫像石中的鬼怪形象

追溯起來，中國古代表現雷公的形象是另有固定程式的。先秦時期，人們認為雷公是一條龍。《山海經·海內東經》中記載：「雷澤中有雷神，龍身而人頭，鼓其腹，在吳西。」而在漢代，雷公被畫成一個擊鼓的力士。這在漢代畫像石與漢代文獻中都有實證，當無可懷疑。

王充在《論衡·雷虛篇》中記述：「圖畫之工，圖雷之狀，纍纍如連鼓之形，又圖一人，若力士之容，謂之雷公，使之左手引連鼓，右手推椎，若擊

之狀。其意以為雷聲隆隆者，連鼓相叩擊之音也。其魄然若敝裂者，椎所擊之聲也。其殺人也，引連鼓相椎，並擊之矣。世又信之，莫謂不然。」這應當是當時的現實情況。在河南南陽等地出土的東漢畫像石上，就有與此相符的雷公圖畫。例如南陽縣英莊漢畫像石墓頂部畫像中，有三隻長有飛翼的老虎拉著一輛雲彩托舉的鼓車，車上豎立了一座建鼓，上面有羽葆，車上一個人駕車，另一個人持椎，應該就是雷公了。深受漢文化影響的日本，在其神話傳說中至今還認為雷神是擊鼓的力士。這也可以說是一個旁證吧。

於是就又必須提到敦煌莫高窟 285 窟窟頂西披的兩個神怪形象。這兩個神怪的身旁，繪有一圈連續起來的圓環，北邊一個神怪的四周有十二個環，南邊一個有十一個環。段文杰、史葦湘等研究者都認為這些圓環是在表現一圈連鼓紋，這些神怪是雷公 [026]。如果此說可從，那麼，是不是這一類神怪形象就是雷公的表現形式了呢？

我想恰恰相反，如果必須透過連鼓這個特徵來說明 285 窟窟頂西披的神怪是雷神，那麼只能說明這種神怪形象是一種泛指的神怪概念。它是古代人們心目中臆造出來的鬼怪形象。畫工們只是將這種概念具體化，並且套用到各種表現神怪的藝術形象上去。所以，我們看到的南北朝隋唐時期的各種神怪形象，從墓誌蓋上的天神、佛寺壁畫及造像上的力士鬼怪直到鎮墓獸等器物，都或多或少帶有類似的造型特徵。正是由於它們源於同一個對鬼神形象的基本概念。

從中國古代對鬼怪形象的文字描述來看，古代人們所形容的鬼怪，除與生人相似以外，突出的特點就是：裸形，披髮生毛，高大兇殘，具有鳥獸一樣的手足或面目。例如：睡虎地秦墓竹簡《日書》中就記載：「鬼恆贏（裸）入人宮。」《春秋左傳·成公十年》記載：「晉侯夢大厲，被髮及地。」《幽

026　A、段文杰：〈道教題材是如何進入佛教石窟的 —— 莫高窟 249 窟窟頂壁畫內容探討〉，《段文杰敦煌石窟藝術論文集》，甘肅人民出版社，1994 年。B、史葦湘：〈敦煌佛教藝術產生的歷史依據〉，《敦煌研究》試刊 1 期，1981 年。

明錄》中說：「東昌縣山有物，形似人，長四五尺，裸身披髮，髮長五六寸。」[027] 因此，在中國古代藝術中描繪鬼怪形象時，就著重強調了強壯的裸體，兇猛的雙眼，鳥獸一般的手足等特徵。這些形象特徵在漢代畫像石中的鬼怪身上就已經得到突出的反映。

如《山東漢畫像石選集》中收錄了山東濟寧縣城南張出土的東漢畫像石，上面畫有兩個執斧的怪人，看上去就是怒目圓睜，大面，裸體。《南陽漢畫早期拓片選集》中，收有一幅南陽市東關外出土的強梁圖，畫有一個頭上生角，披髮，裸體，圓目，正在張口咆哮的獸足怪物。《山東漢畫像石精粹·滕州卷》中發表了一件 1991 年在滕州官橋鎮車站村出土的執幡圖，畫中人物面目猙獰，蓬頭亂髮，兩足似爪，赤身裸體。這些漢畫應該是從不同地區的各個角度反映著漢代人們心目中的鬼怪形象。

直到晉代，畫像中的鬼神形象還是如此。北京大學圖書館收藏有一件 1930 年代在四川成都雙流出土的晉太熙元年二月十一日杜稷墓門拓本，上面也刻有一個裸體、瞠目、鳥足的鬼怪形象。

古代藝術中，各個不同的歷史時代會產生不同的藝術風貌，造型的表現手法也會有所改變。一些外來的藝術手法常常融入傳統的繪畫、雕塑中，帶來新的藝術風格。這就使得我們看到的古代藝術品具有不同的時代特徵。但是，一些根植於久遠的中國古代文化中的意識卻常作為藝術表現的內核貫穿始終。大到傳統繪畫的基本格調，如寫意重於寫實，平面重於立體，線描重於布色等；小到具體物類的形象特徵，如這裡提到的鬼怪造型形式，以及帝王、武士的造型形式等都是如此。如果我們將大量的古代藝術品分門別類，詳細地加以歸納比較，追根溯源，這種發展演化的脈絡將會很清晰地顯露出來。

南北朝時期的這些神怪形象，看來應該是在漢代的鬼神形象基礎上加工而成，繼承著漢晉文化的傳統。而佛教等外來宗教傳入以後，也就借用了這

027　見《太平御覽》卷八八三引文。

些神怪形象去表現各自宗教中的種種神怪,只是逐漸加入一些宗教相關的文化特色而已。史葦湘先生對於「佛教藝術對漢族固有神話形象的『假借』與『嫁接』」的看法,正是說的這一點。他說:「在漢晉時期民間畫工早已使它們的形象定型了。佛教要畫這些題材,在敦煌當然只能畫本地群眾所熟悉的形象。」[028] 我們應該注意「民間畫工」這一藝術創作群體,他們應該是師徒相傳,形成一個個宗派的。這就反映出古代藝術品的地區差別。而他們的樣本,又往往出自人民群眾心目中認同的形象概念,甚至源於專業畫師的範本,自然,專業畫師作品中的形象也要來自當時人們的認知,得到平民百姓的認同。也就是說,畫工是把社會上流行的概念加以藝術化並概括,使之定型的。而這些一經定型的形象,即使隨著時代演變產生一些修改加工,也還是萬變不離其宗。正像這裡提到的各種鬼怪形象,無論他們的細部怎麼改動,也無論用它們去表現哪種宗教的哪種神怪,這些裸體、怒目、鳥爪、獸面的鬼怪形象還是源於中國傳統文化的產物。

原載《文物天地》2000 年第 2 期

028　史葦湘:〈敦煌佛教藝術產生的歷史依據〉,《敦煌研究》試刊 1 期,1981 年。

漢代畫像石與北朝造像

漢代畫像石在中國古代藝術史和藝術考古研究中具有無可比擬的重要地位。

這不僅由於它是現存時代比較早的數量龐大的古代繪畫藝術精品，也不僅由於它涵蓋了豐富多樣的漢代社會各個方面。只從它對漢代以後兩千年來的中國傳統繪畫雕刻產生的巨大影響這一點上來說，就足以證明漢代畫像石的重要價值。

北朝造像背光中的佛本生故事畫

漢代以前的雕刻藝術品，除去小型的玉雕和青銅器之外，很少有能與漢代畫像石相媲美的大型作品。而在漢代以下，則各個朝代都有大量的精美石雕、泥塑以及繪畫藝術品出現，形成了具有中國傳統文化特色的藝術長河。這與漢代畫像石承上啟下，釀成一代畫風的巨大作用是分不開的。在古代藝術雕塑中成就輝煌的北朝佛教造像，就是在漢代畫像石的藝術影響下發揚光大，成為名聞中外的藝術瑰寶。因此，北朝造像也是表明漢代畫像石對中國傳統藝術深遠影響的最好見證。

關於漢代畫像石的雕刻技法，李發林先生在三十年前就作了分析研究。他在〈略談漢畫像石的雕刻技法及其分期〉一文中將漢代畫像石的刻法分為

八種類型，即：陰線刻、平面淺浮雕、弧面淺浮雕、凹入平面雕、凹入雕、高浮雕、透雕、陽線雕等[029]。而楊伯達先生則對山東漢畫像石的雕刻方法做了不同的分類，將之歸納為：陰線刻、凹像刻、陽線刻、平凸刻、隱起刻、起突刻和透突刻七大種技法[030]。實際上，這兩種分類並沒有十分明顯的重大分歧，除楊文所指的凹像雕中包括了李文所指的凹入平面雕和凹入雕兩類技法外，其他相對各類所包含的雕刻技法特徵大致相似，僅兩種定名不同而已。滕固先生在〈南陽漢畫像石刻之歷史及風格的考察〉一文中做過更為精要的說明，認為漢畫像石的藝術表現手法大致為兩種，其一是擬浮雕的，其二是擬繪畫的[031]。實際上，這種歸納也正抓住了漢代畫像石的藝術特點及其在雕刻藝術的兩個分支上對後世的重大影響。

漢代畫像石最突出的特點就是在石頭的平面上作畫，繼承了先秦時期即形成了規模的壁畫傳統。因此，陰線刻、凹像刻（凹入平面雕及凹入雕）、平凸刻（平面淺浮雕）等是最常用的漢畫技法，也是最接近於繪畫效果的技法。在現存的具有紀年的或附有可資確定紀年考古資料的漢代畫像石中，可以排列出最早的漢代畫像石採用的技法是：陰線刻、凹像刻（凹入平面雕及凹入雕）、平凸刻（平面淺浮雕）等。而隱起刻（弧面淺浮雕）、起突刻（高浮雕）、透突刻（透雕）等手法則是在較晚時期引入漢代畫像石的。前者可以稱之為擬繪畫的手法，而後者明顯是浮雕的藝術技法。漢代畫像石不但將這兩種藝術手法出色地結合在一起，而且使兩者的技法都有了進步，為後代的石刻藝術提供了一定的範本，形成了傳統的文化特色。

漢代以後，陰線刻等模擬繪畫的手段則發展為大量的石刻線畫。出現在碑、墓誌、造像碑、石棺以及其他建築裝飾中。它與中國古代繪畫的線描技術緊密結合，充分發揮了中國傳統繪畫中線條的表現能力。而種種浮雕技法

029　李發林：〈略談漢畫像石的雕刻技法及其分期〉，《考古》1965 年 4 期。
030　楊伯達：〈試論山東畫像石的刻法〉，1987 年 4 期。
031　滕固：〈南陽漢畫像石刻之歷史及風格的考察〉，《張菊生先生七十生日紀念論文集》。

則在造像、石塔、經幢、動物與人物雕塑等石刻類型中大放異彩。至於北朝造像，可以說是將這兩者結合得最完美的例子。

東漢末年的戰亂，使兩漢數百年間形成的文化與經濟成果遭到了幾乎是毀滅性的破壞。三國以後，經過一個短暫的西晉安定時期，很快又陷入了長達數百年的動盪年代。南北分裂，征戰與殺戮不斷發生。北方各少數民族大批入主北部中國，曾經造成一度文化上的停滯與倒退。因此，我們現在很少看到十六國時期的文化藝術作品。在曾經是漢代畫像石主要流行區域的陝西、河南、山東、河北等地也極少發現當時的壁畫、雕塑等。但是，這不表明漢代畫像石留下的藝術種子已經滅絕。它很可能還是在民間保留著。可能由民間的畫工、石匠等手工藝者們傳留下來。很多研究者們都曾經指出，畫像石的雕刻技法是民間工匠們長期實踐創造出來的。古代由於生產力與社會制度的局限，畫工、石匠等手工藝者的技藝基本上是家族世代傳襲、師徒傳授。各個流派的工匠又往往有自己獨立的活動範圍。因此，只要在社會上還存在著建房、修墓、造橋、立廟等石作，石匠的雕刻技藝就會一代代流傳下去。只要居室、墓葬等建築中還需要壁畫裝飾，畫工的繪畫傳統同樣也會一代代流傳下去。這是毫無疑義的。我們在河西走廊的嘉峪關一帶發現的十六國墓葬中可以看到當時繪製的大量畫像磚，繪畫風格明顯繼承東漢的繪畫傳統。還有在這裡發掘的十六國時期壁畫墓，其墓室壁畫布局內容乃至繪畫風格都明顯是漢代的遺緒。又如傳世品十六國後趙時期雕刻的浮雕石柱礎、在山西大同北魏司馬金龍墓出土的精美石雕柱礎等，均是漢代石刻繪畫雕塑技藝未曾滅絕而且傳留有緒的極好證明。

一旦時機成熟，漢畫像石這種傳統藝術的生命力就會迅速地迸發出來。而北朝佛教造像的興起與流行就為漢代畫像石藝術傳統提供了一個這樣的時機。

南北朝時期，佛教在中原空前廣泛地普及開來，開創了中國佛教發展史上的第一個高潮。早在十六國時期，來自西域的僧人就從涼州進入中原，

走向東方，到處宣傳佛教。如佛圖澄等名僧，由於得到當時君王（如石虎等人）的尊崇，對於佛教的流布建功頗多。

　　與此同時，刊刻佛像的風氣也隨著佛教東漸而來。首先，有著名的涼州石窟（即今炳靈寺等）的興造。而後，北魏初年，太武帝西征北涼，將涼州僧徒 3,000 人遷至平城，使「沙門佛事皆俱東，象教彌增」。文成帝時，便開始興造著名的大同雲岡石窟。在此前後，又有大量大小不等的石窟寺在各地建成，形成了一個遍布中原的佛教石窟體系，如今天甘肅的敦煌、麥積山等石窟造像，河南的龍門、鞏縣、安陽等石窟造像，河北的邯鄲響堂山石窟，山西的天龍山石窟等。篤信佛陀的民眾們紛紛捐資造像，為石刻繪畫雕刻藝術提供了前所未有的發展天地，造就了在世界上也享有盛名的北朝佛教石刻藝術。

　　北朝佛教石刻的突出代表是一些著名的大型佛教石窟，如上述雲岡、龍門等處。其恢宏的建築布局與精美絕倫的佛像雕刻已為世人所熟知。但是這些石窟雕刻的技藝中比較多地展現出了源於西方的佛教藝術風格。佛像以圓雕為主，寫實因素比較強，對於肌肉與人體比例等解剖知識掌握得比較好，反映出這些技藝來源於西方的犍陀羅等佛教藝術的特點。當然，在雕像形象上與細部的處理上已經逐漸有了漢化的改變。但是將它們與漢代畫像石直接連繫起來還是不可能的。在這些大型石窟中，相對比較能夠反映出漢代畫像石影響的，應該是造像的龕楣、背光中的文飾、佛座裝飾等雕刻。例如龍門石窟中的賓陽洞、古陽洞內四壁雕造的北朝小型佛龕裝飾，就能表現出一定的漢代傳統藝術。與這些官方及貴族興造的大型石窟造像風格不盡相同的是民間廣泛刊刻的各類佛教造像。它們可以大致劃分為單座造像與造像碑兩大類。在當時，它們大多作為祈福、造就功德的成果供奉在各地寺廟中。近幾十年來，在河北、山東、四川、陝西、山西等地多次出土了大量北朝的佛造像與造像碑。例如河北曲陽的修德寺造像、山東青州的龍興寺造像、四川成都的萬佛寺造像等。在這些造像與造像碑上，更多地顯示出了以漢代畫

像石技法為代表的中國古代傳統藝術特色，如以線條為主的陰線刻、平面淺浮雕技法，更注重神似而不是形似的表現手法，簡練概括的風格，加有題榜文字說明等。在一些比較偏遠的地區，可能是由於當地工匠較少接觸到外來的佛教造像範本，用傳統手法臆造的成分較多，這些地區的佛教造像就更樸拙，更富有民族特色。如陝西北部耀縣、宜君、洛川、延安等地發現的北朝造像。

在單座造像與造像碑兩大類石刻中，造像碑更能夠展現畫像石的特色。劉興珍先生曾經認為：「實際上造像碑取代了漢代的畫像石，從構圖上看也有漢代畫像石的遺風。（造像）碑的通體構圖及雕刻均相當出色，而其章法布局與漢代畫像石的構圖章法一樣。」[032] 這可能是由於造像碑這種石刻的基本形制來源於具有中國文化傳統的漢代碑石，從而更容易保留漢代石刻的藝術傳統吧。

這裡以現存陝西耀縣藥王山石刻博物館的北魏始光元年魏文朗造像碑為例。它是現存的年代最早的北朝造像碑。碑座上的刻飾簡樸粗放，明顯是出自當地工匠之手。

北魏始光元年魏文朗造像碑為四面造像，高 127 公分。四面均在碑石的上部中央開鑿凹入的佛龕。龕內有圓雕造像。除此之外，其他文飾都是採用陰線刻的手法雕成。拿碑陽來說，龕楣上的交龍，兩側的執花供養飛天，禪室內修禪的比丘，奔鹿，龕下跪拜的僧人、信士、供養人，以及博山爐、牛車、馬匹等文飾都是用粗獷的陰刻線條構成。畫面分層描繪了不同主題，採用散點透視。除去人物的衣著、車馬樣式等上面展現了北朝的時尚以外，可以說與河南等地的早期漢代畫像石沒有多大的區別。

又例如現存北京故宮博物院的北魏平等寺造像碑，是北魏末年佛教繁盛時期的石雕藝術精品。我們看看它的右側，上半部採用減地淺浮雕加線刻的

032　劉興珍：〈漫談漢畫像石的繼承與發展〉，《中原文物》1993 年 2 期。

手法刻繪了佛傳故事、比丘與護法雄獅等。碑中央的彌勒菩薩，採用淺浮雕手法刻成，精巧華麗，最值得注意的是碑的下部雕刻了佛寺建築，完全採用精細的陰線雕刻，手法與漢代畫像石中的宮闕建築刻法相似。不同的只是出現了正確的透視關係。

這大概是佛教藝術以及隨之東來的科學技術的影響吧。由此可以看出，漢代畫像石藝術與外來藝術相結合後，在中國古代藝術傳統中形成的進步與發展。

山東南部等地的漢代畫像石，如武梁祠畫像石等，具有獨特的雕刻繪畫技法，即結合陰線刻的凹入平面刻。這種技法在陝北畫像石中表現得十分突出，具有獨特的藝術效果，很類似至今尚存的民間剪紙。在平面的方整石材上採用減地工藝勾畫出物體的外輪廓，然後用陰線刻出細部。有時甚至只有大的輪廓，影像分明，造型優美。當然，可能當時是在上面用顏色筆墨畫出細部。這種技法與外來的佛教藝術造型技法具有明顯的不同。我們可以看到，這種獨特的技法在北朝時期的陝西北部至關中一帶的佛教造像中仍然頻繁出現。例如在陝西興平出土，現存陝西省碑林博物館的北魏皇興五年造像，它的佛背光陰面中便刻畫了一組具有典型陝西漢代畫像石藝術風格的佛教故事畫。整個背光陰面由上至下被分為七層，依次刻出了九龍灌頂、釋迦宣稱「天上地下唯我獨尊」、乘象入胎、太子誕生、諸天勸說釋迦出家修行、釋迦前生為孺童時的故事等，以及釋迦修道後收目犍連、舍利弗等弟子的情景。整組畫面的布局勻稱、外輪廓線條優美，減地分明，很好地反映了傳統的漢代畫像石風格。這種連環畫式的敘事風格，也是漢文化的特色。敦煌等石窟中的類似佛傳故事畫，可能與此一脈相承。

採用類似雕刻手法創作的作品在北朝造像中還有很多，例如新鄉博物館收藏的北齊周榮祖造像、河南新鄭出土的北齊天保十年劉紹安造像座等。又如美國紐約大都會博物館藏河南淇縣封崇寺北魏武定元年李道贊等五百人造像碑，雖然它的雕刻減地較深，但仍以平面線刻作為主要的表現手段。唯其

技法比漢代畫像石更加精湛，表現出時代與藝術造詣的進步。

現藏法國巴黎的北魏孝昌三年蔣伯仙造彌勒佛像背光陰面，是一幅氣勢宏大、場面壯觀的佛教經變畫，最上層刻有說法圖、下面各層依次是維摩詰經變、佛傳故事畫等。畫面全部採用減地陰線刻，刻工精緻，構圖華美，是一朵在漢代畫像石藝術基礎上綻放的佛教藝術奇葩。

凡此種種，均可以生動地展現出漢代畫像石藝術對後代的深遠影響。人們習慣把漢、唐連繫起來，正是由於漢代的博大氣魄造就了中國古代藝術、文化的基調，經過北朝文化的繼承發展，才形成了名垂千古的盛唐氣象。而北朝佛教造像藝術在這中間的重要作用，是不言而喻的。

原載《中國歷史文物》2002 年第 1 期

《相馬經》與漢代人們眼中的駿馬

　　馬是中國古代人們生活中最為重要的家畜。從公領域的角度來說，擁有馬匹的數量與品質曾經是一個國家國力、軍力的象徵；從私領域的角度來說，據有大量駿馬也是一個帝王、貴族乃至普通民眾的財富象徵。在幾千年的封建社會中，從國家與上層社會的視角上看，馬匹的重要性絲毫也不亞於今日的飛機與汽車工業。

西漢霍去病墓前石馬

　　因此，我們在古代詩歌與文學作品中可以看到很多讚頌與形容駿馬的詞句。例如《漢書·禮樂志》中記錄的〈天馬歌〉起首幾句「太一況，天馬下。沾赤汗，沫流赭」就是在歌頌當時出自西域的天馬。意思是：「太一天神賜予的天馬降下來了。它身上沾濕了紅色的汗水，嘴裡吐著赭紅色的口沫。」記錄漢代史事的《西京雜記》中寫道：「漢文帝自代還。有良馬九匹，皆天下之駿。一名浮雲，二名赤電，三名絕群，四名逸驃，五名紫燕，六名綠螭驄，七名龍子，八名鱗駒，九名絕塵。號名九逸。」是說西漢第二位皇帝漢文帝從代郡返回時，帶來九匹良馬，全是天下最好的駿馬。它們的名字分別叫做：浮雲、赤電、絕群、逸驃、紫燕、綠螭驄、龍子、鱗駒和絕塵。總起來被稱作九逸。從這些名字中就可以看到當時的人們對駿馬是多麼珍愛，多麼欣賞，把它們比喻成閃電流雲、飛燕翔龍等運動速度最為迅疾的事物。

正是因為對於馬匹的高度喜愛與大量需求，中國古代很早就具備了完善的馬匹馴養技術，並形成了專門選擇良駒的相馬技藝，其成就反映在多種《相馬經》裡，這些相馬技術書在保存至今的古籍中還可以見到。各種《相馬經》中記錄了古代人們對於優良馬匹外貌的精確紀錄與鑑別馬匹的豐富實踐經驗。如北朝時期的著名農牧業技術著作《齊民要術》裡面收錄的相馬經，指出相馬時：「馬頭為王，欲得方。目為丞相，欲為明。脊為將軍，欲得強。腹為城郭，欲得張。四下為令，欲得長。眼欲得高巨……鼻孔欲得大……口中欲得赤，膝骨圓而張，耳欲相近而堅，小而厚……頸欲得長，雙跌欲得大而突，蹄欲得厚。腹下欲得平有八字。」這裡就總結了一匹良馬的種種突出生理特徵，像馬頭要呈方形，表示頭廓骨骼端正、肌肉結實；馬眼睛要明亮有神，表現精力旺盛；馬背脊要強壯有力，才可以承擔重負；馬腹部要肥大擴張，說明內臟完善；馬腿要長，便於奔跑馳騁。具體如眼和鼻孔要大，口腔中顏色紅亮，膝蓋骨外觀圓整，耳朵之間的距離短小，耳朵厚硬，脖頸細長，馬蹄厚大，下腹平整有八字紋等等，都是多年觀察良馬後總結的良駒外部特徵。

西漢陽陵出土馬俑

　　最可貴的是在近代考古發現中極其幸運地發現了古代的《相馬經》實物，證實了中國古代悠久的相馬傳統。1970 年代，在湖南長沙馬王堆的一次施工中發現了一批重要的漢墓。難得的是這些漢墓保存完好，沒有被人盜掘破壞。經過科學方法挖掘清理後，在這批漢墓中出土了大量珍貴的歷史文物，如精美的漆器、絲織品、木俑、食物、玉器、陶器等等。根據出土文獻與墓葬情況，可以判定這些墓葬是西漢初年長沙地區的軑侯家族墓葬。它為漢代考古學研究與歷史研究提供了十分珍貴的資料。而 1972 年在馬王堆三號漢墓中出土的大量帛書，應該是當代考古學發現中最重要的成果之一。發掘時，考古工作者發現這些帛書被安放在槨室東邊箱中的一個漆匣內。它們應該是墓主生前閱讀和使用的書籍，隨帶下葬作為殉葬品。這批帛書出土後，經過眾多專家多年的辛勤整理，已經復原歸納出數十種古籍和地圖。《相馬經》就是其中的一種。它書寫在一件高 48 公分的絲帛上，字跡工整，全文共 77 行，大約 5,200 字，記錄了選擇優良馬匹的方法。但是它的內容文字與現在傳世的《相馬經》有很大不同，裡面主要敘述馬的頭部、眉骨眼睛等部位的特點，其次是四肢的大致相法，可能還不是一部完整的相馬經。有的學者認為它是戰國時期楚人的作品，那麼就應該有 2,200 年以上的歷史。它的出土使我們見到了一種長期失傳的古老畜牧著作，同時也有力地證明了中國古代相馬的悠久歷史。

　　透過這些《相馬經》的記載，我們可以比較清楚地了解到漢代人們心目中的良馬形象是怎樣的。值得注意的是，漢代人們對於良馬有一個相當統一的標準，這透過漢代的文物圖像可以生動地反映出來。

甘肅晉墓出土的東漢銅飛馬

　　從 20 世紀初開始，各地的科學考古發掘中已經清理了數以千計的漢代墓葬與陪葬坑，出土了大量的文物，其中就有眾多的陶馬俑和青銅馬俑。例如在陝西漢陽陵陪葬坑、江蘇徐州漢楚王陵陪葬坑等地都有大量陶馬俑出土。在漢代的畫像石、畫像磚和其他器物上的畫像中也有很多馬的形象。讓我們感到十分驚奇的是：這些馬的造型都非常相似，彷彿是按照同一個底本描繪出來的。這種造型大概就是漢代人心目中上等駿馬的標準了。它們十分肥壯，胸部寬闊，脊背平坦而厚實，脖頸修長柔軟，眼目突出，鼻孔張大，耳朵小而挺直，後臀肥大有力，四肢修長，馬蹄又厚又大。與上述《相馬經》中記載的良駒標準十分相似。1980 年在廣西貴縣風流嶺的一座漢墓中出土了一件高達 115.5 公分的大型青銅馬。它由頭、耳、身軀、四肢與尾部等多個部分組合而成。雖然遠在邊地，卻同樣是我們習見的漢代馬匹造型，說明漢代文化傳播的普遍性與統一性。它為我們展現了一匹體格強壯、精神飽滿、動態十足的優良種馬形象，同時也表現了漢代高度發達的青銅鑄造技術水準。

西漢銅馬

　　1970 年代在甘肅武威的雷臺村曾經發掘了一個大型墓葬。這個墓葬剛發現時，由於出土器物還帶有明顯的東漢晚期特徵，所以被認為是東漢時的墓葬。後來，甘肅省博物館的何雙全先生等學者提出它是西晉時期的墓葬，主要根據是在墓中出土了較晚時期的銅錢等物證。但是看起來，墓葬中主要的出土品還是延續著漢代的風格，可以表現漢代人的文化傳統。在這個墓葬中出土了一整套青銅鑄造的雄壯的車馬隊伍，其中包括多輛不同的馬車和護衛的騎兵軍隊。除此之外，特別引人注意的是還有一匹單獨的青銅奔馬。這匹奔馬四蹄飛揚，鼻孔大張，尾巴也高高飄起，顯示出它正在急速奔馳，造型姿態十分優美。在奔馬的右後蹄下還踏著一隻飛翔著的鳥，似乎它在天空中與飛鳥並行，甚至奔跑的速度超越了飛鳥。這件精美的青銅藝術品剛一出土就以它的獨特造型震驚了世界，並且馬上被人們稱作「馬踏飛燕」。當然這個名稱後來有人提出異議，因為那匹馬踏著的飛鳥尾部並不是分叉的燕子尾部，所以肯定不是燕子。那麼奔馬踏著的是什麼鳥類呢？有人認為它是烏鴉，代表太陽，以此來表現這匹馬是天馬的象徵。另外也有人說銅馬的鼻孔、嘴唇和眼睛都塗有朱紅色，可能就是表示汗血寶馬。後來又有學者進行研究，認為這件銅馬應該是當時人們相馬用的標準模型，古代人叫做「馬式」或者「馬法」。

「馬式」的起源很早。至少在東漢時期，就有了製作「馬式」的史實記載。唐代人康駢寫的《劇談錄》一書中稱：「馬援好騎，善別名馬，於交趾得駱越銅鼓，乃鑄為馬式。表曰：臣嘗師事子阿，受相馬骨法。善相馬者東門京鑄作銅馬法獻之。有詔立馬於魯班門外，則更名魯班門曰金馬門。臣謹依儀氏羈中，帛氏口齒，謝氏唇鬐，丁氏身中。借此數家骨相以為法。」記述了東漢的名將馬援喜歡騎馬，也善於識別良馬。他曾經在交趾獲得很多當地人使用的銅鼓，就用它們鑄造成「馬式」，並且上表給皇帝，說自己的「馬式」是採用了當時流傳的幾家相馬法綜合而成。這樣的銅馬曾經被皇帝下詔樹立在長安城未央宮宦者署的魯班門外，並且將魯班門改名為金馬門。

甘肅晉墓出土銅馬與武士

　　如果這件銅馬被當時人們看作相馬標準模型的這種說法成立，那麼當時一定會有很多仿照銅馬製作的馬式在世間流傳，供人們相馬及製作藝術品時使用。因此，漢代的各種藝術品上所畫的馬都十分相像也就不足為奇了。那

85

是由於畫工和雕塑工匠們都在按照同樣的馬式模本在製作馬的造型藝術品，怎麼能不一致呢？

由於馬匹品種的不同，古代人在馴養馬匹的過程中進行了長期的育種選擇，繁育出多種良馬。隨著馬匹品種的進化發展，古代不同歷史時期的人們對於駿馬的標準就有所變化。透過我們現在看到的文物史料就能發現，戰國時期文物中馬的造型就不同於漢代文物中的馬。戰國時期的馬顯得粗短肥壯，形體也小一些。而漢代文物中的馬則多為身體修長俊逸、胸寬臀肥的高頭大馬形狀。

比較典型又生動具體的秦代馬匹形象有秦始皇陵陪葬坑中出土的戰馬陶俑與銅馭車馬。它們製作得十分逼真，可以說是與真實的馬匹絲毫不差。有學者根據秦始皇陵兵馬俑坑中的馬匹形象加以研究，判斷這些馬屬於甘肅、青海一帶出產的「河曲馬」品種，其特點是個子小，四肢粗壯，頸短臀圓，胸寬背闊。這種馬力氣大，耐力強，但是奔跑速度較慢。它們都是屬於蒙古馬系列的品種。由於自然條件的限制，中原地區不適於馴養馬匹，尤其是不能馴養出優良的戰馬。所以，自古以來，朝廷飼養繁殖馬匹的馬監都是設立在今日的陝西北部、甘肅、寧夏一帶的草原地區。《漢舊儀》中稱：「太僕牧師諸苑三十六所，分布北邊西邊，以郎為苑監，官奴婢三萬人，分養馬三十萬頭。」這一帶傳統的馬種如上所述，仍是蒙古馬的品種。而要獲取身材高大、奔跑迅速的良種馬，就要向西域地區乃至中亞地區尋找，這些地區歷史上就一直擁有優良種馬。近代學者多認為，這裡是最早馴化與飼養馬匹的地區。

廣西出土東漢銅馬

　　漢武帝為了改良馬種，首先派使者與居住在今新疆伊犁河流域的烏孫部族談判和親結盟，得到烏孫人馴養的良馬，並且把它叫做天馬。著名的古代探險家張騫出使西域歸來後，報告漢武帝大宛地區（即今烏茲別克的費爾干納地區）有一種汗血寶馬，引起了漢武帝的極大興趣。他先派遣使者，帶著千兩黃金和黃金打造的一匹金馬去大宛換取好馬。但是大宛國王認為大宛與漢朝領土相隔遙遠，漢朝的大軍到不了大宛，加上漢朝的使節又狂妄無禮，引起當地人反感，於是就拒絕提供良馬，並且派兵殺死了漢朝使節，奪取了使者的財物。漢武帝聽到這個消息後，十分震怒，便任命大將李廣利為貳師將軍，率領數萬人馬去攻打大宛。但由於西域各小國都不供給漢軍糧食，大宛國又堅守城池，難以攻克，李廣利的第一次出征大敗而歸，數萬大軍中，僅有十分之一二的士兵活著回到敦煌。漢武帝並不罷休，再次調給李廣利六萬士兵，還有十八萬人的軍隊用於轉運糧草和後方保衛，命令他繼續攻打大宛。這次出兵包圍大宛城，有了後勤供應，能夠持續攻城四十多天。大宛

居民實在堅持不下去了，就殺死國王，拿著國王的頭出城投降，聲稱如果漢軍保留國人生命，就允許漢軍任意挑選取好馬，否則寧可將所有馬匹殺光。這樣，漢朝軍隊便與大宛訂立了盟約，選取了良馬幾十匹，中等以下的馬匹三千多匹，罷兵歸國。

這場勞民傷財的戰爭損失慘重，前後出征的十餘萬士兵，最後只剩下一萬多人，帶回的馬匹只剩下一千多匹。班超在《漢書‧張騫傳》中指出，實際上戰死的士兵並不多，大量戰士都是被貪腐暴虐的將領們虐待，苛扣糧草，凍餓而死的。如此慘重的犧牲，僅僅換回上千匹馬。漢武帝為了改良馬匹付出的代價實在太大了。但是這些中亞良馬的引入，也確實改善了漢朝繁殖的馬匹品種。

1981 年，在陝西咸陽市興平縣漢武帝茂陵的從葬坑中發現一件十分華美的鎏金銅馬。它身長76公分，高62公分。勻稱修長的四肢直立；頭小頸長，自然平伸；馬尾結成一束，根部翹起；胸肌發達；雙耳挺立如竹批。與秦始皇陵出土的銅馬相比，它的造型顯得修長俊逸，沒有那麼粗壯。可見漢代對馬的鑑賞觀與秦代已經有了區別。有人說這就是以漢武帝獲得的西域大宛汗血馬為原型製作的。也有人說它可能就是漢朝的馬式，類似漢武帝在長安城魯班門樹立的金馬。由於同出的青銅器上刻有「陽信家」的銘文，這些出土文物的原主人可能是漢武帝的姐姐陽信長公主，即平陽公主。按照《漢書》中的記載，陽信長公主先嫁給平陽侯曹壽，後嫁大將軍衛青。而衛青死於元封五年（西元前106），死後「與主合葬，起塚象廬山雲」。這樣，陽信長公主應該也是在元封五年前去世。他們在世時，還沒有出征西域。獲得汗血寶馬，那是太初元年（西元前104）以後的事情。所以這件鎏金銅馬不可能是反映西域大宛馬的原型，更可能是在表現漢代人對於西域良馬的一種嚮往，代表了漢代人心目中的新馬種形象。

除去這些形象逼真，甚至具有一定實用價值的馬式和車馬俑之外，漢代還有一種將馬匹神化，讓它長出羽翼的造型。例如陝西西安灞橋出土的一

件漢代彩繪陶臥馬，鬃毛直立，肋生羽翼，頗有些古代西方神話中的飛馬味道。這是否具有西方文化因素的影響呢？

這種帶有羽翼的神馬，可能就是漢代人心目中的「天馬」。西漢武帝元鼎四年（西元前113），據說獲得了從渥窪中飛躍出來的天馬。渥窪就是在今日甘肅省敦煌附近的一片湖澤。當地人傳說這裡在春天常會見到天馬從湖水中躍出，與湖邊草原上生息的凡馬交配。這些凡馬在與天馬交配後生下來的馬駒被稱作「龍駒」，神駿異常。漢武帝聽說天馬現世的消息，歡欣不已，並且作「天馬之歌」讚頌。實際上，按照李斐給《漢書》作的注解說：當時是一名在敦煌屯田的刑徒暴利長在野馬群中發現了一匹特殊的駿馬，並且設法抓住它獻給了皇帝，為了突出這匹馬的神異，才編出了這樣一個天馬從水中飛躍出來的神話。而「天馬」這個稱呼，則讓我們直接想到在天穹中馳騁飛翔的神馬。無垠的天穹與變化莫測的自然是古代人們產生宗教意識的根源。古人對於浩瀚的宇宙天空充滿好奇與嚮往，認為那裡是神靈居住的地方，有各種神奇的能飛翔的動物。天馬就是其中的一種。

自從漢武帝作了「天馬之歌」以後，人們就普遍認為天上有飛翔的神馬。正如〈天馬歌〉中唱的「天馬徠，龍之媒，游閶闔，觀玉臺」。所以在漢代以來各種表現天界的繪畫中往往有天馬的形象。例如在甘肅省酒泉丁家閘曾發現了一批十六國時期的官員墓葬，其中的5號墓墓室內有一批保存較好的彩色墓室壁畫。我們在其中可以看到一匹神駿的飛馬，它正在象徵天穹的墓室頂部飛奔。腳下是層巒起伏的山脈，四周是漂浮的雲氣。這就像上面提到的浮雲、騰霧等著名的良馬一樣，用騰雲駕霧來表現迅疾的速度，形容天馬的神異。

為了表現飛翔的天馬，古代的圖像中還出現了另一種長有飛翼的神馬。早在漢代初期，這種具有羽翼的神靈形象就在中原的藝術品中出現了。例如在陝西咸陽出土的一件西漢玉石雕刻羽人騎馬，在那匹玉奔馬的胸肋間就雕刻出了羽毛翅膀。然而，很多學者認為帶有羽翼的神獸這種造型概念不是傳

統中國文化的產物，它應該是來源於西方的古老文明，是在中亞、西亞以及古希臘文化中一脈相通的文化因素。早在 3,000 多年前，兩河流域興盛的亞述文化中，就創造出大量具有羽翼的雄牛、獅子、山羊等巨型雕刻。古波斯文化中也有長著雙翼的飛馬形象。這類神獸形象日後廣泛流行在歐洲地區，成為神話傳說與藝術創作中的傳統題材。而在與此時代相近的商代，卻從未出現有類似翼獸的文物。

但是，在春秋戰國時期，各種帶有羽翼的神怪形象已經在北方各國流行，現在已經出土了大量相關文物，從青銅器、玉雕到陶器都有涉及。這或許是表現了中原地區與西域乃至中亞、西亞地區之間的文化接觸。可能在周代已經有了這種東西方人員與文化的交流。翼獸這種文化因素在漢代文物中也不乏實例，例如在河南偃師出土的大型石雕辟邪。到了魏晉南北朝時期，各種文物的藝術造型中更是比較多地出現了有翼神獸的形象。特別是自東漢以來，以天祿、辟邪為代表的大型石雕，讓人們留下了神獸長有羽翼的概念。因此，在天馬的形象塑造上也出現了添加羽翼的模式。這成了中國古代藝術品中十分典型的一種神異形象，也是漢代人們心目中駿馬形象的最高展現。

原載《紫禁城》2014 年第 1 期

共命鳥與比翼鳥

　　藝術是人類物質生活與精神生活的集中反映。幾千年來，中國古代藝術的發展過程中產生了許多文化內涵豐富的精美紋飾與造型。這些紋飾造型中往往匯入了源於不同民族文化的藝術特徵，其中許多形象具有中華民族喜愛的文化寓意，傳承久遠，成為具有典型代表意義的圖案，被歷代工藝裝飾藝術所沿用，成為中華古代文化的一個有機部分。

　　表現共命鳥與比翼鳥的雙首鳥紋樣就是這樣一些文化內涵豐富的古代紋飾。

　　現在可以見到的共命鳥圖像，較多地出現在隋唐時期，當代的文物考古發現中有不少。如：1955 年在河南省西峽縣出土的一批唐代鎏金銅造像。其中有一件就是這種雙頭鳥，它高 5 公分左右，是一隻張開翅膀飛翔的鳥兒，鳥身上有兩個人頭，面相似一喜一嗔。[033] 金申在〈談共命鳥〉一文中，也總結了以往發表的幾例資料：有克孜爾石窟 38 窟天井壁畫上的共命鳥，繪製時間大約在 5 － 6 世紀。柏林民俗博物館藏有一件在新疆森克拉姆（勝金口）唐代廢寺遺址發現的壁畫；上面繪有兩隻飛翔著的共命鳥，一隻鳥的兩個頭均是少女，而另一隻鳥的兩個頭均為童子。日本國立博物館藏有一件黏土製作的共命鳥俑，據說是在新疆和田一帶出土，「從雕塑風格看，為 7、8 世紀唐代作品，從鳥的人頭看，應為雌雄象，雌頭梳高髻，雄頭亦為高鼻，唇上似有小髭，二者均為典型的中亞人種面型。這與唐代西域地區的佛像和壁畫風格一致」[034]。在唐代金銀器的紋飾中，也有這種神鳥的形象。

　　唐代藝術品，尤其是佛教藝術品中應該是大量使用共命鳥圖像作為裝飾的。所以在唐代文人的筆下也經常出現對共命鳥的描寫。唐司空圖著有〈共命鳥賦〉，稱「西方之鳥有名共命者，連腹異首而愛憎同一」[035]。杜甫〈岳麓山道林二寺行〉一詩中云：「塔劫宮牆壯麗敵，香廚松道清涼俱。蓮花交響

033　見《文物參考資料》1956 年 4 期封面。

034　金申：〈談共命鳥〉，《文物天地》1994 年 3 期。

035　見《全唐文》卷八○七，中華書局，1983 年版。

共命鳥，金榜雙回三足烏。」[036] 由此詩中的描寫，可知在當時的佛寺中往往裝飾有共命鳥的圖像，而且它是和三足烏這種代表太陽的神鳥相對應，那麼也應該是作為天堂的象徵出現的。因此，後代通用的《營造法式》中就在彩畫作制度圖樣中收入了這種共命鳥的形象[037]，可見其使用之頻繁。

共命鳥，應該是佛教中傳說的耆婆耆婆迦鳥，又稱命命鳥、生生鳥等，是在佛教經典中極為常見的一種奇異禽鳥。略加檢索，便可見到在《法華經》、《大般涅槃經》、《方廣大莊嚴經》、《正法念處經》、《阿彌陀經》、《佛本行集經》、《大乘莊嚴經論》、《無量壽經》、《法苑珠林》等佛典中都出現了命命鳥（共命鳥）的身影。在這些經典中，共命鳥是一種叫聲美妙、飛翔在佛陀經歷過的美好園林及天國極樂世界中的神鳥。如《佛說護國尊者所問大乘經》：「福光太子國苑內有種種飛鳥……迦陵頻伽、共命鳥等。如是眾鳥俱善人言，每群飛時作微妙之聲。」《阿彌陀經要解》中說：「復次舍利弗，彼國常有種種奇妙雜色之鳥……共命鳥一身兩頭，識別極同，亦此地所無，西土雪山等處有此二種，然皆不可比於極樂奇妙諸鳥，特言其似而已。」在唐代僧人玄奘西行印度時，還記錄了當地有這種鳥的出產，「尼波羅國，在雪山中，出赤銅、犛牛、命命鳥」。但是佛陀在講經傳道時，曾經借用共命鳥作比喻，講解因果關係。按照《雜寶藏經》卷三十一中的講述：耆婆耆婆迦鳥生於大雪山中，一身兩頭，一個頭叫做迦嘍茶，另一個頭叫做憂波迦嘍茶。一次憂波迦嘍茶睡著時，一朵花落在他們身前，迦嘍茶將花朵吃了。憂波迦嘍茶醒來後感到腹中充滿，詢問迦嘍茶。迦嘍茶告訴他吃花的事情。憂波迦嘍茶認為迦嘍茶不叫醒自己而獨自享用，懷恨在心。又一次遇到毒花，迦嘍茶正在睡覺。憂波迦嘍茶便也獨自享用，卻造成中毒身亡。因為當時佛陀的弟弟提波達多與他作對，佛陀便說自己和提波達多前身是同一隻共命

---

036 見《全唐詩》卷二二三，中華書局 1960 年版，下同。
037 見《營造法式》第七冊、法式卷三十三：彩畫作制度圖樣上、飛仙及飛走等第三。收入飛仙三種：飛仙（女，即飛天）、嬪伽、共命鳥。

鳥，自己是迦嘍荼，提波達多是憂波迦嘍荼。《法苑珠林》收錄這則故事時就把它歸入「惡友」之類。佛借用這一故事去警告世人。在上引古代文物與文獻記載中，可以看到共命鳥這一形象受到佛教徒的關注，成為佛教藝術中常見的圖案。但是我們從上述唐代佛教藝術品中使用共命鳥的場合與其形式來看，似乎當時人們在使用共命鳥的圖像做裝飾時並沒有考慮《雜寶藏經》等經文中佛陀借用比喻的共命鳥原意，而是使用了眾多佛經中將共命鳥說成是天國中極樂奇妙之鳥的意義，強調了它的吉祥、神異等特點。也就是說，雖然曾被借用作「惡友」這樣的因果比喻，但佛教中的共命鳥仍成了神奇美妙和「善」的象徵。

雙頭的鳥兒形象似乎在古代中國也曾存在。在中國，很早以前就有了關於比翼鳥的傳說，而且肯定是早於佛教的傳入時間。關於中國古代所說的比翼鳥原形，現在所見文獻中最早的記錄應該是在先秦時期。《爾雅·釋地》：「東方有比目魚焉，不比不行，其名謂之鰈。南方有比翼鳥焉，不比不飛，其名謂之鶼鶼。西方有比肩獸焉，與邛邛巨虛比，為邛邛巨虛嚙甘草，即有難，邛邛巨虛負而走，其名謂之蹶。北方有比肩民焉，迭食而迭望，中有枳首蛇焉。此四方中國之異氣也。」這裡已經作為各地的奇異動物之一介紹了比翼鳥。但是這時的比翼鳥被稱為「異氣」，並沒有任何代表吉祥喜慶的意義。晉人郭璞在注解《爾雅》時認為這裡的比翼鳥就是《山海經》中的「蠻蠻」。《山海經·西山經》云：「西次三經之首，名曰崇吾之山，在河之南……有鳥焉，其狀如鳧，而一翼一目，相得乃飛，名曰蠻蠻，見則天下大水。」可見那時的比翼鳥還是一種災難的象徵。

應該注意的是，到了西漢中期，司馬遷所作《史記·封禪書》中則記載：「於是管仲睹桓公不可窮以詞，因設之以事，曰：『古之封禪……東海致比目之魚，西海致比翼之鳥。然後物有不召而自至者十有五焉。』」看來這裡已經認為比翼鳥是一種奇異之物，沒有凶兆的意思了。特別是這裡把比翼鳥歸到西海，與《爾雅》的說法不同，令人疑惑，這是否可能是盛行於西方的

雙頭鳥概念傳入中原的結果呢？聯想起這時又正在張騫通西域後，這種改變就不是無緣無故的了。

比翼鳥的含義徹底改變，明確作為古代一種祥瑞而出現，可能要晚到東漢時期。黃易《小蓬萊閣金石文字》記載他所見到的武氏祠祥瑞圖中有：「比翼鳥，又作雙首鳥，題曰：比翼鳥，王者德及高遠則至。」這樣的說法又見於《宋書・符瑞志》。《曹子建集》五送應氏詩之二：「願為比翼鳥，施翮起高翔。」則把比翼鳥的含義引申到男女愛情之中。日後白居易的名句「在天願作比翼鳥，在地願為連理枝」[038]，更是膾炙人口。

然而，嚴格比較起來，像《爾雅》、《山海經》這些形成於先秦時期的中國古籍中所記載的比翼鳥與印度佛教藝術中共命鳥的形象有所不同，中國古代所說的比翼鳥是兩隻鳥並在一起飛翔，每隻鳥有一隻眼睛與一隻翅膀。《爾雅》同時列舉的四方四種動物都是這樣的雙體並列，可以互為證明。但是在現有的漢代文物中，我們還沒有見到過這樣的雙體並列比翼鳥形象。能夠見到的比翼鳥形象只是同一個鳥身上長著兩個鳥頭的奇異動物。這種造型並不符合《爾雅》、《山海經》中的描述。武梁祠畫像中的祥瑞圖及其題記現在已經漫漶不清。但是根據黃易的紀錄可知它上面刻繪的比翼鳥是一個有兩個頭的鳥形。類似圖像在東漢畫像石中多有發現。例如在山東沂南畫像石墓M1 的中室過梁上，就有一隻這樣的比翼鳥[039]。在河南密縣打虎亭 2 號漢墓中，北耳室石門西扇背面的畫像石中央也是一隻有兩個頭的鳳鳥圖案[040]。看來這就是漢代人概念中的比翼鳥了。

東漢以降，類似的比翼鳥圖像曾在社會上流行。近來，在南京等地出土的三國時期吳國青瓷器上，也發現了類似的比翼鳥圖像。如 1983 年，在南京長崗村 M5 出土一件青瓷盤口壺，上面繪製有人首鳥身的動物、持節羽人、

038　見《全唐詩》卷四三五〈長恨歌〉。

039　見《沂南古畫像石墓發掘報告》，文化部文物管理局，1956 年。

040　河南省文物研究所：《密縣打虎亭漢墓》，文物出版社，1993 年。

仙草、雲氣等表現神仙境界的紋飾，特別值得注意的是其底部繪有一週蓮瓣紋，肩部貼塑兩尊佛像與兩個「雙首連體鳥系」。2002 年，在南京大行宮也出土了一件類似的青瓷盤口壺，上面繪製有神獸、瑞鳥、仙草、雲氣等紋飾，肩部也貼塑兩尊佛像與兩個「雙首連體鳥系」[041]。這種比翼鳥的形象與山東沂南畫像石墓 M1 中的比翼鳥極其相似，都是長長的蛇一樣的細頸，應該是有所傳承的。

此外，在屬於西晉時期的敦煌佛爺廟灣畫像磚墓中也發現了比翼鳥畫像。在該地 133 號墓的墓門照牆第七層上，有四塊畫像磚，原報告稱它們的圖像分別為「雙首朱雀」、「雙首翼鹿」、「雙頭魚」和「大角神鹿」[042]。其中「雙首朱雀」的形象與上述各處比翼鳥形象完全一致。由此可見，比翼鳥的形象在東漢至晉代期間是一種十分普遍的吉祥圖案，而且廣泛使用在墓葬建築中。有趣的是，這裡的比翼鳥與雙頭魚、雙頭鹿同時出現，是否就是在表現《爾雅》中同時提及的比翼鳥、比目魚、比肩獸呢？但是它們使用在墓葬中，肯定是吉祥的象徵，而不會是「天下大水」的表現。

值得注意的是在南京等地出土的三國時期吳國青瓷器上比翼鳥形象與佛像同時出現，這不是隨意或偶然的裝飾手法。應該說明這時雙頭鳥的形象與佛教藝術內容有了緊密的關聯。這一雙頭鳥的形象與《佛本生經》中描寫的共命鳥形象相比，區別是青瓷器上的雙頭鳥為鳥頭，而佛經中敘述的是人首。但是有人認為古印度藝術中的共命鳥也有鳥頭的造型。如在古犍陀羅地區塔克西拉、希爾卡普發掘的佛寺遺址中發現有立於希臘式拱門上的雙頭鷲形象，「一頭前伸，一頭回首似梳羽，呈休憩狀。此鳥時代為西元 1 世紀左右」。「無疑是佛經中的共命鳥。」[043] 古犍陀羅地區的雙頭鷲是否是共命鳥？

041　南京市博物館：《六朝風采》，文物出版社，2004 年。

042　甘肅省文物考古研究所：《敦煌佛爺廟灣西晉畫像磚墓》，文物出版社，1998 年。又鄭岩在《魏晉南北朝壁畫墓研究》中也提出了：諸如「雙首朱雀」、「雙首翼獸」、「雙頭魚」等很可能就是武梁祠和《宋書·符瑞志》所見的「比翼鳥」、「比肩獸」、「比目魚」等。《魏晉南北朝壁畫墓研究》，文物出版社，2002 年。

043　金申：〈談共命鳥〉，《文物天地》1994 年 3 期。

我們還沒有確鑿的證據。然而，從東漢出現的雙頭鳥圖像發展過程來看，似乎還是把這類的雙頭鳥叫做比翼鳥，看作中國傳統的文化產物，更恰當些。

但是，吳國青瓷器上比翼鳥形象與佛像的同時出現，是否意味著這時候人們將比翼鳥的形象與共命鳥的形象混淆，合為一體了呢？比翼鳥的含義在中國古代文化藝術中根本改變，由「凶兆」轉為「祥瑞」，可能也是這種混淆造成的。東漢畫像石中的一些形象與近來關於早期佛教的一些文物發現，為我們的這些推測提供了證據。

共命鳥的形象在東漢已經傳入中原。經過在漢代畫像石中的尋找，我們在沂南畫像石墓 M1 中發現有一種雙人首鳥身的神像，應該就是源於佛教的共命鳥形象。該圖像見於前室北壁上橫梁，與上述該墓中發現的比翼鳥同處在一畫面上，顯然表現它與比翼鳥是兩種不同的神異動物。原報告中沒有解釋其含義[044]，我們推測，這就是比較早地在中國古代藝術中出現的共命鳥形象。它的形象與佛經中描寫的共命鳥以及後來文物中的共命鳥形象完全一致。

在東漢晚期是否存在著這樣多的佛教文化影響呢？答案是肯定的。20 世紀後期以來，隨著大量早期佛教的相關文物被挖掘出來，對佛教進入中原時間的研究也有了新的進展。在四川、河北、江蘇、安徽等地發現的各種早期佛教圖像，已經把佛教在中原流傳的確切時間上推至東漢時期。出現上述共命鳥圖像的沂南畫像石墓就是一個有力的證明。沂南畫像石中室內的八角柱上，刻有眾多神靈與人物等圖像，在其南、北兩面的頂端，各有一個頭後有圓形背光、身披瓔珞的人物形象。當時的發掘者曾經懷疑它是與佛教有關的圖像，但是對於在漢代時是否能有佛像的傳入表示疑問。在南北朝時期與隋唐時期，佛教廣泛流行於中國時，類似形象曾頻繁地在佛教藝術品中出現，然而，在東漢晚期（這也是我們認為沂南畫像石的製作時期）是否能出現這

044　見《沂南古畫像石墓發掘報告》，文化部文物管理局，1956 年。

樣的佛教圖像呢？前人曾經認為佛教進入中原的時間尚沒有這樣早，所以不可能有佛教的圖像因素出現；或者說，如果有佛教因素，那麼沂南畫像石的時間就不會早到東漢。對於這一看法，俞偉超先生曾經在〈東漢佛教圖像考〉一文中結合近代陸續發現的關於佛教的東漢文物圖像予以考證，明確指出：「由於和林格爾小板申 M1 中佛教圖像的發現，就完全可以肯定（沂南畫像石墓中室八角柱）南北兩面端頂是佛像了。」為此，俞偉超先生還列舉了可以判定為佛教圖像的東漢文物，如內蒙古和林格爾漢墓壁畫中的「仙人騎白象」、「猞猁（舍利）」、滕縣漢代畫像石中殘存的六牙白象圖像、四川麻浩漢墓中浮雕的坐佛像、四川彭山漢墓中出土搖錢樹陶座上的一佛二菩薩像等 [045]。近年來，在四川各地又發現了大量漢代與三國時期的佛像實物，如綿陽何家山 1 號墓出土的錢樹幹上的 5 尊佛像 [046]、綿陽雙碑白虎嘴漢墓錢樹幹上的 4 尊佛像 [047]、安縣文管所收藏的錢樹座上的 6 尊佛像 [048]、忠縣一座三國墓中出土錢樹上有 13 尊佛像等 [049]。而後，在江蘇省連雲港附近又發現了大規模的摩崖佛教造像，被專家們認為是漢代晚期的作品。凡此種種，都向我們指出了東漢時期佛教傳入中原，佛教圖像在中原開始流行的事實。對於在墓葬中出現佛像的原因，宿白先生認為：「傳佛教東播初期佛像被安置於墓葬，顯然與以後皈依佛教供奉佛像的情況大不相同，而與當時流行為安置神仙形象西王母相類似。」[050] 看來當時人們是把佛教藝術中的形象看作天上世界中的神仙來對待的。上述立佛形象正是與東王公、西王母相併列的。那麼，其他佛教藝術的因素，如象徵天國神妙美好的共命鳥等形象也可能在這樣的實用意義上被引入。

045　俞偉超：〈東漢佛教圖像考〉，《文物》1980 年 5 期。

046　何志國：〈四川綿陽何家山 1 號東漢崖墓清理簡報〉，《文物》1991 年 3 期。

047　唐光孝：〈綿陽發現漢代搖錢樹佛像〉，《中國文物報》1999 年 4 月 18 日。

048　何志國等：〈四川安縣文管所收藏的東漢佛像搖錢樹〉，《文物》2002 年 6 期。

049　趙殿增等：〈四川忠縣三國墓銅佛像及其研究〉，《東南文化》1991 年 5 期。

050　宿白：〈四川錢樹和長江中下游部分器物上的佛像 ── 中國南方發現的早期佛像札記〉，《文物》2004 年 10 期。

因此，共命鳥這一圖像在沂南畫像石中的出現，應該與上述諸多佛像、白象、舍利等圖像一樣，是當時佛教藝術形象進入中原的具體表現。而在中國古代藝術中原有的比翼鳥形象，由於與共命鳥形象接近而與之相混淆，此後，隨著佛教的廣泛流行，共命鳥的形象取代了比翼鳥的形象。隨著佛教原著越來越多地被翻譯過來，西方佛教藝術的造像與圖案也逐漸完整地傳到中國。人們應該更確定了共命鳥的人頭形象。而這時在中國人的概念中，共命鳥與比翼鳥已經混為一體。在南北朝以來的藝術品中，就很少見到雙鳥頭的比翼鳥形象了。同時，這種混淆也使比翼鳥的原義發生改變，自然，共命鳥在佛經中的比喻意義也被忽略，在中國古代藝術中成為吉祥符瑞乃至忠貞愛情的象徵。這正與早期佛像被當作神仙形象一樣，是中原文化僅採取其神異的特色而沒有與佛經原意對號的反映。這也是人類文化傳播中常見的一種有趣現象。

　　本文承王去非先生指教並介紹共命鳥相關資料出處，謹深致謝忱。

原載《中國歷史文物》2006 年第 2 期

巴蜀漢碑及漢代儒學

　　自古以來，僻處西南一隅的四川地區就被稱作「天府之國」。這裡作為中國古代經濟最為富庶的地區之一，具有豐富的文化底蘊。

四川漢畫像磚中的文翁教學圖

　　由於傳統歷史研究上側重於從夏商周一脈延承下來的中原地區文化，把中原文化視作正統主流，所以古代歷史著作中常常把巴蜀地區文化看作是一種與中原地區大不相同的地方文化，甚至認為那是不開化的蠻夷地區。而現有的考古學發現與研究情況已經可以描繪出幾千年前這一地區的發達文化面貌，如從 20 世紀以來在成都及附近地區揭示出的三星堆文化、金沙文化遺址等重大發現，出土有大量的青銅器、玉石器、金器等文化遺物遺蹟。說明這裡是一個重要的古代文化中心，具有高度發達的經濟與文化。它既與中原文化有一定的連繫，又具有自己獨特的地方文化特色。經過秦漢時期長期的經濟文化交流，在兩漢時期，四川已經形成一個儒教文化的重鎮。從現存的歷史文獻記載中就可以看到，在西漢初期成都地區就已文風大振，出現過著名的大文學家司馬相如、揚雄等人，其文風曾經引領漢晉文壇，乃至影響後來的文學創作達數百年。

成都地區乃至今日四川一帶，在漢代具有興盛的儒家學術與文化氛圍，興辦了大批學校。這一傳統，可以追溯到西漢初年漢景帝時期。根據《漢書‧循吏列傳》的記載：漢景帝末年，原籍廬江舒縣的儒士文翁來到蜀郡作太守。

裴府君碑陽

　　文翁是一個「仁愛好教化」的人，我們知道，仁是儒家思想中非常重要的一個基本觀點。孔子就講：「仁者愛人。」[051] 而按照史書的記載，當時的蜀地還是一個比較偏僻、文化不夠發達的地方，用《漢書·循吏列傳》的話說就是「有蠻夷風」。中國古代史籍中所說的蠻夷之風，往往是指沒有禮樂法律、不講人倫道德、恃強好鬥的民風，與講求禮樂秩序的中原儒家文化格格不入。文翁看到這種情況後，就有意在蜀郡闡揚儒風，以利於管理統治。他先從郡縣的下層吏員中挑選了十幾個聰敏可教的人，把他們派到京師去，讓有的人向朝廷的博士學習儒學，有的人學習法律條文。用現在的話說就是開闊眼界與引進先進文化。文翁甚至為了幫這些人創造機會，特意簡省官府的支出，省下錢來買蜀地的特產，送給京師裡的博士們，透過送禮籠絡感情，讓這些博士好好教他們。可見在中國送禮行賄的風氣來源已久，就是儒士也不能免俗。

　　同時，文翁又在成都設立了公辦的學校，稱為「學官」。招收各縣的青少年來上學，並且免除這些學子的徭役賦稅。學子們中學習好的就可以擔任郡縣的吏員，差一點的也授給「孝弟力田」這樣的模範獎勵名義。他還挑一些學生來官署幫助做事。

051　《論語》，十三經注疏本，中華書局影印。以下引孔子言論均出自此書，不一一注明。

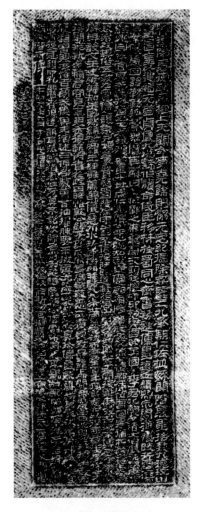

李府君碑陽

文翁下鄉視察時，也帶著學校中學習優秀的學生一起走，讓這些學生向民眾傳達政令，從而提高學生的社會地位。這樣一來，大家都看到學習的好處，學官裡的學生成為全體官員和民眾稱讚羨慕的對象，都爭著去當學官弟子。恰如《史記·貨殖列傳》中所說：「天下攘攘，皆為利往。」「利之所在，皆為賈諸。」甚至有的富人出錢請求入學官學習。這就像現在的升學考試一樣，成了全民追逐的目標。

　　有人可能覺得這種做法不像儒家講求禮義的本質。其實這是對於儒家的一種誤解。實際上儒家講禮義的實用功利性是很強的。所謂「克己復禮」，目的是在維護統治者利益的禮儀秩序。為了達到這一點可以不擇手段。儒家思想中最明顯的一點是講求嚴格的階級制度。把君子和小人分得很清楚。對不同階層的人使用不同的方法。孔子就講過：「君子喻之義，小人喻之利。」文翁不愧是孔子門徒，他完全是按照先師的指示，「小人喻之利」。但是這樣做的結果卻很明顯，於是教化大行，學風極盛，蜀地到京師去求學的人比傳統的儒學之鄉齊魯一帶還多。大約由於教育成功，蜀地的治理也十分出色，致使漢武帝時，就下詔令命令全國各地都要設立郡一級的學校。這應該說是官方普及教育的空前舉措。文翁病死在蜀郡後，當地吏民為他建立祠四川出土東漢王孝淵碑堂，歲時祭祀不絕。

四川出土東漢王孝淵碑

東漢班固說：「至今巴蜀好文雅，文翁之化也。」唐代顏師古曰：「文翁學堂於今猶在益州城內。」可見漢代文翁開創的學堂建築至唐代仍然保存在成都城內，是蜀地文化的獨特象徵。臺灣學者余英時認為：「我們還有理由相信，漢代的太學制度也有取於文翁郡學的規模。」[052] 因此，我們說蜀郡辦學推廣教育的風氣領先全國並造就了沿襲兩千年的古代官學制度，是一點也不過分的。今天還可以看到在成都的東漢墓葬中出土的畫像磚上有教學的圖像，有的學者考證認為就是在描繪文翁講學的場面。如沈從文先生就在他的《中國古代服飾研究》一書中認同這種說法。

　　漢代儒教文化的發展，形成了彰顯功德、宣揚教化的政治風氣。西方學者認為中國秦漢以來形成的是一種大一統的中央專制制度。而在當時那種大一統的政治格局下，皇帝要任用大量地方官員來維護中央的統治。各級官員也都要標榜自己的執政本領，要把所在地方管理好，獲得提升。也就是現在所說的要看政績。自漢武帝「罷黜百家，獨尊儒術」以來，儒家學術成為官員文士獲取名利的資本。我們看到兩漢書中記載的很多官員都是透過學習儒家經傳出身入仕的。由於儒生學習的儒家思想中特別強調禮儀道德，有後代所謂的三綱五常，所以透過儒士官員的大力宣傳，當時全國從上到下以儒家的道德標準作為典範，形成了一定的社會道德取向輿論。在這種形勢下，各級官員也要以標榜自己道德高尚、勤政愛民為主要政績。刊石立碑，歌功頌德成為社會的流行時尚，因而也就促成了古代石刻材料的大量運用。

052　余英時：〈漢代循吏與文化傳播〉，見《臺灣學者中國史研究論叢 —— 政治與權力》，中國大百科全書出版社，2005 年。

景雲叔于碑

　　現在追溯中國古代文字石刻產生與普及的歷史過程，可以看到漢代是中國古代石刻大量產生運用的第一個高潮時期。當時官方提倡的歌功頌德之風對於漢代石刻的大量運用，造成了非常重要的作用。我在梳理中國古代石刻發展的歷史時說過：「在西漢晚期和東漢時期，石刻開始大量出現，並且日益普及，雕刻技藝也非常成熟。促成這一變化的應該是多方面的文化因素。就目前所見，石刻運用得最廣泛的，還是在標榜功德的紀念性石刻以及喪葬建築之中。所以，中國封建社會大一統的政治格局形成後，在思想意識方面提倡儒家道德體系，加強宣傳教化，以及在此基礎上進行的中國古代喪葬制度變化，這些可能是石刻在古代中國風行開來的一個根本因素。」

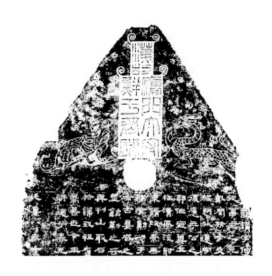

　　漢代是中國古代石刻發展的第一個高峰期。漢碑也歷來受到金石學者、文人墨客乃至全社會的重視。但是以往人們注意的漢代碑刻，即傳世的漢碑實物，大多留存在中原地區，如河南、山東、河北等地。這些地區都是商周以來的傳統文化、政治中心，如齊魯地區自孔子以來一直是儒家文化的重鎮，河洛地區歷來是政治經濟的中心地域等，而目前傳世的漢碑也以這些地區為多。從這一現象，或許可以說明漢代碑刻的發展與政治經濟文化事業的發達具有密切的關係。換言之，就是經濟文化發達的地區，刊刻碑銘的情況會比較多。但直至 1970 年代，四川所發現的具有規範形制的漢碑仍是寥寥無幾。具有比較長篇銘文的石刻僅東漢建安十七年王暉墓石棺題銘、東漢永建三年王孝淵碑以及四川郫縣出土的犀浦簿書殘碑等。這些碑刻在形制、內容文字與書法等方面都顯得比較簡劣，不能與中原的漢代碑刻相比。所以以往人們限於見識，可能會誤認為似乎在漢代文化發展不夠均衡，西南與南方沿海地區沒有中原那樣的大型碑刻。

　　然而，我們知道在四川地區有著大量的漢代崖墓，石棺、石闕與畫像石刻等墓葬石刻，顯示了這一地區歷史悠久的發達的石刻工藝。例如高文、羅

二虎等先生做過關於四川石棺的綜合研究，彙集了上百件的漢代石棺。大多具有精美多樣的石刻花紋，有的還有題銘。四川保存的高頤闕、樊敏闕等東漢石闕也是著名的大型石雕，是第一批公布的國保單位。兼之蜀地具有悠久的文化教育傳統，因此，這裡也應該相當普遍地使用過在漢代已經定型並大量建造過的石碑。有道是皇天不負苦心人。果然，近年來，在西南地區陸續出土了多件內容豐富、形制新穎的東漢石碑，充實了我們對於漢代碑刻的認知。先是在雲陽縣的三峽工程考古搶救發掘中發現了一座精美的大型東漢碑刻「景雲碑」。2011 年，又在成都新發現了兩件內容豐富的東漢碑刻〈李君碑〉與〈裴君碑〉，成為四川漢代考古中又一極其重要的發現。它們在了解東漢時期成都地區的政治文化教育狀況，考察當時蜀郡學校建築基址等方面富於歷史考古價值。同時，這兩件石碑的語詞內容可以與其他漢代文獻碑刻互證，對於漢代碑刻的研究、漢代文字學與語詞訓詁的研究等方面也能造成很大作用。我們下面就來看看這幾件漢碑。

〈景雲碑〉是在 2004 年 3 月，由吉林考古文物研究所在重慶市雲陽縣舊縣坪漢、晉縣城遺址發現的。該碑高 182 公分，寬 81 公分，碑面上共刻寫 13 行 367 字的銘文。根據首行題銘可以定名為〈漢巴郡胸忍令廣漢景雲叔于碑〉。與中原地區常見的漢碑裝飾方式不同，在碑身四周雕刻多種花紋圖像，以陰刻的流雲、飛鳥形成一個方框圍繞著銘文。碑身有穿。碑首為圓形，有暈。碑首的三重暈線中刻有三幅淺浮雕，左側為一朱雀，右側為一長耳仙人形象。正中為一婦人立於半開門後，俗稱「婦人掩門」的圖像。碑側裝飾青龍、白虎的浮雕。出土時原碑斷裂為兩截，現已復原，除斷裂處有十幾個字殘損外，其他文字圖案保存完好。此碑立於東漢熹平二年（173）。由於它的文字書法精美，與中原的著名漢碑，如禮器碑、史晨碑、鮮于璜碑等碑刻上的書體很相似。所以特別受到書法藝術界的重視。

這件碑的刊刻目的也很有意思。它是在東漢熹平二年時任胸忍縣令的雍陟為七十年前去世的前任胸忍縣令景雲叔于建立的。我們現在看到的漢碑絕

大多數都是為當時的人建造的，如墓碑、功德碑、記事碑等。而這件景雲碑則是一件純粹的紀念碑。我們想雍陟應該是透過紀念在當地享有美名的前任官員來安撫民心，利於自己的任職治理。也可以想見這位景雲叔于應該是一個治理有方、遺愛在民的好官。碑中雖然沒有具體說明景雲叔于有哪些德政，但是讚頌他是「吏民懷慕，戶有祠祭，煙火相望，四時不絕」。如果不是碑文的誇飾，景雲叔于就真是深得民心的一任好官了。這種做法在東漢的循吏行政中也有先例。如《後漢書·延篤列傳》中記載，延篤就曾經在平陽侯相任上，為家在平陽的西漢著名官員龔遂「立銘祭祠」。按照《漢書》記載，龔遂作渤海太守時，使「郡中皆有蓄積，吏民皆富實，獄訟止息」。

〈李君碑〉與〈裴君碑〉則是在成都市天府廣場的改建工程中從地下發現的，由於它原來是壓在大型建築物地下，受條件限制，未能在碑石出土地進行更廣泛的考古發掘。但是這兩件碑石保存基本完好。它們比起〈景雲碑〉就顯得比較樸素簡單，沒有什麼紋飾，只是兩件長方形的碑石，四周保留著粗加工的鑿紋，中心一個長方形碑面磨光刻銘。兩件碑的碑陽刻寫長篇銘文，碑陰刻寫立碑者的題名，〈李君碑〉甚至在碑陽的邊框上還刻寫了銘文。相比之下，這兩件碑的銘文內容比〈景雲碑〉就要豐富得多。

從銘文內容看，這兩件碑石應該是東漢時期蜀郡學官集資為地方主政官員樹立的功德碑。碑文頌揚的對象為先後任過蜀郡太守的李君和裴君。只是在現存歷史文獻中還找不到此二人的確切姓名與事蹟。有學者曾經懷疑李君是東漢著名的黨人李膺，《後漢書·黨錮列傳》中記載李膺也做過蜀郡太守，但是從時間上推尋，建碑的陽嘉二年（133）李膺應該還沒有出仕。因為《後漢書》記載，李膺是被司徒胡廣選拔起來做官的。而胡廣是在漢安元年（142）才當上司徒。所以還不能完全認定這個李君是李膺。裴君，有學者推測為曾為孝廉、後任尚書的裴瑜，見《後漢書·史弼傳》。但是他的主要活動時期在漢桓帝以後，與這件碑樹立的時期也不相符。在沒有更充分證據的情況下，我們還是不要輕易把他們與歷史人物對號入座。從碑文看，這兩件

由東漢郡學的教授吏員們樹立的碑刻，很可能就是樹立在當時蜀郡學官所在地。裴君碑可能樹立在漢桓帝元嘉二年（152）[053]，而李君碑則初立於漢順帝陽嘉二年（133）十二月二十五日，後於漢質帝本初元年（146）六月因水災倒覆，隨即重立。此時裴府君已繼任太守。

碑文中主要歌頌兩任太守的德政，集中在宣揚教化、端正民風、公平選拔、清廉慎刑等方面。現存漢代功德碑頌揚官吏品德政績大多如此。這對於了解漢代的政治風氣與政治制度有很大的幫助。中國古代官僚政治中和民間輿論中，都特別強調「清官」的作用。直到現在，在很多人的思想中還是把國家與個人的命運寄託在「清官」身上。這應該說還是中國傳統封建思想的影響，與民主政治的思想是完全不同的。而這種「清官」理念，就起始於漢代的「循吏」觀念。

在司馬遷的《史記》中，首先開列了〈循吏列傳〉與〈酷吏列傳〉，而後的《漢書》、《後漢書》中也沿循著這種專題設定。說明在漢代，起碼是在漢代讀書人的眼中，是非常重視官吏的人品與治理手段的。《史記·循吏列傳》的索隱中注解道：循吏「謂本法循禮之吏也」。可見循吏就是遵循法律禮制的官吏，也就是後世所謂的「清官」了。我們看司馬遷確定的一個循吏典型，就可以了解古人眼裡的循吏是什麼樣的官員了。

《史記·循吏列傳》中舉了一個戰國時期的楚國國相石奢，說這個人是「堅直廉正，無所阿避」。有一次他下鄉巡查，發現有一個殺人的兇手，追上一看，是他自己的父親。怎麼辦呢？他就把父親釋放了。然後讓人把自己捆綁上，送到楚王那裡，對楚王說：「殺人的人是我的父親。我要把父親抓起來法辦，是我不孝。現在不按法律處理放縱了犯人，是我不忠。我的罪過該當處死。」楚王認為石奢是個好官，就說：「你是追犯人沒追上，罪不當

053　由於原碑石在記述時間的銘文中有一段殘缺，應該缺損七字。該段碑文或可斷讀為：「經之營之，功平治治。刻石定基，跡立八載。元嘉有二，仲□□□。□□□□，卒以僨介。辭贊磨滅，恐後莫聞。」那麼就還有一種可能是原碑樹立在元嘉二年的八年前，即西元 144 年。而後由於年代久遠，碑石文字磨滅，於元嘉二年重刻。

死。還是去辦公事吧。」明顯是要放他一馬。可是石奢卻認為自己不能枉法，就自殺謝罪了。

《後漢書》中也有一個類似的循吏榜樣，就是做過膠東侯相的吳祐。在他管轄的安丘縣裡有一個叫毋丘長的人，這個人是個孝子，他和母親一起出門時，路上有一個醉漢來欺辱他的母親。毋丘長當場把這個人殺死了。安丘縣的官吏追蹤到膠東抓到毋丘長，送到吳祐這裡審問。吳祐對毋丘長說：「母親被侮辱，這是每個人都難以忍受的。但是作為孝子，應該在憤怒時考慮到災難，行動時不要連累親屬。現在你不顧親人，發洩憤怒，大白天在路上殺人。如果赦免你是不符合國家大義，如果將你處刑又不忍心。你讓我怎麼辦呢？」這麼一番話說下來，毋丘長覺得心服口服，就自己帶上刑具，說：「我違犯了國家的法律，就是您想要哀憐我，我也不能逃避處罰。」吳祐就問他有沒有結婚生子。他說結了婚，但是沒有孩子。吳祐又讓縣裡把毋丘長的妻子帶來，和毋丘長一起關在監獄裡同房。等毋丘長的妻子懷孕後，再判處毋丘長死刑。以現代眼光來看，這是非常人性化的施政方法了。既遵守了法律，又宣揚了道德，還顧及了人倫。我們說這就是當時循吏的標準吧。所以《漢書‧循吏列傳》中總結說：「謹身帥先，居以廉平，不至於嚴，而民從化。」

當代歷史學者研究漢代政治制度時，很注重秉承儒學思想的這批「循吏」所起的作用。1930 年代，張純明曾分析循吏的主要作用，指出他們的成就表現為三個方面：一、改善人民的經濟生活；二、教育；三、理訟[054]。正是孔子所提出的「富之」、「教之」與「無訟」。說明漢代循吏確實是主要秉持著儒家先師的教導行事。那麼這種思想指導下的行政措施對於維護古代社會的安定發展是造成過一定作用的。余英時指出：「循吏兼具了『吏』和『師』的雙重身分。而『吏』的基本職責是維持政治秩序，這是奉行朝廷的

054　Chun —— ming Chang:*The Chinese Standards of Good Government:Being a Study of the Biographies of Model Officials in Dynastic Histories*, Naikai social and Economic Quarterly. Vol Ⅷ, No.2 (July 1935)

法令；『師』的主要任務則是建立文化秩序，其最後動力來自保存在民間的儒教傳統。」[055] 漢代碑刻的內容正是鮮明地反映了當時官吏與儒士所追求的這種目標。

實際上，從這幾件漢碑以及我們現在能夠見到的很多漢碑中，都可以看出當時的官吏都在追求做到「富之」、「教之」與「無訟」這幾點，從而得到社會的肯定與讚揚。如〈裴君碑〉中稱：「奸軌（宄）息集，百谷豐（豐）熾。」正是所謂「富之」。由於這兩件碑刻主要是蜀郡官學的官吏共同刻立，所以碑文中特別宣揚了這兩任官守提倡儒學、培養選拔人才的功績。〈李君碑〉中稱：「同心齊魯，誘進儒墨……遠近緝熙，荒學復殖，演述三傳，各數萬言。抽擢腴要，采掇異文。以成一家，為後立真。珍儒重能，爵秩其貧。拔擢英才，試之以貞。倚席旋意，鑽仰孔明。潛者得達，萌耳（牙？）振鱗。猶春生芳，莫不說（悅）欣。」讚頌了李府君大力推進儒學教育的政績，還宣揚李府君不僅自己演講撰寫春秋三傳的講義，而且看重儒生，拔擢英才。〈裴君碑〉中也有類似的句子：「孔修畔（泮）學。恢興七藝，宗老恤幼。存心音律，廣宣教誨。文武不隧（墜），禮樂條暢（暢）。」而〈裴君碑〉中稱讚他「理罪聽恕。雖（唯）得其情，哀矜原宥。隕涕陷辜，輕疑必赦。民免有恥，囹圄虛曠」，就是「無訟」的展現。

此外，還有對李、裴二人道德清廉的讚頌，如〈裴君碑〉中則稱：「君億其然，豫設科防。蕩條（滌）枯飭，發撤延（宴）帳。除損法服，罷員省御。拔園漉池，罔（網）罟縣（懸）錯。不貴難成，斷絕玩好。約己惠下，性同宣孟……帥（率）人以正，孰敢不放（仿）。」就是讚頌裴府君執政時提倡簡樸，訴訟清明，選舉公正，遵守道義等出色的政績，表現出鮮明的儒家官吏行政道德標準。這些敘述，與歷史文獻中反映出的漢代循吏情況正可以互為表裡，是歷史的實物證明。

055　余英時：〈漢代循吏與文化傳播〉，見《臺灣學者中國史研究論叢 —— 政治與權力》，中國大百科全書出版社，2005 年。

我們透過這些頌詞回溯歷史，可以看到漢代成都地區官方學校的興盛情況與儒家經典教育的深入普及程度。不僅如此，立碑的時間恰巧也是東漢時期儒學經學與知識階層社會地位一種轉換的契機。

《後漢書・儒林傳》載：「及鄧後稱制，學者頗懈……自安帝覽政，薄於藝文。博士倚席不講，朋徒相視怠散。學舍頹敝，鞠為園蔬，牧兒蕘豎，至於薪刈其下。順帝感翟酺之言，乃更修黌宇，凡所造構二百四十房，千八百五十室。試明經下第補弟子，增甲乙之科員各十人，除郡國耆儒皆補郎、舍人。」《後漢書・順帝紀》：「陽嘉元年秋七月……丙辰，以太學新成，試明經下第者補弟子，增甲、乙科員各十人。除郡國耆儒九十人補郎、舍人。」可見所云順帝重新重視經學教育之事就是發生在陽嘉元年（132）。立於陽嘉二年（133）的〈李君碑〉開始即稱：「同心齊魯，誘進儒墨。遠近緝熙，荒學復殖。」表明正應該是在順帝重修太學這種大背景下，李府君在蜀郡也重整府學，提倡教育，反映漢順帝重視儒學教育的政令是上下貫通的。各地應該有著同樣的提高教育地位的舉措。這為日後黨人集團的形成做了鋪墊。

蜀郡學官有著悠久的歷史與眾多官員的重視扶助，其規模應該相當可觀。因此，類似記載蜀郡學官情況的古代文物史料早有記載。《隸釋》卷一〈益州太守高眹修周公禮殿記〉就是一件傳世已久的漢代銘刻，其銘云：「漢初平五年倉龍甲戌旻天季月修舊築周公禮殿。始自文翁，應期鑿度。開建畔宮，立堂布觀……至於甲午，故府梓潼文君增造吏寺二百餘間……官民寺室，同日一朝，合為灰炭。獨留文翁石廟門之兩觀。禮樂崩俎，風俗混亂。誦讀已絕，倚席離散……郡將高君節符典境，迄斯十有三載……興復第館，八音克諧。」這件銘刻前人或認作是石刻，但洪適注云：「今在成都……至於甲午，故府梓潼文君增造吏寺者，建武中益州太守文參也……《華陽國志》云：安帝永初時，講堂火災，獨存石室也。又雲郡將陳留高君者，高眹也……眹再作石室，在文翁石室之東，又東即周公禮殿……此記刻於東南

之一柱，亦木耳。歐陽氏以為文翁石柱記者，誤也。自興平甲戌至於乾道丁亥，千有三年，殿宇歸然如故。」則說它是刻在木柱上的。不過在木柱上刻寫這麼多字亦屬罕見。確否，現在也無法定論。此外，《隸釋》卷十四收有學師宋恩等題名，洪適注云：「今在成都周公禮殿門之西序，蜀人謂之學師題名。其稱師者二十人，史二人，孝義掾業掾各一人，易掾二人，易師三人，尚書掾尚書師各三人，詩掾四人，春秋掾議掾文學孝掾文學掾各一人，文學師四人，從掾位及集曹法曹賊曹辭曹史又三十二人，其漫滅不可辨者十三人。此則蜀郡諸生也。當是郡守興崇學校者鐫石紀德……成都又有左右生題名一巨碑，蓋左學右學諸生也。」由此可見，漢代的成都蜀郡學官所在地原來應該保存有多種碑刻，其中不乏歷屆官員的留跡。《華陽國志》卷三：「始文翁立文學精舍，講堂作石室，在城南。永初後，堂遇火。太守陳留高朕更修立，又增造二石室。州奪郡文學為州學。郡更於夷裡橋南岸道東邊起文學，有女牆。」

這樣就又出現了一個問題。〈李君碑〉和〈裴君碑〉的樹立時間均在上面所說的安帝永初時講堂火災獨存石室這一事件之後，但是卻沒有反映出郡學變成廢墟、獨存石室的絲毫跡象，而是還要「立石表紀，序賢君良佐，列畫殿堂」，「建福學校」等。是否〈益州太守高朕修周公禮殿記〉中所說的慘痛火災不是漢安帝永初年間的事情，而是高朕執掌蜀政前後的事情，即漢靈帝年間的事情了。不然，蜀郡學官火災後近九十年才有人去重修，實在說不過去。

李君碑中稱：「序賢君良佐，列畫殿堂。」也是一個值得注意的紀錄。它表現出在東漢蜀郡郡學殿堂中裝飾有賢君良臣的畫像。從古代畫論及相關的畫作記載中可以看到：漢代已經經常使用人物畫像作為瞻仰紀念與室內裝飾，它不僅具有濃厚的實用傾向，也突出表現著儒家文化教育的色彩。唐代張彥遠《歷代名畫記》卷一〈敘畫之源流〉中記載：「曹植有言曰：觀畫者

見三皇五帝，莫不仰戴；見三季異主，莫不悲惋；見篡臣賊嗣，莫不切齒；見高節妙士，莫不忘食；見忠臣死難，莫不抗節；見放臣逐子，莫不嘆息；見淫夫妒婦，莫不側目；見令妃順後，莫不嘉貴。是知存乎鑑戒者，圖畫也⋯⋯是以漢明宮殿，贊茲粉繪之功；蜀都學堂，義存勸誡之道。」這裡特別提到蜀都學堂，說明這裡的繪畫十分有名，並且傳至後代。《歷代名畫記》卷三「述古之祕畫珍圖」記載有：「益州學堂圖（十，畫古聖帝賢臣七十子。後代又增漢晉帝王名臣，蜀之賢相牧守，似晉時人所撰。）」李君碑的記載更證實了這一歷史事實。可能當時的人會不斷地在學堂中添加畫像，造成表彰勸誡的作用。而能在學堂中列入圖像，也應該是一種極大的榮耀。屬吏們為長官在學堂中繪像，自然是對其最好的奉迎了。

漢代儒家經學的興盛，從這兩件碑文的文辭中也可以略見一斑。在上面對碑文的考注中，能看到大量出自《春秋》三傳、《禮記》、《周易》、《詩經》、《尚書》、《周禮》等經典中的詞語，說明當時撰文的文史對於儒家經典的嫻熟程度。同時，還有大量詞語與《管子》、《墨子》、《戰國策》等古籍中使用的詞語相同，以及見於《史記》、《漢書》、《後漢書》等漢晉時期成書的文獻中，向我們反映出漢代語言文字的特點，同時也幫助我們深入了解上述諸子書籍成書的具體時代與文字校勘等古籍研究問題。

東漢時期，功德碑以及大肆歌頌死者文治武功的墓碑大量出現並形成流行風氣，還與東漢特殊的政治形勢有關。現存的碑刻基本上都是為各級士族官員製作的。看來宣揚功德、把自己塑造成社會道德正義的模範這種做法，多為東漢時期士族官員的專利。

我們可能會問：既然東漢出現了這麼多的循吏，或者說有這麼多表面上也要做循吏的官員，為什麼還會在其末年發生大規模動亂，並迅速走向滅亡呢？這就得提到漢桓帝、靈帝期間的黨錮。可以說東漢皇帝是自掘墳墓，自己把政權的根基之一 —— 士人推向了自己的反面。現代史家多認為，東漢時

期的政治，尤其是後期的政治，就是皇權之下，外戚、宦官與士族三種政治力量的角力搏殺。在漢武帝獨尊儒術之後，社會上迅速形成了士族這一種新的社會與政治力量。東漢士族更加發展，出現了所謂「四世三公」、「四世太尉」等連續占據著高層政治地位的強宗大族。東漢的循吏，主要來自於士族階層。他們實際上是大一統政治與皇權的忠實支持者。可是在一個專制獨裁的寡頭政治統治下，任何人或者任何政治集團的活動都不能危及獨裁者，或者讓獨裁者感到威脅。近代金正恩清洗張成澤的一幕就是最好的說明。東漢士族雖然是在為專制政權服務，但是比起外戚與宦官來，他們又純屬皇帝心中的外人。中國歷史上不乏這樣的實例，作為孤家寡人的皇帝，最信任的就是身邊的宦官。而且宦官包圍了皇帝周圍，在某種程度上說，皇帝的性命都掌握在他們的手中。所以，當東漢末期士人的力量聚集起來並且影響到社會走向的時候，他們就針對宦官展開了攻擊，這也迫使宦官大力回擊。同時，皇帝也認為士人對自己形成了威脅。一場清洗黨人的政治運動就展開了。這場史稱黨錮之禍的政治清洗持續了二十多年。有成百上千的黨人，也就是出任各級官員的士人被免官、下獄甚至被殺害。可以想見，這場政治清洗對於東漢政權造成了多麼大的危害，大批有行政經驗和法律意識的官員被趕出官場，各級官府的行政管理自然會產生很多問題，造成更嚴重的社會不公，引發大量社會矛盾。不久後爆發的黃巾之亂應該就是黨錮之禍的直接結果。而且黨錮一事造成地方士族更注重加強自己的實力與軍事力量，逐漸形成了一批地方軍閥。這是東漢末年形成大規模戰亂並使東漢滅亡的根本原因。

　　有學者認為：「這種強宗大族勢力具有如下的特點：一方面道貌岸然，和經學及知識分子有千絲萬縷的連繫，享有巨大的社會聲望和士族中名門望族的支持；一方面卻又權欲熏心，貪得無厭。它既是一種政治力量，又是一種社會力量；既是一種經濟力量，又是一種道義力量。它從皇權那裡取得權力，卻又以階級公利的代表和監督者自居；它既為皇權壓迫人民，卻又企圖充當人民的代言人，常常講些拯救黎元、減輕負擔和痛苦的言論，似乎代表

著社會的公德和良心。它時時刻刻要將皇權置於自己的控制之下，變成自己的忠實僕人和工具。因此它和皇權的矛盾是不可避免的。」[056] 就是由於士族是一種道義力量，標榜著儒家學說，以階級公利的代表和監督者自居，又企圖充當人民的代言人，常常講些拯救黎元、減輕負擔和痛苦的言論，似乎代表著社會的公德和良心。所以他們才會大量利用碑石這種工具彰顯自身的道德品格與政績功德，既透過這一活動鞏固士族與門生故吏組成的利益集團，又以此向社會民眾宣揚儒家的道德標準，增強自身的道義力量。對於今人來說，這一風氣則為我們了解漢代社會留下了可貴的歷史資料，同時也使我們見識到眾多精美漢碑文物上的書法雕刻佳作。

漢代的碑石除傳世藏品外，一向比較少見，而近來在考古調查中發現了較多的兩漢石刻材料，從而極大地充實了漢代石刻的寶庫。其中，西漢時期的石刻主要是實用性的銘刻，如地界石、題名、摩崖題記等。像在河北、山東、內蒙古等地發現的趙國易陽南界石刻[057]、連雲港蘇馬灣、東連島刻石等，例如在連雲港市陸續發現的蘇馬灣界域刻石、東連島界域刻石內容基本相同，是王莽時期刻制的東海琅琊郡界域。可以透過它研究歷史地理狀況與王莽改正朔曆法等問題[058]。

隨著西漢時期遺址、墓葬的不斷挖掘，在一些諸侯墓中發現了大量刻字的黃腸石等早期石刻資料，如河南永城的保安山二號墓等西漢梁王墓葬、永城柿園漢墓等重要發現，保安山二號墓是梁孝王妻李后的墓葬，裡面清理出塞石近三千塊，幾乎每塊上都有銘刻，共計 10,000 多字，大多是記錄塞石的序號和尺寸[059]。1992 年第二次清理徐州龜山 2 號西漢墓時也發現了一批石刻

056　金春峰：《漢代思想史》、《漢末經學的沒落和黨錮之禍》，中國社會科學出版社。1997 年。

057　孫維民等：《趙國易陽南界石刻的年代及價值》、《中國歷史文物》2004 年 1 期。

058　相關論文有劉鳳桂等：〈連雲港市西漢界域刻石的發現〉，《東南文化》1991 年 1 期；李祥仁：〈蘇馬灣界域刻石新探〉，《中國歷史博物館館刊》2000 年 2 期；連雲港市文管會辦公室、連雲港市博物館：〈連雲港市東連島東海琅琊郡界域刻石調查報告〉，《文物》2001 年 8 期；滕昭宗〈連雲港始建國界域刻石淺論〉，《文物》2001 年 8 期。

059　河南省文物考古研究所：《永城西漢梁國王陵與寢園》，大象出版社，1996 年。

文字。其中有一塊刻銘，字在篆隸之間，共 44 字，是近年來發現西漢文字石刻中字數最多的 [060]。此外，四川重新發現了曾經佚失的何君尊楗閣刻石 [061]。1987 年在青海海晏縣發現一塊殘石，上有三行銘文，說明這是西海郡虎符石匱，造於始建國元年十月癸卯。李零曾就這些石匱與當時的祭祀情況作過討論 [062]。

東漢時期，碑刻已經十分普及，新發現的碑石也比較多。如 1998 年夏在內蒙古自治區包頭南郊出土建寧三年殘碑 [063]。1998 年山東巨野出土〈行事渡君碑〉[064]。1991 年在河南偃師縣南蔡莊鄉發掘出一座相當完整的東漢建寧二年〈肥致碑〉[065]，由於它的內容涉及東漢的方士、宗教以及墓誌的起源等問題，所以有眾多學者加以研究討論。特別在該石刻是否是墓誌的性質判斷上存在著兩種完全相反的意見 [066]。

四川等地新出土的漢代石刻，向我們展示了漢代各種碑石銘刻的豐富內容與廣泛應用，也預示著將會有更多更精彩的古代碑刻現身世間。讓我們不斷關注古代石刻的新發現，體驗它們為我們帶來新的驚喜吧。

上海博物館 2014 年 1 月講座

---

060 徐州博物館：〈江蘇銅山縣龜山二號西漢崖洞墓材料的再補充〉，《考古》1997 年 2 期。

061 雅安市文物管理所：〈何君尊楗閣刻石發現及考釋〉，《四川文物》2004 年 6 期。

062 李零：《上山與出塞》，文物出版社，2004 年。

063 魏堅：《內蒙古中南部漢代墓葬》，科學出版社，1998 年。

064 徐玉立主編《漢碑全集》，河南美術出版社，2006 年。

065 河南偃師文物管理委員會：〈偃師縣南蔡莊鄉漢肥致墓發掘簡報〉，《文物》1992 年 9 期。

066 如王育成〈東漢肥致碑探索〉，《中國歷史博物館館刊》1996 年 2 期；虞萬里〈東漢肥致碑考釋〉，《中原文物》1997 年 4 期。李訓祥〈讀肥致碑札記〉，《大陸雜誌》96 卷 6 期；邢義田〈東漢的方士與求仙風氣〉，《大陸雜誌》94 卷 2 期；黃展岳：〈肥致碑及相關問題〉，《考古》2012 年 5 期等。

漢代文字的演變及其書寫類型

從世界文明發展的歷史看，與西方雄踞的古代羅馬相對應，中國漢王朝成為跨西元紀年前後這一歷史時期中具有重大影響的東方大國。僅就中國社會發展來看，東西兩漢將近五百年的統一時期也具有相當重要的歷史地位。在這一時期裡，中國古代文明體系全面奠定了社會基礎，完備了延續兩千多年的政治、法律、禮制、軍事、經濟、文化等一系列意識形態。

西漢銅鼎銘文

作為人類文明的必備要素，文字在促進社會經濟發展、形成強大帝國和造就具有重大影響的先進文化上有著不可替代的重要作用。而漢字也正是在漢代這一時期形成了統一完整的文字體系，並影響至今。可以說，漢代文字在中國文字的發展史上處於承上啟下的關鍵階段。為了說明這一點，我們先簡要地回顧一下中國古代文字的發展過程。

中國的漢字可以列入世界上起源最古老的文字之中，而且是唯一一種使用至今從未間斷的文字。僅從現有考古資料的證據來看，漢字就有三千餘年的歷史。透過大量關於不同時期漢字的考古發現資料，特別是商周時期以及更早時期的考古資料，我們已經可以比較清晰地勾畫出漢字產生與發展的歷史脈絡。大致來說，中國的古代文字起源於圖畫，是一種象形文字，這一點和世界上其他古代文字的起源是相同的。之後，漢字的形體在發展過程中逐漸符號化，成為帶有表音成分的表意文字。在商代甲骨文中已經展現出這種變化。

西漢銅鏡銘文

　　之後在兩周至秦代的各種文字材料中都表現出豐富多樣的文字寫法，具備了象形、會意、指事、形聲、假借等多種造字原則。但是由於漢語言的語音特點，漢字遲遲未能走到拼音文字這一步。這樣，由於中國文字發展的歷史從未間斷，又長期是帶有表音成分的表意文字。所以古文字中的象形圖畫成分始終保存在文字結構中，成為中國文字的一大特點。象形結構的符號化過程、文字的形體特徵都與這種象形文字的圖畫性質密不可分。中國特有的漢字書法藝術也得益於這種文字的圖畫性質。

東漢刑徒磚銘

123

現在中國學術體系中有一個專門的學科叫做古文字學。那麼相對的就應該有今文字學這樣一個分野。也就是把中國文字幾千年來的發展歷史劃分為古文字與今文字兩個階段。過去一般把使用古文字的下限劃分在先秦時期，即秦隸書定型之前。那麼秦漢以降時期，流行隸書與後起的楷書、行書、草書等書體，就可以算作今文字時期。而漢代，作為古文字向今文字轉變的重要過渡時期，文字形體的變化是很大的，這一階段的文字書體與字詞內容很豐富，在中國文字學的歷史上具有十分重要的實證價值。

漢瓦當

在漢代流行的文字書體主要是隸書。另外我們還可以看到小篆和章草書等書體的使用情況。這些書體的起源必須追溯到秦代乃至秦代以前。漢代著名的文字書《說文解字》敘中記載：「秦書有八體：一曰大篆，二曰小篆，三曰刻符，四曰蟲書，五曰摹印，六曰署書，七曰殳書，八曰隸書。」[067] 這就是後人經常講的「秦書八體」。有研究者認為，上述八體中只有大篆、小篆、蟲書、隸書為真正的書體，而刻符、摹印、署書、殳書則是因其用途或題材不同所定的名稱。篆書在秦代屬於官方字體，用於比較莊重的場合。隸書也是秦代規定的通用字體，多用於文書及民間。古代歷史學者們都認為：「漢承秦制。」也就是說漢代國家政治系統與禮儀文化系統基本上是繼承了在秦代統一中國後形成的固定制度，例如中央官署管理體系、地方郡縣制

067　許慎：《說文解字》十五上，315 頁，中華書局影印本，1963 年。

度、交通館驛制度、軍事制度、祭祀制度，以及相關的文書檔案制度等等，都是在秦代社會形成的一套體系上加以修改和繼承。漢代使用的文字書體也是這樣，是在秦代文字的基礎上繼續發展完善的。

　　對於秦漢時期文字的傳承與文字形體的類型，學者大多參考後漢學者班固在《漢書·藝文志》小學部分中的總結文字，《說文解字》敘中的論述在很多地方也是沿用了這些記載。「漢興，蕭何草律，亦著其法，日：『太史試學童，能諷書九千字以上，乃得為史。又以六體試之。課最者以為尚書御史史書令史。吏民上書，字或不正，輒舉劾。』」「六體者，古文、奇字、篆書、隸書、繆篆、蟲書。皆所以通知古今文字，摹印章，書幡信也。古制，書必同文，不知則闕，問諸故老。至於衰世，是非無正，人用其私。」「《史籀篇》者，周時史官教學童書也，與孔壁中古文異體。《倉頡》七章者，秦丞相李斯所作也。《爰歷》六章者，車府令趙高所作也。《博學》七章者，太史令胡母敬所作也。文字多取《史籀篇》，而篆體復頗異，所謂秦篆者也。是時始造隸書矣，起於官獄多事，苟趨省易，施之於徒隸也。漢興，閭裡書師合《倉頡》、《爰歷》、《博學》三篇，斷六十字以為一章，凡五十五章，並為《倉頡篇》。武帝時司馬相如做《凡將篇》，無復字。元帝時黃門令史游作《急就篇》。武帝時將做大匠李長作《元尚篇》，皆《倉頡》中正字也。《凡將》則頗有出矣。至元始中，徵天下通小學者以百數，各令記字於庭中。揚雄取其有用者以作《訓纂篇》，順續《倉頡》。又易《倉頡》中重複之字，凡八十九章。臣復續揚雄作十三章，凡一百二章，無復字，六藝群書所載略備矣。《倉頡》多古字，俗師失其讀，宣帝時徵齊人能正讀者，張敞從受之，傳至外孫之子杜林，為作訓故，並列焉。」[068] 這一段記載雖然不長，內容卻非常豐富，是漢代文字史的簡要概括，裡面反映出關於漢代文字使用與文字教學的很多問題。

068　班固：《漢書》卷三十〈藝文志〉，1721 頁，中華書局標點本，1962 年。

漢印

　　首先要提到漢字在秦漢之間的演化情況，也就是中國文字演變歷史上非常重要的一個轉折點 —— 篆書向隸書的轉化。

　　從現有的古文字資料來看，先秦時期的文字以篆書為主，即包括甲骨文、金文、戰國古文等類型字體的篆書，後代書法家們或統稱之為大篆。這些先秦篆書文字，應該在漢代還有所遺存。《漢書・藝文志》小學類中有《史籀》十五篇（原注：周宣王太史作大篆十五篇，建武時亡六篇矣。）、《八體六技》等字書，可能就是漢代保留下來的先秦古文字的字書。

　　從文獻記載中看，漢代學者已經不太清楚先秦的文字情況了。對於隸書的起源，《說文解字》敘中云：「秦燒滅經書，滌除舊典，大發吏卒，興成役，官獄職務繁，初有隸書，以趣約易，而古文由此絕矣。」[069] 以往的學者都沿承這一說法，認為隸書是秦代才出現的。今天透過考古資料來看，實際上從先秦古文字向隸書轉化的過程要比這更早，更複雜。從出土的戰國晚期秦國竹簡、木牘上的文字資料上看，那時隸書的特點已經非常明顯。例如1980 年在四川青川發現的秦國木牘，有明確的紀年為秦武王二年、四年（西元前 309、307 年）[070]。而其字形結構與秦始皇統一後的湖北雲夢睡虎地秦簡基本相同，都是比較完備的隸書。這些都足以證明隸書的萌芽在秦兼併六國之前很久就已經出現了。

069　許慎：《說文解字》十五上，315 頁，中華書局影印本，1963 年。

070　四川省博物館、青川縣文化館：〈青川縣出土更修田律木牘 —— 四川青川縣戰國墓發掘簡報〉，《文物》1982 年 1 期 1 頁。

居延漢代簡牘

1970 年代時，湖北雲夢睡虎地秦簡和湖南長沙馬王堆西漢帛書等古文字資料的重大發現給學術界以極大的啟發，人們對秦漢文字與戰國文字的認知更加深化。當時，李學勤在〈秦簡的古文字學考察〉一文中認為：「秦代大量通行的字體必然像秦簡那樣的隸書。」[071] 裘錫圭認為：「就各種日常使用的字體來說，一種新字體總是孕育在舊字體內部的，並且孕育期不會很短，如果新字體包含過多的新成分，那它是不大可能得到社會上一般人的承認的。隸書和小篆都形成於秦始皇時代，隸書應該是從戰國時代的秦國文字中逐漸發展出來的。」[072]

秦代文字，尤其是秦小篆與隸書的形成對漢字的發展演變有著重要的影響。裘錫圭《文字學概要》一書中指出：「在整個春秋戰國時期，秦國文字形體的變化，主要表現在字形有序勻稱程度的不斷提高上……秦國文字有時為了求字形的有序勻稱，使筆道變得彎曲起來……有時又為了同樣的目的，使筆道變得平直起來……隨著這兩種變化，文字的象形程度就越來越低了。」[073]

071　李學勤：〈秦簡的古文字學考察〉，見《雲夢秦簡研究》，336 頁，中華書局，1981 年。
072　裘錫圭：〈從馬王堆一號漢墓簡策談關於古隸的一些問題〉，《考古》1974 年 1 期 46-55 頁。
073　裘錫圭：《文字學概要》，63-64 頁，商務印書館，1988 年。

　　實際上，文字形體的變化不僅限於秦系文字，整個春秋戰國時期，文字都在進行著形體的變化。我們在以楚國簡牘帛書文字為代表的東方六國文字中也可以看到這種文字形體符號化與書寫形式簡化的趨向。

　　我們可以看一看楚國文字書寫中的特點：楚國的銅器銘文普遍扁平倚斜，筆勢圓轉流利，橫畫多做昂起的弧形，一般落筆重而收筆輕，有首粗尾細之感，有的波勢挑法已具後世隸書之雛形。文字結構是筆畫多變，結構歧異，同一字出現有從繁到簡的多種寫法，反映了文字書寫中簡化的傾向，與周代的青銅器銘文（金文）有著明顯的不同。

　　郭沫若在 1970 年代作的〈古代文字之辯證的發展〉一文中曾指出：（楚帛書）字體雖是篆書，但和青銅器上的銘文字體有別。體式簡略，形態扁平，接近後代的隸書，他們和簡書、陶文等比較接近，是所謂的俗書……它們將促使貴族化了的文字走下舞臺並取而代之[074]。

　　還有眾多學者對文字形體的分析中都注意到了戰國文字中普遍存在的由象形意味濃厚的古文篆書向簡約化的古隸轉化的變化過程。也就是說隸書的初始狀態在戰國文字中就已經出現。這種趨向在秦代統一中國的大政治背景下得到了充分的發展，形成了新的書體 —— 隸書。由此可見，「是時始造隸書矣，起於官獄多事，苟趨省易，施之於徒隸也。」這種漢代通行的說法實際上並不完全符合中國文字發展的情況。

074　郭沫若：〈古代文字之辯證的發展〉，《考古學報》1972 年 1 期 8 頁。

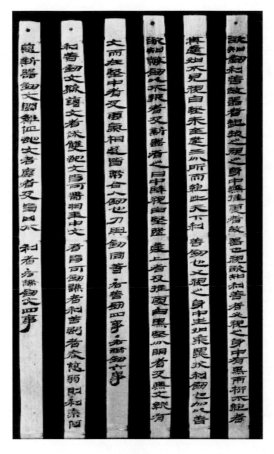

居延漢簡

　　從秦到漢，現在見到的出土簡帛文字材料上的用字多為隸書，雖然有些字的結構還保留著濃厚的篆意，但總體來說這些都是自秦篆走向成熟漢隸的過渡形態。從西漢武帝時的銀雀山漢墓竹簡來看，這些文字字體在書法風格上有結體方整、重心平穩、有序秀麗、筆法古雅的特點。也有的草率急就、自由奔放、波磔顯著。當時書寫的簡帛中，多為有序的漢代隸書，少部分為較草率的隸書（草隸）。有學者認為：隸書的出現是漢字形體由繁變簡的一大發展，它解散了篆體，使文字形體完全改變了原始的圖畫性質，成為便於交流書寫的符號。此後漢字的結構基本上沒有再發生大的變化。

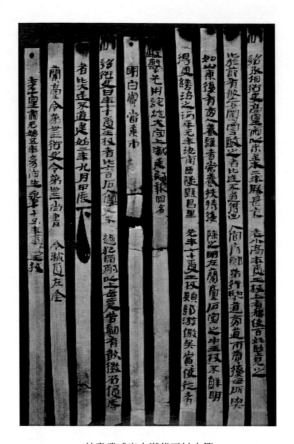

甘肅武威出土漢代王杖十簡

　　近代以來，關於古代文字史料的考古發現不斷增多，尤其是古代簡牘帛書等材料的大量出土，為我們了解古代文字的演變提供了非常豐富的實證資料，深化了學術界對古代文字的認知。大量的出土簡牘帛書、磚石璽印等銘刻材料向我們展示出，戰國秦漢時期是中國古代文字演變中非常重要的一個歷史階段。有的學者就提出可以把古文字學研究的下限延伸到西漢前期。實際上漢代正是中國文字由圖畫文字完全轉變為符號文字的一個轉變階段，中國文字的造字理論體系也是在漢代完善並且大量付諸實踐的。因此，透過漢代的各種文字資料來看一下漢代文字的演變過程以及各種書寫類型，應該能幫助我們更清楚地了解漢字的演變歷史和漢字與中國社會的關係。

第二點就是文字在漢代社會中，特別是在官方行政運作中廣泛應用的情況。

漢字形體在漢代的重大轉變與定型，是與漢代社會的政治文化狀況密切相關的，特別是與大一統的國家制度密切相關的。

從文獻記載與出土的漢代文字資料中可以看到，漢代社會沿承秦代所創立的高度統一的中央郡縣制行政管理體制，形成了一套從上到下完整系統的官僚體系，同時建立了十分完善的文書檔案制度。這一官僚體系與文書檔案制度的運行就要求有大量的文書書寫、上報、批覆等日常工作，需要有大量的能夠閱讀、書寫的文書人員。所以在漢代，形成了吏這樣一個十分龐大而且重要的知識階層。為了造就這一階層，滿足行政體系的需要，又必須發展文字教育，將文化知識普及到廣大平民中，改變了商周時期文字只是由少數上層貴族和巫史掌握的狀況。同時，各級官吏的交流，地方官府每年定期到中央上計等官方活動，也為漢帝國廣袤疆域中文字的統一與交流創造了條件。這就極大地促進了文字在漢代社會中的普及與廣泛運用。從居延漢簡等漢代簡牘材料中，我們可以很清楚地了解到這一社會狀況。

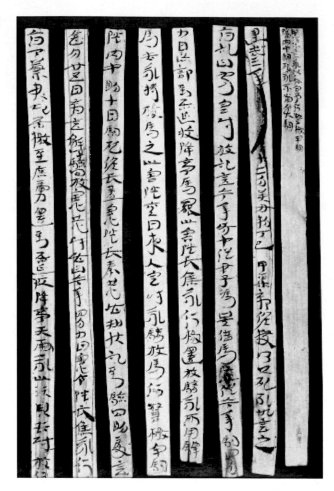

居延漢簡

　　居延漢簡是在漢代西北邊境的邊塞烽燧遺址中發現的漢代文書資料，這一地區漢代隸屬敦煌郡管內的甲渠候官、肩水候官等邊防守衛系統。烽燧則是最基層的防衛機構。但是就在這樣的基層官方機構中仍然存在著大量的日常文書往來。1930 年代首次調查發現時獲得簡牘 10,000 多件，50 年代以來又有過多次發現，使現有簡牘總數達 30,000 件以上。這裡面包括的文書反映出當時地方官府文書的各種主要類型，如李均明等在《簡牘文書學》一書中按簡牘文書的自身性質將其大致劃分為六大類，即：一、書檄類，如

書、檄、記、教、傳、致等。這是官方的布告文件。二、簿籍類，如簿、籍、算、計、校等。這是公、私各方的帳冊、登記簿籍、統計表等。三、律令類，如律令、科、品、約、式、程等。這是國家相關法令紀錄。四、案錄類，如案、錄、刺、課、狀、辭、志等。這是官府日常行政的紀錄與相關文件。五、符券類，如符、券、莂等。這是官方或私人合約使用的證書、證件。六、檢楬類，這是標記文書檔案、器物等使用的標籤[075]。由此可以看出當時官府文書運作的龐大規模。如此大量的文書工作，意味著從中央到地方基層各級官府中都需要數量十分龐大的文書工作人員，即漢代習稱的「吏」。而漢代對於作吏員的要求是：能夠認識書寫 9,000 字以上。

《漢書‧藝文志》：「試學童，諷書九千字以上，乃得為史。」[076]《說文解字》敘中作：「漢興有草書，學僮十七以上，始試，諷籀書九千字，乃得為史。又以八體試之。郡移大史並課。最者以為尚書史。書或不正，輒舉劾之。」[077] 即使是從今日的知識水準來看，這也是一個很高的標準了。不過我們懷疑這個數字有所誇大，因為在西漢時常見的基本字書所收字數也不超過 6,000 字。在遺址中還發現有一些練習寫字的木簡，說明這裡的駐守人員平常還在進行文字學習，以提高教育程度。從而可以反映出在官方行政活動的需求推動下，漢代文字教育在不斷普及與深入，以及官方文書檔案對於文字書體的嚴格要求。

第三是漢字在漢代形成完整的文字學理論與普及教育的情況。

漢字來源於象形圖畫，其表達語意的方法具有一定的規律。隨著新的文字概念與形體不斷增加，古代的學者自然會從不自覺的習慣用法發展到自覺地探求與總結文字形成的規律，從而訴諸理論。具有漢字獨特造字理論意義的「六書」一說就是戰國末年的文字學理論，但一直到西漢末年以後，才在

075　李均明、劉軍：《簡牘文書學》，172-173 頁，廣西教育出版社，1999 年。
076　班固：《漢書》卷三十〈藝文志〉，1721 頁，中華書局標點本，1962 年。
077　許慎：《說文解字》十五上，315 頁，中華書局影印本，1963 年。

文獻中有詳細的記述，首見於劉歆的《七略》，後來班固採錄於《漢書·藝文志》中，稱：「古者八歲入小學，故周官保氏掌養國子，教之六書，謂：象形、象事、象意、象生、轉注、假借，造字之本也。」其次見於鄭眾的《周禮保氏注》，鄭眾是鄭興的兒子，鄭興是劉歆的弟子。但是他所說的六書次序與名稱都與劉歆的說法有所不同。他說的是「六書：象形、會意、轉注、處事、假借、諧聲也」。再後是許慎的《說文解字》敘，這是解釋條例最詳細的。許慎是賈逵的弟子，賈逵的父親賈徽是劉歆的弟子，所以許慎的說法還應該是源於劉歆，但是他已經有所修正了。《說文解字》卷十五中說：「周禮八歲入小學，保氏教國子先以六書，一曰指事，指事者，視而可識，查而見意，上下是也。二曰象形，象形者，畫成其物，隨體詰詘，日月是也。三曰形聲，形聲者，以事為名，取譬相成，江河是也。四曰會意，會意者，比類合誼，以見指撝，武信是也。五曰轉注，轉注者，建類一首，同意相受，考老是也。六曰假借，假借者，本無其字，依聲託事，令長是也。」[078] 這些漢字的造字理論，非常準確，不僅指明了幾千年來的漢字發展道路，而且至今還是我們認識古代漢字的重要理論依據。在這樣的理論基礎上，為了適應政治與文化發展的需要，漢代新創造出了大量的漢字，極大地充實了漢字文化與語言的寶庫。

例如，就現在了解到的漢代字書來看，漢初流行的常用字典《倉頡篇》還只有 3,300 字。史游的《急就篇》分為三十一章，收錄 2,034 字，其中還有重字。到了漢武帝時，揚雄的《訓纂篇》一共收錄 5,340 字。東漢初期，班固又為《訓纂篇》加上十三章，780 字，使之一共收錄 6,120 字。班固認為這樣就使得「六藝群書，所載略備矣」。至東漢末期，許慎的《說文解字》則收錄了 9,353 個文字形體，加上重出的 1,163 字，共達 10,516 字。說明漢代五百年間新造字的數量是非常大的。這當然與漢代社會政治經濟發展、人們涉及

078　許慎：《說文解字》十五上，314 頁，中華書局影印本，1963 年。

的新事物與新意識概念急遽增加有關，同時也是漢代社會文化普及、儒家教育增強的展現。這些新字中，大量採用了形聲與會意的造字方法，既說明使用象形方式造字的局限性，也說明了人們對聲音與文字意義的深入認識。這一傾向也是比較早就有了的。例如與商周古文字相比起來，據說成書於戰國的《爾雅》這本字書中就大部分都是新創的形聲字。《說文解字》收錄的一萬多字中，也大多數屬於形聲字。

　　文字教育在漢代的普及也是很明顯的。除去文獻記載的國子教育外，地方上也有大量的官學與私塾。儒家主要的經典在漢代都形成了眾多學派，這些學派應該都是某一學者私人講學、弟子世代傳授的結果。像今文《儀禮》就有過後倉的弟子戴德（後人稱之大戴）、戴聖（後人稱之小戴）和慶普三家傳本。1959 年在甘肅省武威縣磨嘴子 6 號漢墓出土的《儀禮》是近代第一次出土的古代經籍。這批簡牘中有 469 枚簡為《儀禮》的寫本，分成三種不同的抄本。根據簡本《儀禮》與大、小戴傳本篇次不同、文句有所出入、字形也互有差異等特徵，結合文獻記載，可以考證出武威漢簡《儀禮》應該是當時學官使用的慶氏本或後氏本 [079]，以實際證據向我們表現出漢代儒學教育的普及深入。現在我們在考古研究中發現的漢代簡帛、銘刻等文字史料，很多是下層社會使用的。書寫它們的人可能有低級官吏、普通文人，也可能有平民百姓，甚至有不少銘刻的作者身分明顯屬於工匠、刑徒，像漢代陵墓建築中記錄方位數量等內容的黃腸石刻、漢代漆器上面的工人題記、漢代刑徒墓磚銘等。這些銘刻所表現出的書法也很工整，書寫得很熟練。比較典型的例證如 1970 年代在安徽亳縣曹操宗族墓中出土大量磚銘，多為製磚的工匠隨手書寫而成，其中還有嫻熟流暢的草書 [080]。正說明當時文化教育的空前普及。

　　第四是漢代主要使用的書體情況。

　　眾所周知，中國使用的漢字形體有過幾次重大的改變，從而形成了幾種主

079　甘肅省博物館：《武威漢簡》，81 頁，文物出版社，1964 年。
080　亳縣博物館：〈亳縣曹操宗族墓葬〉，《文物》1978 年 8 期 32-39 頁。

要的書寫形式，即篆書、隸書、草書、行書、楷書等書體。從大量的出土文字史料中可以看到，在漢代的日常書寫活動中人們主要使用以下幾類書體：

■ **隸書**：這是漢代人日常使用的主要書體。但在兩漢近 500 年中，隸書的形體也在逐漸變化。秦代和西漢早期的隸書在字形構造上還有很多與篆書相似的成分，在書體上還沒有形成東漢碑刻上所見的標準隸書的作風。近人一般稱這種隸書為古隸或秦隸，馬王堆帛書等出土文物上書寫的西漢早期隸書文字就是典型的代表。在西漢晚期和東漢的簡牘文字中，隸書已經變化得更加標準，字形扁方，結構規範比較統一，筆畫清晰，類似篆書的寫法已經比較少見了。而在東漢碑刻上的標準隸書裡，大部分字形的構造已經和後來的楷書很接近。字的結體一般呈扁方形，向右下方的斜筆大都有略往上挑的捺腳，較長的橫畫收筆時也往往略向上挑，形成上仰的捺腳式的尾巴。先豎後橫的彎筆收筆時也大都上挑。向左下方的斜筆（撇）收筆時基本也要向上挑。收筆式上挑的橫畫，整道筆畫往往略呈微波起伏之勢。較長的捺有時也有這種筆勢。甚至有些收尾的最後一豎或捺會拖得很長，很粗。今日書法家用來形容隸書書法特點的挑法、波勢等詞語，就是指的這些筆法。後人一般把這種類型的隸書稱為八分或漢隸。唐張懷瓘《書斷·上》指出：「八分，本謂之楷書。楷者，法也，式也，模也。」八分的稱呼來源，有人說是因為字有了波磔像八字一樣左右分開而得名，也有人說是八分像隸書，兩分像楷書而得名。從漢簡上的隸書來看，至遲在西漢宣帝時期八分書體就已經成熟。但是石刻文字中的隸書比較保守，八分書體的特色要到東漢中期以後才充分顯示出來。所以以往書法界根據石刻把八分形成的時間定得比較晚。而如果以當時日常生活中實際使用的漢簡文字為主要根據，結合字形構造和書體的情況來考慮，學者們已經可以把西漢武帝和昭帝時代看作由早期的隸書向成熟的隸書轉變階段，或者說由古隸向八分過渡

的時期，不過在漢代隸書成熟後，具體的字形構造還在繼續發生變化。自然，總體變化傾向是與後來定型的楷書越來越接近。八分的形成使隸書的書法有了比較明確的規範，但是這種字體寫起來卻相當費事。人們日常使用這種文字的時候，為了快捷，往往並不完全按照這種字體的要求去書寫。有人認為，大約在東漢中期，從日常使用的隸書中演變出來一種跟八分有明顯區別的比較簡單的俗體。這種俗體在很大程度上拋棄了收筆時上挑的筆法，還接受了當時的草書的一些影響，如較多地使用尖撇等。呈現出由八分向楷書過渡的面貌。如上述安徽亳縣東漢曹操宗族墓磚上的刻銘以及東漢墓葬中出土的一些鎮墓陶瓶上的書體[081]，就是這種俗體寫法。

- **草書**：從居延漢簡中記有年號的簡來看，有些宣帝和元帝時期簡的字體已有很濃厚的草書意味。所以草書的形成時代可以定為西漢晚期。今天的書法家把漢代早期的草書又叫做章草。有人認為：無波磔草書叫今草，有波磔草書叫章草。也就是說，書寫草率的隸書就是章草。草書的產生應該是日常抄寫工作過於繁重的情況下，為了快捷簡便而採取的草率寫法，表現在筆畫結構的簡化與筆畫的連接不斷上，與一筆一畫的有序隸書相比起來是兩種明顯不同的字體。居延漢簡中就保存了大量漢代的草書文字。於豪亮曾經透過《史記·三王世家》中褚先生的注釋和其他文獻資料來說明漢代草書是非常流行的。「謹論次其真草詔書，編於左方，令覽者自通其意而解說之。」這裡的真書就是隸書，草書則是當時流行的章草。將真、草並列，說明當時這兩種書體同時通用，甚至詔書的底本也有用草書抄寫的。《後漢書·蔡琰傳》中說「乞給紙筆，真草唯命」[082]。蔡琰（文姬）是著名的才女，這裡說真書草書都能書寫，正是要表現她的文化造詣，也表明草書在漢代普遍通行的情況。

081　王育成：〈東漢道符釋例〉，《考古學報》1991 年 1 期 1 頁。
082　《後漢書》卷八十四〈蔡琰傳〉，2801 頁，中華書局標點本，1962 年。

現在所見到的居延漢簡中的草書，從書法角度來說，有些寫得很好，運筆流暢，可以看作精美的藝術品，有些則十分草率粗略。眾多筆法反映出當時不同教育程度的書寫者，也就說明了當時社會上不論地位高低，都會使用草書。而且草書的特殊寫法得到社會認可。由於文字的變化發展，很多草書的簡略寫法只通行於一段時期，後來的人就不這樣寫了。所以對漢代草書的釋讀現在還存在不少問題，有些草書文字還無法確認。但是章草的寫法在漢代一直存在並逐漸定型，對後來的草書書體發展與延續有著關鍵性的影響。

漢字書體中比草書有序一些的簡捷書體是行書，這也是為了書寫便利創造出來的。在東漢晚期的安徽亳縣曹操宗族墓墓磚銘文中已經可以看到風格與早期行書（如王羲之姨母帖）相似的字體。可見行書在東漢晚期已經流行於民間，受到社會承認，其形成具有廣泛的民眾基礎。

- **小篆**：從出土文字史料上看，先秦時期使用的大篆與古文書體在漢代已經不怎麼使用了。但是相關的字書還存在，說明先秦文字書體並沒有完全泯滅。在曹魏時期刻立的三體石經上，每個字都寫出了古文形體，就是先秦文字書體在漢代一直沿襲著的證據。而秦代的標準小篆書體則在漢代一直使用著。漢代要求文吏通曉的六種書體：古文、奇字、篆書、隸書、繆篆、蟲書就是秦書八體的主要成分。小篆以及其他篆字書體在漢代各自有著比較固定的專門使用場合。例如：在青銅器、錢幣、鏡銘、璽印、瓦當、磚銘和一些石刻文字上主要使用小篆。小篆書體在這些地方可以表現出濃郁的藝術裝飾色彩。在雕刻漢代人們生活中非常重要的璽印時還使用著鳥蟲書、繆篆這樣的美術篆文字體。我們知道，這些青銅器、錢幣、鏡銘、璽印、瓦當、石刻等器物多用於比較高級的社會場合，如皇宮和各級官署，使用者以官員貴族為主。這種使用場合與身分上的區別，說明小篆等篆書體應該在漢代人的心目中具有比較高的地位，應用於比較莊重的場合。

最後就要談一下風儀誠先生向我提出的一個問題了，這也好拉回到中西文化的比較上來。風先生提出：在古代埃及，曾經有幾種不同的文字書體，而這些不同的文字書體被不同的社會階層使用。那麼中國漢代是否存在這樣的情況呢？

古埃及文字的情況，早在西元二三世紀時，就有學者對其作了分類。亞歷山大的克萊曼特（Titus Flavius Clemens, 150－215）曾將古埃及文字分為：聖書體、僧書體和民書體（或稱俗書體）三種。聖書體是最古老的字體，具有明顯的圖畫性質，是道地的象形圖畫文字。僧書體則是書寫比較草率的行書文字，它已經失去了大部分圖畫性質而明顯符號化了。最早的僧書體文獻屬於第三王朝時期，即西元前 3000 年左右。而民書體在西元前 800 年後興起，它更加簡化，並且更加以字母 —— 音素符號為主，完全失去了圖畫的性質。民書體最初主要用於事務性書信來往，後來開始與僧書字一起書寫文藝作品、科學著作，甚至也書寫宗教詩文。那麼從這個發展過程來看，這種文字演化的情況和中國古文字演化的過程還是有所相似的。都是從圖畫象形文字向符號文字的逐漸轉化過程。聖書體、僧書體和民書體（或稱俗書體）三種書體，在一定程度上很像中國的篆書、隸書（之後是楷書）和草書。但是聖書體在後來成了祭司們的專用物，並且他們故意把聖書文字弄得非常複雜，使之主要用於宗教文件等。民書體則成為普通民眾使用的書體，這可能是古埃及後期 —— 古羅馬 —— 希臘時期和拜占庭時期的情況。

相比之下，中國漢代不存在著類似的情況，即某一種書體被某一個階層專門占有使用的情況。漢代的幾種書體是各階層普遍通用的，所以我們可以看到民間工匠也能在製作的青銅鏡上寫出篆字，而至高無上的皇帝詔書在邊遠的居延地區也會用草書抄寫。但正如上面所說，各種書體本身似乎還存在著一定的高下之分，像小篆、繆篆等一些書體專門適用於較高級的場合，這可能是中國文化傳統上「尚古」的影響吧。

原載〈文明的記憶符號 —— 文字與墓葬〉《法國漢學》第 15 輯

明尼阿波利斯藝術博物館收藏的北朝造像

　　茫茫東海之中，有一處名傳遐邇的佛教聖地 —— 普陀山潮音洞。世代相傳，這裡是最受中國善男信女們崇拜的大慈大悲救苦救難觀世音菩薩的駐錫道場。自北宋以來，這裡寺宇迭興，香火極盛。

　　傳說唐代末年，日本臨濟宗名僧慧萼曾渡海來到大唐，由佛教重地五臺山恭請觀世音塑像東去日本。塑像上船後，行至普陀，突然海上狂風大作，巨浪彌天，渡海船隻無法啟航。慧萼十分焦慮，只好不斷向觀世音像求祈，卻得到觀世音顯示神意，表示他不願意去日本，只可留在普陀。慧萼無奈，只得在普陀山觀音洞前，紫竹林內，興建了一座「不肯去觀音院」，將這座觀音像供奉在裡面。自此，普陀山便成了這位民族氣節強烈、不肯外流的漢化佛教代表 —— 觀世音菩薩的基業。

　　如果說這一神話傳說中巧妙地展現了漢唐華冑們的自豪感，隱喻了處於封建社會巔峰時期的大唐帝國的發達文明。你看，連觀世音也如此戀戀不捨，不肯東渡他鄉；那麼，至今仍收藏在美國的另一尊觀世音造像，就向人們顯示了中國封建王朝末日時的極度腐敗沒落。儘管狂風巨浪不減當年，但是偶像的神力卻已經無法阻止被盜賣到海外的命運。觀世音的尊容也只得以藝術文物的身分，移居到遙遠的大洋彼岸去了。

　　這座北朝末年雕刻的觀世音石立像，原來存放在陝西省西安北面的一座寺廟中。大約在第一次世界大戰期間，它被盜賣到美國，現存明尼阿波利斯藝術博物館中。1969 年的明尼阿波利斯藝術博物館刊上詳細介紹了這件北朝觀世音像，才使它的老家中國得以了解它的情況。這尊保存得十分完好的造像不愧為一件珍貴的藝術瑰寶。它用質地細膩的青石雕成，連同蓮座與基座大約高 193 公分。刻工精緻，造型逼真。

明尼阿波利斯藝術博物館藏北朝造像

　　上面還存留有金粉與彩色的妝繪，豐豔照人。除右臂殘缺以外，其餘部分都經過精心修復。整個造像呈全身立姿，體型穩重勻稱，神態莊嚴端正，高鼻豐頤，細眉如月。既保留有印度犍陀羅藝術的影響，又顯示出漢族文化的融合與改造，已開唐代造像藝術中「菩薩如宮娃」的先風。造像赤足裸體，肩披紗帛下垂至地，腰繫嵌飾寶石的金帶，身體上以大量雕刻細巧逼真的瓔珞、綢帶及珠寶飾物裝飾起來。肉體、髮髻、絲帛、珠寶等都具有強烈的質感。一千多年前的刻工們熟練地採用圓雕、透雕、高浮雕等多種表現手法，將佛像塑造得栩栩如生，表現出高度的藝術感染力。

這種類型的佛教造像，具有明顯的時代特徵。它既不像北魏時期佛像那樣清癯威嚴，也不像唐代佛像那樣豐腴華豔。這正是一個開始擺脫佛教偶像的神祕感，用世俗生活中的活人感情與面貌去塑造神像的時代。這便是北周與隋代佛像的特點。在敦煌莫高窟等地的同期佛教塑像中，同樣展現出了這一特點。顯示了中原佛教文化的影響。據筆者所見，陝西省博物館收藏的北朝、隋代石造像中，就有一具與此十分相似的觀世音菩薩造像。洛陽龍門石窟敬善寺門前左側的一尊菩薩立像，造型、神態及服飾也都與明尼阿波利斯藝術博物館收藏的這尊造像相似。可惜它的面部與右臂都已經殘損，大大減弱了藝術感染力。

在明尼阿波利斯藝術博物館收藏的這尊造像基座上，銘刻了兩段造像題記。內容基本完整，字跡秀麗可觀。它不僅提供了刻造與再次修飾石像的具體時間，而且為北周武帝建德三年的滅佛之舉提供了有力的證明，具有重要的史料價值。

基座的後面正中刻有北周天和五年題記，銘文為：

　　□□寂沖玄，則幽虛□泊。睹之能不見其容，聽之不食其響。無容為諸法之相，無響為諸法之名。斯乃相即無相之相，名是無名之名，其猶神殊之在渚黃，隨相而轉其體，而□雖住大涅槃。諸邑子四十人等減割身世之爪，仰尋先聖之顏，仰為皇帝、□□、皇□、國公、群聊（僚）百司，四方歸服，五穀豐熟，□民安俗。為七世父母，所生父母，因緣眷屬，敬造釋迦像一區。及法界眾生，等同斯願。大周天和五年歲次庚寅五月癸丑朔十六日戊辰造迄。

在造像基座的右側及正面刻寫了隋開皇元年的題記，銘文為：

　　□欲睿紫極，非妙果不升，聖道沖玄，豈世俗所惻（測）。仰念涅槃，惠在積善崇身，修立三寶，藉眾力得就。今成國鄉孟義曲有德信邑子五人，見三寶歸真，潛沒七載，王道弘深，令崇大聖。諸邑子等殖寶根於洪隋之基，秀芳柯於靈□之頂。謀道苗於匈（胸）衿，討妙果於神府。體善同權，

144

群修六通。仰慕釋迦之遺風，追金綱之餘軌。命侶招朋，共崇邑義，各減
身財，詳集眾寶。敬修釋迦像一區。上為皇帝陛下，法界眾生，七世父母，
斯福因等，同成佛□。

　　開皇元年七月九日修訖。

　　在第一段題記後面刻有邑主孟景順等 16 人的姓名，題記末尾「願」字下
插刻了「世子劉紹供養」，字跡極其草率，疑是後人補刻，與原造像者無關。
第二段題記後面刻有都化主都督孟顯伯等 50 人的姓名。

　　從造像題記及造像人名中可以看到：這尊石像始造於北周天和五年，由
孟景順等人集資刻造。時經 11 年後，隋開皇元年，這尊佛像又被以孟氏為主
的眾人集資重新修造。第二段造像題記中記載的成國鄉孟義曲，就是這些造
像者聚居的村邑。

　　為什麼要在開皇元年重新修飾這座佛像呢？在該像建成後不久的北周建
德三年，中國佛教史上第二次大法難 —— 北周武帝滅佛開始了。《北史‧周
本紀》記載：「（建德三年五月）丙子，初斷佛、道二教，經像悉毀，罷沙
門、道士，並令還俗。」據隋代費長房《歷代三寶記》記載：「（武帝滅佛）
毀破前代關山西東數百年來官私造一切佛塔，掃地悉盡，融剝聖容，焚燒經
典。八州寺廟出四十千，悉賜王公，充為宅第。三方釋子減三百萬，皆復軍
民，還歸編戶。」可見這次滅佛行動是十分嚴峻徹底的。寺院被拆毀，佛像
被打碎。很多殘毀或尚完整的佛像被信徒們匆忙掩埋起來。近年來在陝西關
中地區、河北藁城地區、山西等地發現的大批北朝造像，大約都是這時的埋
藏品。明尼阿波利斯藝術博物館收藏的這尊北周造像可能也是在這時被當地
孟氏族人埋藏起來，所以殘損不大。

　　至隋文帝取代北周王朝，政治經濟有了一個新的轉變。隋文帝生於馮翊
般若寺中，後來又被女尼智仙躬自撫養至 13 歲，深受佛教薰陶。所以他一
生大力提倡佛教。《法苑珠林》中總結隋文帝大興佛事的成績有：「周朝廢
寺咸乃興立之。名山之下，各為立寺。一百餘州，立舍利塔。度僧尼二十三

萬。立寺三千七百九十二所。寫經四十六藏，十三萬二千零八十六卷。修故經三千八百五十三部。造像十萬六千五百八十區。自餘別造不可具知之矣。」可見當時佛教事業的興盛程度。

在如此興盛的佞佛熱潮中，孟氏族人為首，將這尊佛像請出世間，重加修整，妝金繪彩，就是十分自然的事情了。第二段題記中感慨備至地寫道：「三寶歸真，潛沒七載，王道弘深，令崇大聖。」自建德三年至開皇元年，恰為七年之數。正說明了該造像在建德三年滅佛時被埋藏，開皇元年才在皇命崇佛時重見天日的歷史。在第二次集資修造佛像的人名中，有一些是第一次造像的參與者，如孟祥、孟僧延、孟景順、孟悅等人。保存與掩藏這尊造像的功臣可能就是他們吧。

北朝佛教造像近年來多有出土，但是在造像題記中反映出滅佛事件以及佛徒們冒死掩藏保護佛像的，卻還十分少見，這就更增加了它的文物歷史價值。1906 年，日本教授早先（Hayasaki）首先介紹這尊造像時，題記還埋在地下。後人也沒有予以它充分的注意。直至近年，小羅伯特‧布斯威爾（Robert Buswell Jr.，1953 －）才將題記詳細加以考證，肯定了它的重要價值。尤其是他的釋文，頗得個中三昧。這也可說是東西文化交流中的一件佳話吧。

附帶提及，該造像雖然是觀世音的形象，在題記中卻反覆稱之為「釋迦」。頗疑其基座並非原造像基座。但未見原物，不敢遽定，記此備考。

原載《文物天地》1990 年第 3 期

署名肖蓮露

從南京出土的南朝竹林七賢壁畫談起

　　1960 年代以來，在被稱作六朝金粉之地的南京地區，陸續發現了多處具有大型拼鑲磚質壁畫的六朝墓葬。這些豐富多彩的壁畫中，最為引人注目的就是以著名的魏晉文人「竹林七賢」為主題的大幅作品。六十年代首先發現的南京西善橋宮山北麓六朝磚墓中，南北兩側墓壁上嵌著對稱的精美畫面，每側 4 人。根據人物旁邊的文字題榜，他們是：嵇康、阮籍、山濤、王戎、向秀、劉靈（伶）、阮咸，以及不列入「竹林七賢」的榮啟期。在此以後，南京西善橋油坊村、江蘇丹陽胡橋鶴仙坳、江蘇丹陽建山金家村與胡橋吳家村等大型六朝墓葬中也陸續發現了大型拼鑲壁畫「竹林七賢」等。它們的問世，在文物考古學界與美術界引起了極大的轟動。人們歡悅於首次得見六朝時期繪畫作品的真貌，對古人倍加推崇的六朝藝術有了切實的感受。

　　的確，這些磚畫刻畫得十分出色。南齊畫家謝赫曾經在他的《古畫品錄》中把畫面氣韻生動列為繪畫的六法之首。唐人張彥遠在他的《歷代名畫記》中進一步解釋「氣韻生動」是「古之畫或能移其形似，而尚其骨氣」，「以氣韻求其畫，則形似在其間矣」。可見古代文人往往把能表現出人物的精神風貌作為繪畫技藝的最高追求，南京西善橋等地的六朝磚畫「竹林七賢」中便較成功地表現出了這種追求。畫面上的人物各具特色。如嵇康在端坐撫琴，神色似乎傲睨天地萬物，令人不禁想起《世說新語》中記載的「嵇中散臨刑東市，神氣不變，索琴彈之，奏『廣陵散』」。那種勘破生死、神遊物外的超脫，那種鄙夷世間汙濁的孤傲，被表現得淋漓盡致。王戎在倚几側臥，隨手舞弄如意，恰似他自己評論王衍的話：「神姿高傲，如瑤林瓊樹，自然是風塵外物。」[083] 劉伶在低頭捧杯，沉浸於醇酒的芬芳之中。正如他在〈酒德頌〉中所寫的那樣：「先生於是方捧罌承糟，銜杯漱醪，奮髯箕踞，枕麴藉糟，無思無慮，其樂陶陶。」向秀則斜倚樹幹，閉目凝思，神情蕭索。魯迅先生說：「年青時候讀向子期的〈思舊賦〉，很奇怪他為什麼寥寥幾句便

083　見《世說新語‧賞譽》。

收了尾,現在我懂了。」這裡畫面上表現的,或者正是這種「欲說還休」的矛盾心理吧。其他如阮籍、阮咸、山濤等人,無一不神態栩栩,氣韻生動。人物之間以樹木分隔,既極好地襯托了環境氣氛,又使每人自成一個畫面,完善了個人的風格特徵。

南朝竹林七賢磚畫

　　這批精彩的古代肖像畫,可以說是六朝時期文人的精神寫照,是當時文化藝術的傑出代表。它們的藝術成就,充分顯示了當時著名畫家的高超造詣。有研究者認為:這些畫的粉本應該是源於當時名畫家的作品。根據唐人張彥遠《歷代名畫記》的記載,晉代的著名畫家戴逵、顧愷之等都畫過「七賢」題材的作品,劉宋時期畫家陸探微畫過〈竹林像〉,應該也是「竹林七賢」的內容,宗炳畫過〈嵇中散白畫〉,是表現嵇康的肖像畫,南齊畫家毛惠遠畫過〈七賢藤紙圖〉等。凡此種種,正說明「竹林七賢」題材的繪畫在東晉

後期至宋、齊之間是社會上十分流行的藝術品。而南京西善橋等地出土「竹林七賢」大型壁畫的墓葬，從其規模上來看，決非一般官吏士人的墓葬。有人推測，南京西善橋宮山大墓可能是宋孝武帝劉駿的景寧陵[084]，丹陽胡橋鶴仙坳大墓可能是齊景帝蕭道生的修安陵[085]，建山金家村大墓可能是齊東昏侯蕭寶卷的陵墓，胡橋吳家村大墓可能是齊和帝蕭寶融的恭安陵[086]。這樣看來，這些帝王陵墓中的磚畫應該是帝王宮中所屬的專職工匠製作的，藝術要求與工藝水平都要高於社會上的一般作品。如果說其樣本是由名畫家繪製，或者說它是根據名畫家的作品仿製，應該是合乎情理的。更何況據《南史‧齊本紀》記載：齊東昏侯蕭寶卷在世時，修建玉壽殿，「窗間盡畫神仙，又作七賢，皆以美女侍側」。這反映出當時宮廷中已經常用「竹林七賢」作為壁畫的題材了。那麼，在宮殿中作畫的畫家，其樣本被用來製作帝王在地下的宮殿——陵墓中的壁畫，當是很自然的事。

令人感興趣的是「竹林七賢」在當時為什麼會具有這樣大的影響，以至於他們不僅成為文人寫作、繪畫的重要題材，成為社會上（尤其是士族人士）爭相模仿的對象，甚至成為帝王陵墓中的主要裝飾。這是一個很奇怪的現象。

在世人的心目中，「竹林七賢」在當時代表著從魏晉時期開始的一種文人風貌，代表著一種極度自我、任性放誕、遠離政治的人生態度。從魏、晉以後到宋、齊之間，曾經有相當多的士人仿效與追求這種精神風貌，集中表現在《世說新語》這部名著與相關文獻資料中。由此形成了被後人稱為「魏晉風度」的時代文人精神。但實際上，魏、晉以後人物仿效的，往往只是「竹林七賢」的皮相。早在晉代末年，葛洪《抱朴子》一書中已經指出：「世人聞戴叔鸞、阮嗣宗傲俗自放，見謂大度，而不量其材力非傲生之匹，而慕學之。或亂項科頭，或裸袒蹲夷，或濯腳於稠眾，或溲便於人前，或停客而

084　羅宗真：《六朝考古》，南京大學出版社，1994 年。

085　南京博物院：〈江蘇丹陽胡橋南朝大墓及磚刻壁畫〉，《文物》1974 年 2 期。

086　南京博物院：〈江蘇丹陽縣胡橋、建山兩座南朝墓葬〉，《文物》1980 年 2 期。

獨食，或行酒而止所親。此蓋左衽之所為，非諸夏之快事也。昔辛有見被髮而祭者，知戎之將熾。余觀懷、愍之世，俗尚驕褻，夷、虜自遇，其後羌、胡猾夏，侵掠上京，及悟斯事，乃先著之妖怪也。」《文選》卷四十九干寶〈晉紀・總論〉一文中也認為：「風俗淫僻，恥尚失所，學者以老、莊為宗，而黜六經；談者以虛薄為辯，而賤名檢；行身者以放濁為通，而狹節信。」「觀阮籍之行，而覺禮教崩弛之由。」唐代李善注中引王隱《晉書》云：「貴遊子弟，多祖述於阮籍，同禽獸為通。」

　　實際上，「竹林七賢」的作為，是魏、晉時期封建軍事獨裁政治下的特殊產物。在激烈殘酷的權力鬥爭中，士人往往不能脫身其外，而且往往成為權力鬥爭的犧牲品。時時存在的喪元滅族威脅與封建士人固有的儒家禮教思想形成了極為尖銳的現實矛盾。當時士人面臨的問題大約頗有點像老舍的〈茶館〉中常四爺吐露的心聲：「我愛我們的國家啊！可誰愛我呢？」對於被捲入矛盾漩渦又不能脫離士人固有的自我道德標準與政治抱負的人，如嵇康之流，這個問題就更加突出。

　　追溯起來，「竹林七賢」並不是真正遠離塵世的方外之人。他們也曾經是有意於為天下蒼生做些事的。呂思勉《兩晉南北朝史》第二十三章〈晉南北朝學術〉中曾指出：「正始諸賢，本皆有意於當世……（嵇）康之死，《世語》謂其欲助毋丘儉，其說蓋信……劉伶，沉湎於酒者也。而泰始初對策，盛言無為之化。」在嵇康的〈難自然好學論〉、〈聲無哀樂論〉[087]，阮籍的〈大人先生傳〉、〈通易論〉[088] 等作品中，都宣揚出自老、莊哲學的無為之治、與民休息的思想。這說明他們是有一定的政治抱負的。

　　但是，這種抱負在殘酷的現實中很快就被打擊粉碎，勢力集團傾軋的永無休止與屠戮異己的慘烈，無情地給這些士人只留下了一個選擇：To be, or not to be.

087　見《嵇中散集》。
088　見《阮嗣宗集》。

如果堅持自身的人格價值與固有觀念，很有可能無法活下去，對此的態度，大約只能像嵇康那樣，採取完全不合作的方針，同時勘破生死，視人世為須臾，「志在守樸，養素全真」[089]。

如果想保全身家性命於亂世，那麼只能採取兩種作法，或屈身入仕，歸附於一股政治勢力；或佯狂遠遁，屏棄固有的禮教思想，脫身於政治角逐之外。不論採取哪一種作法，這些士人內心所感到的矛盾、痛苦都是可想而知的。於是醉酒長嘯，不拘禮法，不講綱常，甚至像劉伶的「脫衣裸形在屋中」[090]，阮籍的「喪母……散髮坐床，箕踞不哭」[091]等種種時人視為「禽獸之行」的舉止，都不過是精神苦痛的一種宣洩。自然，有些也是有目的的避禍之舉。像晉文帝想要為兒子晉武帝向阮籍求親，阮籍連續大醉六十天，使晉文帝無法開口而只好將婚事作罷。鐘會多次向阮籍詢問時局，想藉機製造罪名給他，都被阮籍借醉酒躲過去。就是這種奇怪舉止的妙用。

這裡要順便說說對阮籍的評價。「竹林七賢」如果從人格、學識及人生態度等方面來衡量，確實不能等而言之。宋人葉夢得《避暑錄話》上評論道：「阮籍既為司馬昭大將軍從事，聞步兵廚酒美，復求為校尉。史言雖去職常游府內，朝宴必與。以能遺落世事為美談。以吾觀之，此正其詭譎。佯欲遠昭而陰實附之，故示戀戀之意，以重相諧結。不然，籍與嵇康當時一流人物也，何禮法之士疾籍如仇，昭則每為保護。康乃遂至於殺身？籍何以獨得於昭如是耶？至勸進之文，真情乃見。籍著〈大人論〉，比禮法之士如群虱之處褌中。吾謂籍附昭乃褌中之虱，但偶不遭火焚耳。」余嘉錫先生箋疏《世說新語》按云：「觀阮籍〈詠懷詩〉，則籍之附昭，或非其本心。然既已懼死而畏勢，自昵於昭，為昭所親愛，有見高貴鄉公之英明，大臣諸葛誕等之不服，鑑於何晏等之以附曹爽而被殺，恐一旦司馬氏事敗，以逆黨見誅，

089　《晉書》卷四十九〈嵇康傳〉引其〈幽憤詩〉。
090　見《世說新語·任誕》。
091　見《晉書》卷四十九〈阮籍傳〉。

故沉湎於酒，陽狂放誕，外示疏遠，以避禍耳。後人謂籍之自放禮法之外，端為免司馬昭之猜忌及鐘會輩之讒毀，非也。」「觀其於高貴鄉公時，一醉六十日以拒司馬昭之求婚。逮高貴鄉公已被弒，諸葛誕已死，昭之篡形已成，遂為之草勸進文，籍之情可以見矣。」又云：「嗣宗陽狂玩世，志求苟免，知括囊之無咎，故綜酒以自全。然不免草勸進之文詞，為馬昭之狎客，智雖足多，行固無取。」比起嵇康來，阮籍的行為則近乎猥瑣。自然，他內心中的鬥爭與感到的精神苦痛也會更加強烈。

奇怪的是，後人，主要是相隔不遠的晉代人卻不去體會「竹林七賢」這種特殊環境下的矛盾心理，一味仿效他們的種種放曠之舉，無視禮教，無視社會上的種種規則，追求個人的完全自由，從而造成了六朝時期士族中人只求保全家族與自身，不管國家民族顛仆敗亡的極端個人主義思想。像《世說新語》二十三〈任誕〉中記載的「畢茂世云：『一手持蟹螯，一手持酒杯，拍浮酒池中，便足了一生。』」「殷洪喬作豫章郡，臨去，都下人因附百餘函書。既至石頭，悉擲水中，因祝曰：『沉者自沉，浮者自浮，殷洪喬不能作致書郵。』」等，都正是這種思潮的生動展現。趙翼《陔餘叢考》「六朝忠臣無殉節者」條中指出：士族「其視國家禪代，一若無與於己」，可謂一語中的。

由政治高壓造成的魏晉文人風度，走向無視社會道德與政治制度的清談之風時，就對六朝的統治與社會造成了根本的危害。顧炎武《日知錄》卷十三中認為：「有亡國，有亡天下，亡國與亡天下奚辨？曰：易姓改號，謂之亡國。仁義充塞，而至於率獸食人，人將相食，謂之亡天下。魏、晉人之清談，何以亡天下？是孟子所謂楊、墨之言使天下無父無君而入於禽獸者也。」取類似見解的近代學者也有不少，多認為魏晉風度造成的那種禮義廉恥喪失殆盡、紀綱名教蕩然無存的社會狀況，是導致西晉滅亡、南北朝戰亂動盪的根本原因。

　　那麼，為什麼東晉至宋、齊之間，社會上對這種「亡天下之音」的始作俑者卻如此推崇，如此宣傳呢？難道將他們繪入陵墓的諸位君王們毫不慮及這些人物原來是君權的對立面嗎？

　　要解釋這個奇怪的現象，可能一時得不出絕對的定論。這裡我們試著推測出兩點原因。首先，鑑於南北朝時期士族勢力的強大，而「竹林七賢」在當時又成為士族人士崇尚的對象，大約帝王們也不得不順從士族集團的好惡，採取一致的文化認同。

　　「竹林七賢」的產生，大概在魏朝時已有定論。現在可以見到的最早文獻紀錄，出自東晉初年孫盛的《魏氏春秋》，原書已佚。《三國志‧魏書‧王衛二劉傳傳》中，裴松之注引《魏氏春秋》云：「康寓居河內之山陽縣，與之遊者，未嘗見其喜慍之色。與陳留阮籍、河內山濤、江南向秀、籍兄子咸、琅琊王戎、沛人劉伶相與友善，游於竹林，號為七賢。」後來文籍中關於嵇康等人的敘述，多源於此。據《晉書》卷八十二《孫盛傳》記載：「（其）博學，善言名理。」其子孫放曾言：「欲齊莊周。」大約孫盛也是善於談論老莊玄學的文士，推崇「竹林七賢」應屬意料中事。而後又有戴逵所撰的〈竹林七賢論〉，與孟氏撰的〈七賢傳〉等[092]。《水經注》卷九清水條又記有「袁彥伯〈竹林七賢傳〉」。至於後來劉宋臨川王劉義慶的《世說新語》，更是極力宣揚「竹林七賢」及受其影響的士人風貌。這些宣傳，應該將「竹林七賢」的形象普遍推向了社會。這裡特別要提到戴逵，上文已經述及，他不僅撰寫了「竹林七賢論」，而且還是現知最早繪製七賢畫像的畫家。他對「竹林七賢」的認知也很有見地。《晉書》卷九十四〈戴逵傳〉記載：他「常以禮度自處，深以放達為非道，乃著論曰：……放者似達，所以亂道。然竹林之為放，有疾而為顰者也。」唯其有見地，他對「竹林七賢」的論述與繪畫才能具有較大的社會影響，使之成為士族們的文化偶像。

092　見《隋書‧經籍志》。

其次，有跡象表明，「竹林七賢」由於其秉承老莊，宣揚玄學，加上世人的渲染，道教的流行，使得他們已經有所神化，成為具有道教意義的宗教偶像。

「竹林七賢」尤其是嵇康、阮籍、向秀等人，具有極高的才識，於老莊哲學有深入的研究，「發明奇趣，振起玄風」[093]。他們的著作言論在當時具有廣泛的影響。嵇康要被處死時，太學生三千人為之請命，要拜他為師。在魏晉玄學風行的時代裡，文士們無疑是把他們看作當代玄學的代表人物，崇尚之情油然而生。

山東北齊墓中樹下老人壁畫

093　見《晉書》卷四十九〈向秀傳〉。

　　這裡從一個旁證來看一看這種時代崇拜。佛教在中國流行的最初階段，傳教者大多依從中原士人崇尚玄學的心理，精研老莊，將佛教教義與老莊思想結合起來，達到普及佛教的目的。例如東晉著名高僧支遁（道林），「嘗在白馬寺與劉系之等談《莊子‧逍遙篇》，云：『各適性以為逍遙。』遁曰：『不然，夫桀跖以殘害為性，若還適性為得者，彼亦逍遙矣。』於是退而注《逍遙篇》。群儒舊學，莫不嘆服」[094]。論道辯義，成為高僧與文士的日常活動，如支道林日常交往的就有王洽、劉恢、殷浩、許詢、郗超、孫綽、桓彥表、王敬仁、何次道、王文度、謝長遐、袁彥伯、王羲之等一代名流。當時流行的《維摩詰經》，便是因應了這種僧人與名士高談闊論、互鬥玄學的世風。這一點從傳說顧愷之畫維摩詰像以及敦煌石窟等地保存下來大量南北朝時期的維摩詰經變壁畫與雕塑等事實就可以得到確證。

　　這樣，支道林等人在東晉的文人中自然就具有極高的聲譽。與誰相比呢？當時的文人首先將他們與「竹林七賢」相比。《世說新語‧文學》「王逸少作會稽」一條。裴松之注云：「〈道賢論〉以七沙門比竹林七賢。遁比向秀，『雅尚莊、老。二子異時，風尚玄同也。』」《高僧傳》卷四記載：「郗超問謝道安：『林公談何如嵇中散？』」均是如此。這些比擬，恰恰說明了「竹林七賢」在六朝文人心目中占有的無限崇高的地位。《日知錄》卷十三上還摘錄了一些六朝文人崇尚「竹林七賢」的例子，如：「《晉書》王敦見衛玠，謂長史謝鯤曰：『不意永嘉之末，復聞正始之音。』沙門支遁以清談著稱於時，莫不崇敬，以為造微之功，足參正始。《宋書》：羊玄保二子，太祖賜名曰咸、曰粲。謂玄保曰：『欲令卿二子有林下正始之遺風。』王微與何偃書曰：『卿少陶玄風，淹雅流暢，自是正始中人。』《南齊書》言：袁粲言於帝曰：『臣觀張緒有正始遺風。』《南史》言：何尚之謂王球：『正始之風尚在。』其為後人企慕如此。」

094　見《高僧傳》卷四〈晉剡沃洲山支遁〉。

凡是被人們崇拜到一定程度的人物，就不可避免地要被神化，更何況是出自充滿玄妙的老、莊學派人物。在道教的崇拜中，老子、莊子被作為三清中的二位主神，受到道教徒的頂禮膜拜。和任何宗教的神靈崇拜體系一樣，始祖神著名的弟子與後代教中名人也會被逐步塑造為神祇。竹林七賢也可能具有這樣一個神化的過程。《水經注》卷九清水：「又逕七賢祠東，左右筠篁列植，冬夏不變貞萋，魏步兵校尉陳留阮籍、中散大夫嵇康、晉司徒河內山濤、司徒琅琊王戎、黃門郎河內向秀、建威參軍沛國劉伶、始平太守阮咸等同居山陽，結自得之遊，時人號之為竹林七賢也。向子期所謂山陽舊居也，後人立廟於其處。」建祠立廟，除去紀念的意義外，可能更多的是具有祭祀其神靈、祈求護佑的成分。可能當時的人已經將他們看成了神祇。從《水經注》寫作的時間來看，可能在東晉時期、甚至在西晉末年就已經為竹林七賢立廟。那麼，社會上將「竹林七賢」的畫像看作是神仙圖畫，也不是不可能的。上引《南史》記載齊東昏侯蕭寶卷的宮殿中，將「七賢」與神仙畫在一起，並且將美女間隔其中，這明顯是古代繪畫中描繪神仙天界的格式。這種構圖大概就是出自上述概念吧。

在研讀敦煌卷子時，我們注意到這樣一個問題。即：在時隔數百年後，距離數千里外的敦煌也有「七賢」出現。

敦煌卷子 P3552 號上書寫的大儺曲〈兒郎偉〉中，有一段內容如下：

> 今夜驅儺隊仗，部領安城大祅，以次三危聖者，蒐羅內外戈鋌。趁卻舊年精魅，迎取蓬萊七賢，並及商山四皓，今秋五色弘蓮。從此敦煌無事，城隍千年萬年。

這是當地民間在每年舉行大儺遊行時，抬出神像，歌舞狂歡的歌詞。「蓬萊七賢」在這裡被作為神像供奉是沒有問題的。但是它指的是什麼神仙，就沒有具體說明了。佛教中有七賢的名詞，但是佛教小乘俱舍宗中是用七賢指見道以前修行達到的地位，大乘中也是用它指代類似的意義，如《仁

王經・天臺疏上》：「一初發心人，二有相行人，三無相行人⋯⋯名為七賢。」
這與作為神靈崇拜的「七賢」相去甚遠。何況曲中說的是「蓬萊七賢」，這
就明顯具有道教和中國傳統宗教的色彩。然而，在古代記錄關於蓬萊的史料
中，我們還沒有發現「七賢」的存在。而中國古代習慣稱為「七賢」的，僅有
「竹林七賢」這一組人物。所以，我們傾向於認為〈兒郎偉〉裡的「蓬萊七
賢」也是「竹林七賢」演化而來。將他們與商山四皓並論，顯然是指由文人
隱士演化成的神仙形象。遺憾的是，這裡僅有這樣一點資料，對於「七賢」
是如何受到當地民間供奉，又如何從中原傳到西北，是附於道觀還是單獨立
廟，我們就不得而知了。

　　但是，近年來考古發現中有一些很有意思的資料，似乎可以與這個問題
連繫起來。首先，我們可以看一看距離敦煌最近的寧夏固原南郊隋唐墓區，
這裡發掘的一座唐聖歷二年十月二十八日梁元珍墓，在磚墓室的北壁與西
壁，各畫出五位人物。這些人物都是站在樹下的老人。整個壁畫仿照屏風樣
式，畫出長方形邊框，每個框中有一位老人，由於墓葬曾被盜掘，壁畫有殘
毀，一些人物不夠清晰。但是他們大多頭戴方形冠與蓮花冠。有研究者據
此認為：「過去唐墓中頭戴蓮花冠或方形冠的樹下老人，大多是表現道教弟
子形象或與道教有關。道教人物頭戴蓮花冠，這在唐代已經成為一種較為固
定的模式⋯⋯在宋人摹顧愷之的〈列女仁智圖〉中曾經出現過與之相似的方
形冠，後來方形冠也成為道教人物的常用冠⋯⋯結合梁元珍經歷中崇尚魏晉
玄學及本人即隱士的情況，我們有理由認為屏風畫表現的是魏晉高士形象。
『竹林七賢與榮啟期』的故事則可能是其主要內容。」[095]

　　如果此說不誤，那麼，就說明「竹林七賢」的形象及其文化內涵已經傳
到了西北地區，而且帶有濃厚的道教色彩。這對於解釋敦煌地區大儺歌詞中
的「七賢」，可能有重要的旁證意義。

095　羅豐：《固原南郊隋唐墓地》，文物出版社，1996 年。

向前推衍，還可以找到山東濟南東八里窪北朝壁畫墓[096]、山東臨朐治源鎮北齊崔芬壁畫墓[097]等具有樹下人物畫像的實證。東八里窪北朝壁畫墓與北齊崔芬壁畫墓中都繪有席地而坐的人物像。他們身著寬鬆的衣衫，袒露胸部，姿態悠然自得。其構圖與人物的形貌特徵明顯模仿南京附近發現的南朝磚拼壁畫「竹林七賢」。有人認為，這就是在表現「竹林七賢」的內容，它們反映了南齊永元年間「七賢」畫構圖的新變化[098]。這就將「竹林七賢」壁畫從南方傳到北方的初步過程予以了證明。

在這兩地的中間，我們還可以看到山西太原金勝村、董茹莊等處的唐代壁畫中出現了與固原梁元珍壁畫相近的樹下老人圖。但是由於在這些壁畫的某些畫面上出現一些新的因素，如蛇、墳墓等，所以它們是否能被看作是「七賢」的內容還不能肯定。倘若能夠鑑定出其中包含有「七賢」的內容，那麼就可以構成一條自江南、山東、山西直至西北地區的文化傳播路線。這或許可以協助解釋將「七賢」作為神靈的民間崇拜流行開的過程。

回過頭來，我們再用「竹林七賢」已被神化的情況去解釋在南朝帝王墓中出現「竹林七賢與榮啟期」的原因，推測在帝王陵墓中繪製「七賢」圖具有神仙崇拜的意義，是否可以成為一種說法呢？

從政治的漩渦中遁入民間，從學術的玄壇上走進神殿，這是「竹林七賢」在歷史舞臺上的一番形象轉變。中國古代民間尊奉的諸多神祇中，大部分經過這樣的形象轉變。這對於了解中國古代人們的心理過程、認識古代民間宗教崇拜的產生與演變，應該是有重要意義的。不過，這與文人們執著的「魏晉風度」，已經是風馬牛不相及了。

原載《中國典籍與文化》2000 年第 3 期

096　山東省文物考古研究所：〈濟南市東八里窪北朝壁畫墓〉，《文物》1989 年 4 期。
097　見《中國美術全集·繪畫編 12·墓室壁畫》，文物出版社，1989 年。
098　楊泓：《美術考古半世紀》，文物出版社，1998 年。

〈客使圖〉上的唐朝官員

「良相頭上進賢冠，猛將腰間大羽箭。褒公鄂公毛髮動，英姿颯爽來酣戰。」（〈丹青引〉）

這是老杜描繪唐代名畫家曹霸高超畫藝的名句。它將畫家生動逼真的肖像畫作品描述得活靈活現，呼之欲出。凡讀過這首詩的人，都會對唐代畫家的技藝留下深刻的印象。

唐代畫家的技藝確實不凡，在中國傳統美術史上留下了輝煌的一頁。正如老杜的詩篇被後人稱作詩史一樣，唐代高度寫實的繪畫作品也可以被稱為畫史。名聞遐邇的敦煌壁畫和傳世畫卷是人們十分熟悉的了。除此之外，70年代以來，在陝西等地出上土一批唐代的壁畫等繪畫作品，它們同樣是具有重大史料價值的珍品。乾陵陪葬墓中的永泰公主墓中壁畫，描繪了後宮的生活場景，塑造了大量的宮女形象。懿德太子墓中壁畫，描繪了城闕、儀仗、車馬、棨戟、宮人以及舞樂、供奉等宮中生活場面。章懷太子墓中，繪製有五十多組壁畫，表現了出行、儀仗、馬球、客使、侍女及宮內生活等大量帝王生活場面。它們準確地再現了唐代的宮廷生活，為我們留下了深入認識唐代社會面貌的可貴資料。

令人驚嘆的是，這些壁畫上的細節是嚴格遵循唐代禮制規定和風俗習慣的，沒有任意杜撰虛構的成分。如懿德太子墓中的棨戟數量、章懷太子墓中前甬道東壁門侍手持的魚符等，都可以在唐代典章制度中找到根據。章懷太子李賢墓道東壁的〈客使圖〉，同樣可以證明這一點。

這幅〈客使圖〉上，有三個外國使者，第一人戴皮帽，穿圓領灰長袍，外披披風，皮褲，黃皮靴；第二人頭帶尖頂羽毛帽，穿大紅領白色長袍，足蹬黃靴，第三人光頭，身穿翻領紫袍，蹬黑皮靴。在他們前面，有三位身著禮服，雍容文雅的引導官員。他們整齊端肅，樣式精美的禮服與來使們粗放毛毿的服裝形成了一個鮮明的對比，向我們驕傲地顯示著唐帝國位於世界前列的高度文明。畫家故意造成這樣強烈的藝術效果，想必正是要讓人們體會到這一點吧。

唐章懷太子墓壁畫客使圖

　　這幾位唐朝官員的上身穿著袖子寬肥的紅色上衣，上衣的領口、袖口都鑲有黑色的寬邊。上衣領口裡，露出了裡頭白色紗單衣的領沿。下身穿著白色的長裙下裳，長裙外面，還系有一條白色的裙裳。裙裳下擺加綴有黑色的裙裾，裙裾上被精心地做出了無數細小的折襉。他們的腰間束有寬革帶，腹前懸垂一條窄長的蔽膝，腰後拖垂著長及地面的彩色菱紋綬帶，足穿黑色笏頭舄。他們的頭上戴著黑色介幘，外罩黑紗製的武弁大冠。

　　這裡特別要強調這種武弁大冠。它是從漢代便已存在的一種冠帽，由於它一般為軍人戴用而得名。甘肅省武威磨咀子 62 號漢墓中，便曾經出土武弁的實物。它由黑色漆紗製成，形狀像一個方形的護耳帽子，用來罩在頭頂髮髻上。遍及四川、山東、河南等地的東漢畫像磚、畫像石上，常常可以見到頭戴這種武弁的兵士、亭長等人物畫像。南北朝時期，武弁的形狀逐漸加

高、加大，由只罩頭頂後半部發展到將頭頂和後腦全部罩住。戴用它的人也不僅限於武士了，上及帝王官僚，下至女侍，都可以戴用武弁。例如北魏寧懋石室畫像中的男貴族，龍門賓陽洞北魏造像中的供養人，山西太原北齊婁叡墓中的女陶侍俑等，都戴著相近形制的紗武弁大冠。進入唐代，武弁的地位更加高崇，這種武弁大冠升為武官們和近侍、機要樞密官署官員們的朝服專用冠帽。

我們再來看看唐代典章中關於服裝的規定。唐代官員有四種官服，即冕服、朝服、公服，常服。畫面上的服裝屬於朝服系統，它是典禮中經常使用的準禮服。

《舊唐書·輿服志》上是這樣記載的：「朝服：冠、幘、纓、簪導，絳紗單衣、白紗中單、皂領、襈、裾、白裙襦、革帶、鉤，假帶，曲領方心、絳紗蔽膝、襪、舄、劍、珮、綬。一品以下，五品以上，陪祭、朝，拜表大事則服之。」請看，它與畫面上描繪的人物服飾是多麼一致啊。

特別是對於官員所戴的冠帽，唐代有明確規定：文臣穿朝服時，一般戴進賢冠。監察官和法官戴獬豸冠。九品以上的武官以及門下、中書、殿中、內侍諸省的官員才可以戴武弁和平巾幘。

這樣，根據畫面上官員頭戴武弁大冠，身穿五品以上官員的朝服，我們可以判定，他們應該是屬於門下、中書、殿中、內侍諸省的官員。以前相關報告及論文中分析這一壁畫時，把他們泛稱為文職官員，或稱為鴻臚寺的官員，顯然是不大恰當的。

根據古文獻中對各省官員職司的記載，我們還可以更進一步確定這幾個官員的身分。《舊唐書·職官志》和《大唐六典》中記載，殿中省是掌管皇帝飲食起居車馬等生活事務的機構。內侍省是掌管宮廷內部事務的機構，而且全部由宦官充當職務。這兩個省都不可能參與接待外賓的事務。中書省是掌管文書政令的機要部門。中書省所轄通事舍人一職雖然有接受華夷納貢並

且予以引見的職責，但是通事舍人的官職僅有從六品上，還不能在穿朝服時佩帶綬帶。中書省的其他官員均無與外國使者交往的職責。只有門下省的侍中、侍郎，官品在正二品、正三品幾級，職司中又有奉詔勞問朝見的四夷君長一項事務。在宮廷各項禮儀典式中，門下省的長官們又處於主持禮儀、輔佐帝王事務的地位。由此看來，這幾位朝服整肅的官員應該是門下省的侍中與侍郎們，這與畫中人的服裝、職司完全相符。

《文物》1972 年第 7 期〈談章懷、懿德兩墓的形制等問題〉一文中分析〈客使圖〉是描繪了李賢的喪禮中前來謁陵弔唁的番邦使節。從畫中三位門下省官員的服裝來看，這種說法也是不妥當的。唐代典章，在喪葬大禮中，帝王和官員們都要穿素服，即白色的衣裙、素襪，戴黑介幘，穿黑履。根本不會穿紅上衣，戴綬帶蔽膝等飾物。從畫面上看，盛裝的唐官員面容平和，毫無悲痛之情，也不像是在喪禮中的樣子。在墓中的壁畫，實際上是對人間生活的寫實描繪，反映死者在生時的活動場景。同在墓道中的〈出行圖〉、〈馬球圖〉、〈儀仗圖〉都是如此。怎麼可能在它們中間插入一幅弔唁死者的情景呢？所以〈客使圖〉所表現的，應該是門下省官員勞問朝見的使節，引領他們拜見帝王的場面，藉此表示章懷太子曾經參與處理國家事務的政治生涯，以追慰這位被武則天流放巴州、被迫自殺的監國太子。

從壁畫的衣飾上，可以得到這樣多的啟發。唐代壁畫的描繪之細緻精確，唐代壁畫的史料價值之重要罕見，該是不言自明了。我們相信，如果將全部唐代壁畫的內容更深入地加以綜合探討，必定會使我們對唐代社會的認知更加深刻、更加生動。

原載《文物天地》1989 年第 6 期

用夏變夷——
談中國文化對唐代金銀器形制變化的作用

　　源遠流長的中華傳統文化，曾創造了高度發達的物質文明與精神文明。柔軟華麗的絲綢，精美多樣的飲食，宏偉的建築，寬廣的通衢，嚴密的法律官制，先進的科技醫學……都曾經是世界各民族企羨與學習的對象，遠遠先進於華夏中州四周的各民族文化，因而具有強烈的影響力。先秦時期孟子就說過「吾聞用夏變夷者，未聞變於夷者也」。儘管幾千年來外來文化影響不斷傳入中原，甚至有時「夏」亡於「夷」、外來民族成為政權統治者，但這種「用夏變夷」，以中華傳統文化去改變外來文化因子的思想與實踐，卻始終不渝地貫徹下來。唐代金銀器形制的變化就是一個極好的例子。

西安何家村出土唐代金碗

　　金銀器大約不是炎黃子孫的發明。綜觀悠悠上古，極少有使用金銀器皿的記載。現在能見到的，僅有曾侯乙墓出土的金鼎、盤杯，秦俑坑中出土的金泡，以及一些金銀飾物等有限的幾種。祖先們創作的彩陶、瓷器與奢華的青銅器、漆器，已可以滿足日常生活的一切需要。兼以儒家思想一向以儉約為本，重農輕商的思想統治至今幾千年，這些都會限制對貴重金銀器的需求。

　　然而在歐洲與中亞西亞地區，金銀貨幣早就進入了商業流通，金銀器皿的製作隨之蓬勃發展。中古時期，波斯薩珊王朝的金銀器製作尤為精巧，享有盛譽。蘇聯中亞地區及伊朗、阿富汗等地都曾有不少精品出土。近年來，

在山西大同北魏遺址、河北贊皇李錫宗墓、山西壽陽縣庫狄迴洛墓等地都曾發現了金銀器及鎏金銀器物，其中大部分係中亞輸入品，即使是在當地製作的器物，也保留了相當多的西方造型與裝飾風格。這說明當時西方金銀器已開始由陸路輸入中原，受到上層社會的喜愛。

西安何家村出土八棱金盃

　　隋唐統一中國。唐初又收復高昌，平定西域，帝國疆域擴展至蔥嶺一線。通向西方的絲綢之路空前暢通，使這一時期成為中西交流最為頻繁的時期。西方商品及文化與西域人士紛紛流入中原，給傳統文化以強大的衝擊。恰如元稹〈法曲〉一詩中描寫：「女為胡婦學胡妝，伎進胡音務胡樂」，「胡音胡騎與胡妝，五十年來竟紛泊。」具有明顯西方特徵的金銀器也在這場「胡風」中扮演了重要角色。從中亞輸入的，以及中國仿照薩珊金銀器製作的大量金銀器，成為唐朝上層社會競相追求的用品。皇室更大批製作金銀器，除自用外，還用來贈送外賓、賞賜功臣。《安祿山事蹟》一書中，就記錄了唐玄宗賞賜安祿山的大量金銀器皿。有人曾考證李氏有突厥血統，不管是否確切，李氏王朝早期對外部世界的開放政策確是突破了「夏優於夷」的傳統思想範圍。早期唐代金銀器的造型紋飾師法中、西亞，正展現了這一點。

西安何家村出土翼獸紋銀盤

　　唐代早期的金銀器皿，尤其是高宗至玄宗開元年間的器物，都製作得十分精細，裝飾花紋刻畫得極其細膩，顯得富麗堂皇。杯的外形主要有深腹、細高足和多棱形深腹、矮圈足，並附帶有平鏨的環形柄等幾類，瓶外形細長，細頸短流，圈足曲柄。碗、罐等器物用多重花瓣形狀的凸起紋樣裝飾。在碗底、鐺底銲接模沖的裝飾圓片，也是這一時期的明顯特徵。唐代早期的金銀器花紋以蔓草、忍冬、蓮花等纏繞連續圖案為主；其中穿插有大量的野獸、狩獵等具有明顯北方游牧民族風味的紋飾。這些造型與紋飾，在傳統的中國日用器物中很少發現，而與中亞地區流行的薩珊波斯金銀器十分相像，有些甚至可能就是薩珊波斯的產品。

　　西安何家村曾出土一批唐代金銀器，它可能是唐玄宗末年的窖藏。學者們認定其中大部分器物為玄宗天寶年以前的產品。其中的異獸紋六曲銀盤，

人物八棱金盃，舞馬銜杯紋皮囊式銀壺等都顯示出薩珊等西域文化的特點，特別是六曲銀盤上的怪獸為鳥身、獨角獸頭、駱駝蹄。這一怪獸紋飾，曾在伊朗等地出土的薩珊波斯金銀器上多次出現。國外學者將它解釋為伊朗神話中的一種神獸（dragon-peacock），由此可見當時中、西亞文化對中原的影響。7 世紀初，阿拉伯勢力東進。西元 651 年，阿拉伯人滅薩珊王朝。薩珊王子卑路斯和大量波斯人流亡到中國，他們帶來的波斯文化藝術更促進了西方文化與中國傳統文化的交流。

然而，由胡人安祿山發動的浩劫 —— 安史之亂，以及唐王朝為平亂請來的回紇等異族軍隊大肆搶掠，為中原人民帶來了無窮的災難。同時也喚醒了大唐子民的民族意識，敵視胡人，屏棄西方文化影響的情緒高漲起來。傳統文化意識占了上風，中華文化對外來金銀器形制的改造作用在這之後就越來越明顯了。

中華傳統文化對金銀器形制的改造，表現為多種形式。首先是在仿製的基礎上加以局部修改變化。如西安沙坡出土的狩獵喬木紋高足銀杯，外形沿襲波斯酒杯的造型，花紋中的狩獵武士卻是唐代武人服飾。相貌、雲朵、飛鳥等也採用漢族傳統的繪畫表現方式。何家村出土的仕女狩獵紋八瓣銀杯等器物也是如此。而後，便在借鑑西方同類金銀器的製作技藝基礎上設計創作具有中國文化特色的外形與紋飾，例如何家村出土的龜紋桃形銀盤，盤面用桃子外形，中心飾有烏龜花紋，這是西方金銀器上根本不會出現的。杯、盤、盒、瓶等金銀器物的外形變化亦十分明顯。例如杯由深腹變為淺腹，細長足消失，改為圈足和喇叭形矮圈足。盤的腹壁逐漸加深，晚期甚至出現了加有高圈足的深盤。盒加上圈足，並且逐漸加高……仿生物外形的器物，如鯉魚外形的雙魚壺，樹葉形的葉盤等較多出現。折枝團花紋、花鳥紋、各種禽鳥綬帶花結等成為裝飾金銀器的主要紋樣。一些有典型民族文化風格的儒家故事、童子樂舞等人物圖案也在金銀器上出現。這些變化，突出地表現了中國傳統文化的審美意識，使中晚唐金銀器的面貌與早唐金銀器迥然相異。

再進一步就是從為中國傳統文化生活服務的目的出發去創作新的器物類型了。像江蘇丹徒丁卯橋出土的「論語玉燭」銀籌筒，是用來行酒令的籌具，其造型、紋飾乃至用途，都是徹頭徹尾的中國文化產物。陝西扶風法門寺出土的晚唐時期銀茶羅、茶碾、茶托等飲茶用品也是中國特有的產物。

金銀器紋飾的改變更為明顯。中國古代繪畫多著重於精神表達，唐代張彥遠《歷代名畫記》中稱：「古之畫或能移其形似而沿其骨氣。」這就使得中國古代藝術多重於平穩、勻稱、沉重，以表現統治者的威勢，同時就缺乏高度寫真的生動造型。而高度寫實生動的造型，尤其是動物造型，正是古希臘藝術、草原斯基泰藝術，以及受其影響的中亞、西亞古代藝術中的主要特點。在薩珊波斯和中亞粟特等地的金銀器上，常可以見到高浮雕的生動人物、動物，充滿運動感的不勻稱構圖與滿布式構圖。在唐代早期的仿製品中，有些還保留了這些特點。

而在唐代中期以下的金銀製品中，主要紋飾則被明顯改變，狩獵、野獸奔跑、寶相忍冬等花飾逐漸消失，被中國文化認為是吉祥的動植物紋飾所取代，如龜、魚、龍、鳳、鸚鵡、鴛鴦、牡丹、石榴等等。構圖也多取中心對稱，軸對稱等穩重的構圖方式。這一切都揭示出，在西方文化產品進入華夏大地後，中國傳統文化便逐漸將固有的精神內容加入到外來形式之中。而後時代遞進，演化愈烈，直至將外來形式的外殼也被華化，成為內外一致的道地的中國文化產品。孟子曰「用夏變夷」，今人曰「洋為中用」，大約講的都是這一規律。

原載《文物天地》1991 年第 3 期。署名「易夫」。

色色龜茲轟錄續

漫步中國石窟藝術的寶山之中，你會像一個在大漠上長途跋涉後撲入甘泉的旅人，得以盡情汲取古代文化的瓊漿。這些雕塑、壁畫上的每一個細節，都向我們傳遞出豐富的中國歷史文化訊息。就拿敦煌莫高窟唐代經變壁畫上的舞樂場面來說，它是難得的唐代音樂舞蹈史的重要形象資料，特別是它們的龜茲樂舞內容，顯示了龜茲樂舞在唐代音樂舞蹈中舉足輕重的地位。

敦煌莫高窟中，有許多規模宏大、占滿一面洞壁的巨型經變壁畫，如阿彌陀佛經變、藥師經變、觀音經變、彌勒降生經變、法華經變、涅槃經變、維摩詰經變等。這種經變畫是在唐代初期正式形成的，展現了唐代佛教壁畫藝術的最高水準。經變畫用畫面上的眾多人物和動作場面，來表現一種佛經中宣講的主要內容。而在宣揚佛國的幸福美好、佛的神奇偉大等內容的一些經變中，往往繪有絢麗多彩的精彩舞樂場面。像敦煌莫高窟 220 窟北壁的東方藥師經變、45 窟北壁的觀無量壽經變、445 窟南壁的阿彌陀經變等。這些樂舞人物都描繪得栩栩如生，各種樂器畫得十分逼真，歷來受到研究者的高度重視。

那麼，我們就來細看一下這些樂器的種類，推斷一下它們代表的音樂吧。

莫高窟 220 窟北壁東方藥師經變的中央下部，描繪了一座華麗的樓臺。平臺兩側，有兩組樂隊，坐在兩塊方毯上。東側的樂隊共 13 人：演奏的樂器有箏、排簫、篳篥、方響、橫笛、五弦琵琶、拍板、腰鼓、都曇鼓、毛員鼓等。這裡樂器的定名與〈中國石窟‧敦煌莫高窟‧三〉的圖版說明有些不同。一是最上方右側的兩個樂伎，都是在吹奏篳篥。圖版說明把其中之一稱為豎笛，但是從外形上很難加以辨別，所以暫時認為它們都是篳篥。二是圖版說明將五弦琵琶稱作阮咸。這具樂器的外形確實有些特殊，共鳴箱作多弧外緣的圓形，與阮咸有些近似。但是阮咸一般為四弦，如《正倉院的樂器》中日本收藏的古代阮咸，用撥子彈奏，但這具樂器明顯繪出五弦，而且用手指彈撥，應該是一種五弦琵琶。三是中間右側一個手執圓盤狀樂器的樂伎，

圖版說明稱為耍盤歌唱的歌手。這種表演和唐代的樂舞分類組合有些牴牾。根據《舊唐書・音樂志》的記載，耍盤表演等雜戲統屬散樂，類似今日的雜技舞蹈，與組合整齊各具特色的伎部音樂演奏互不相容。我們懷疑這也是一種樂器，也許是大鈸或手鼓一類的打擊樂器。

唐李壽石槨線刻壁畫樂伎圖

西邊的樂隊現存 15 人，使用的樂器有：篳篥、拍板、簫、笙、豎箜篌、鈸、橫笛、貝羯、答臘鼓、腰鼓、雞婁鼓等。與〈中國石窟、敦煌莫高窟・三〉圖版說明有所不同的是圖版說明將簫稱為豎笛，將雞婁鼓稱為鼗鼓。從下向上第二排樂伎中間的一位，左手執一件圓形小口的鼓（左半被左側樂伎遮住），應該是《舊唐書・音樂志》中描述的雞婁鼓，「正圓，兩手所擊之

處，平可數寸」。四川成都五代蜀王王建墓中的石棺座上，雕有一個樂伎，左手執鼗鼓，左臂夾著一個雞婁鼓，形狀正與此相似，不同的只是王建墓中石棺雕像樂伎是用右手握鼓槌去打鼓。

這樣一個規模宏大，配器嚴整的樂隊，應該是什麼音樂的專用樂隊呢？《舊唐書·音樂志二》中記載：「龜茲樂：樂用豎箜篌一，琵琶一，五弦琵琶一，笙一，橫笛一，簫一，篳篥一，毛員鼓一，都曇鼓一，答臘鼓一，腰鼓一，羯鼓一，雞婁鼓一，銅鈸一，貝一。」把這段記載與上面分析的220窟北壁東方藥師經變畫上的樂隊組成對比一下，我們就會發現，除去增加了方響、拍板和箏，缺少一支琵琶（由於畫面有殘缺，也許原來不缺）之外，壁畫上的樂隊基本上是龜茲樂的演出陣容。

龜茲古國，位於新疆中部，天山南麓的庫車、拜城、輪臺一帶，是古代西域最富庶、文化最發達的國家。南北朝時期，很多著名的藝人，如曹妙達、蘇祇婆、白智通等人，從龜茲來到中原，傳播了龜茲的音樂舞蹈，充實並發展了中原的音樂藝術。直至唐代初年，高僧玄奘西行求法來到龜茲時，還為這裡的音樂深深折服，在《大唐西域記》中寫下了「屈支國（即龜茲）……管弦伎樂，特善諸國」的讚語。

遠在西漢張騫通西域後，龜茲等國的音樂就傳入內地。《晉書·呂光傳》記載：晉太元九年（384年），呂光攻打龜茲，把大批龜茲的樂人帶到涼州，使龜茲音樂與漢族傳統音樂及其他西域民族音樂互相融合，形成了風靡全國的西涼樂。根據《隋書·音樂志》和兩《唐書·音樂志》的記載：西涼樂的基調仍然是龜茲樂，只是增加了鐘、磬、臥箜篌、箏等中原樂器，樂曲中可能也吸收了一些中原漢樂的雅靜、舒緩。在隋、唐宮廷樂舞的「七部樂」或「十部樂」中，還有一部單獨的龜茲樂，它是純粹的龜茲藝術，其樂隊組成如上文所引述。從它使用的樂器中可以看出，龜茲樂的音域寬廣，如五弦琵琶可以奏出兩個八度的變化，使得曲調起伏多樣，曲折婉轉。此外，它還大量使用打擊樂器，尤其是多種鼓樂，造成音響洪亮、節奏歡快的熱烈氣氛。

琵琶、鼓、篳篥，可能是龜茲音樂的典型代表樂器。

龜茲音樂對唐代音樂的影響不僅限於「十部樂」中的龜茲樂，它還是其他很多樂舞的基調音樂或伴奏音樂，尤其是為舞蹈伴奏的樂曲。《舊唐書·音樂志二》記載：「高祖登極之後，享宴因隋舊制，用九部之樂，其後分為立、坐二部。今立部伎有安樂、太平樂、破陣樂、慶善樂、大定樂、上元樂、聖壽樂、光聖樂，凡八部……自破陣舞以下，皆雷大鼓，雜以龜茲之樂，聲振百里，動盪山谷。」「坐部伎有讌樂、長壽樂、天授樂、鳥歌萬壽樂、龍池樂、破陣樂，凡六部……自長壽樂已下皆用龜茲樂」。由此我們可以看到龜茲樂在唐代音樂藝術中的重要地位和它的廣泛流傳程度。

不僅220窟北壁東方藥師經變上的樂隊反映出龜茲樂舞的興盛，唐代佛教石窟壁畫、石雕等藝術品上的樂舞也幾乎都是龜茲樂的表演。敦煌莫高窟45窟北壁的觀無量壽經變中，佛前平臺上也有兩組樂隊演奏，每組七人。她們演奏的樂器有笙、簫、橫笛、琵琶、篳篥、排簫、豎箜篌、羯鼓、腰鼓、雞婁鼓、毃鼓、毛員鼓等。很顯然，這是一個標準的龜茲樂隊。

有些壁畫或石雕上的龜茲樂隊樂人有所減省，如繪於盛唐的敦煌莫高窟445窟南壁阿彌陀經變，佛兩側的珠柱上各有一組伎樂，每組六人。東邊的一組演奏著橫笛、豎箜篌、曲頸琵琶、排簫、笙、銅鈸，西邊的一組中，最東側的一個伎人背著羯鼓，旁邊的一位女樂人敲擊著這個羯鼓，然後有一個伎女敲答臘鼓，一個伎女敲著雞婁鼓與毃鼓，最西側的一個伎女打著銅鈸。這個樂隊的主要樂器構成仍然沒有脫離龜茲樂的範疇。

在西安市內曾經發現過唐代的佛座石刻。這件佛座原來藏於新城內的小碑林，它的方座三面都刻有奏樂的伎人。經仔細辨認，這三面的九個樂伎演奏的樂器是鈸、羯鼓、腰鼓、笙、排簫、橫笛、曲頸琵琶、五弦琵琶、豎箜篌。有人指出，這個樂隊的樂器組合，大體上是龜茲樂的縮小形式，與敦煌莫高窟290窟壁畫上的樂隊組合相同。

　　佛教壁畫、石雕上的樂舞，可能是當時世間樂舞的反映，也可能是專門的佛教音樂。而佛教音樂仍然源於龜茲音樂。向達先生〈唐代的佛曲〉一文中就分析道：「佛曲者源出龜茲樂部，尤其是龜茲樂人蘇祗婆所傳來的琵琶七調為佛曲的近祖，而蘇祗婆琵琶七調又為印度北宗音樂的支與流裔，所以佛曲的遠祖實是印度北宗音樂。」龜茲位於西方與中原交往的中樞，印度及中亞文化經由這裡傳向東方。在途經這裡時，首先被龜茲文化用自己的特色加以改變和潤飾，成了龜茲風味的宗教文化。龜茲是佛教非常興盛的國家，很多對中國佛教文化做過重大貢獻的西域僧人，如帛屍梨密多羅、佛圖澄、鳩摩羅什等人都是龜茲人。因此，在唐代十分流行的種種佛曲，恐怕都是由龜茲的音樂演變成的。

　　在庫車一帶的克孜爾、庫木吐喇、克孜爾尕哈等佛教石窟的壁畫中，我們可以看到大量的龜茲舞樂人物，其中很多石窟壁畫的繪製年代都在唐代以前。而我們在唐代內地石窟及其他佛教石雕上見到的各種龜茲樂器，卻大多能在這些龜茲石窟壁畫中見到，表明了它們與內地佛教文化及流行樂舞的密切關係。如五弦琵琶可以在克孜爾 14 窟、38 窟，庫木吐喇 46 窟等處見到，曲頸琵琶、排簫、篳篥見於庫木吐喇 46 窟等處，豎箜篌在克孜爾尕哈 23 窟、庫木吐喇 63 窟中有所描繪，橫笛見於克孜爾 38 窟、庫木吐喇 63 窟等處，箏和笙可以在庫木吐喇 68 窟中見到，這個窟的壁畫中還有羯鼓、腰鼓、答臘鼓、拍板等樂器出現。至於時代與唐朝相當的龜茲石窟壁畫中的樂器，更是與敦煌莫高窟等內地石窟壁畫上繪製的各種樂器基本一致了。這些樂器圖像有力地證實了《大唐西域記》、《舊唐書》等文獻上的記載，顯示出龜茲音樂在中國音樂史上的輝煌功業。

　　唐代數百年間，以龜茲樂為基調的西域音樂極為盛行。唐代詩人王建〈涼州行〉中寫道：「城頭山雞鳴角角，洛陽家家學胡樂。」其實何止洛陽，元稹的〈法曲〉一詩中說「女為胡服學胡裝，伎進胡音務胡樂」，反映得更為

普遍。所以，龜茲樂舞的形象也不僅見於佛教藝術品中。在西安出土的初唐李壽石槨上，就刻了一組立伎，一組坐伎，每組十二人。他們演奏著曲頸琵琶、五弦琵琶、豎箜篌、橫笛、排簫、篳篥、笙、鈸、腰鼓、箏、羯鼓等樂器，這自然又是龜茲樂隊了。就是西安等地出土的盛唐三彩駱駝樂隊俑，又何嘗不是一個小龜茲樂隊呢？拿西安中堡村出土的盛唐駱駝樂隊俑來說，駝背上有七個男樂俑，分別演奏著笙、篳篥、排簫、琵琶、豎箜篌、笛子和拍板。這是去掉打擊樂，以管絃樂為主的組合吧。

龜茲音樂的影響不僅限於大唐國土，它還隨著唐文化的遠播傳至朝鮮半島、日本、東南亞等地。在日本正倉院收藏的古代樂器中，就有十八種精緻的天平時期東大寺等處的樂器（相當於唐代開元中期），其中便有五弦琵琶、箜篌、琵琶、腰鼓等龜茲樂的主要樂器。日本、朝鮮等地的古代音樂在很大程度上受到唐代宮廷音樂的影響。自然，在這些古樂中少不了龜茲音樂的旋律。

唐代詩人元稹的〈連昌宮詞〉中描寫宮廷樂舞時，用「逡巡大遍涼州徹，色色龜茲轟錄續」這樣的詩句，勾畫出豐富多樣的龜茲樂舞在宮中輪番演奏、鼓樂震天的盛況。它正是龜茲音樂風靡唐代的最好說明。我們從敦煌莫高窟壁畫、佛座石雕、棺畫、三彩俑乃至日本收藏的古樂器等文物珍寶中，不也能清楚地了解這一點了嗎？

原載《文物天地》1996 年第 6 期

關於韓愈的兩則墓誌

　　名列唐宋八大家之首的唐代大文豪韓愈，是一位被後代學者讚譽為「文起八代之衰」的文壇巨匠。他不但倡導了改變六朝靡麗文風的古文運動，而且身體力行，用大量精采的文章給這場影響深遠的運動奠定了堅實的基礎。當人們吟誦他的佳作〈進學解〉、〈送孟東野序〉、〈送李願歸盤谷序〉等時，往往不會想到在現存的韓愈文集中，他為人撰寫的碑文與墓誌銘竟占了相當大的比例。這些碑誌文，同樣已經成為歷代文人仿效與研究的對象。早在元代學者潘昂霄的《金石例》中，就引用了大量韓愈的碑誌文，總結出撰寫碑誌的種種文例格式，作為文人們寫作的範本。之後的明代王行《墓銘舉例》，清代梁玉繩的《志銘廣例》，也都是把韓愈的碑誌文作為典範來引用，由此可以想見韓愈的文筆影響之大。

　　但是我們在這裡要提及的，不是韓愈本人留下的千古佳作，而是近代出土的兩則與韓愈有關的唐代墓誌。它們的內容與韓愈本人的文筆相映成趣，可能對了解韓愈家族成員的性格品行，深入認識韓愈的作品還有些參考意義。

　　其一為韓愈的親生兒子韓昶給自己撰寫的墓誌銘，撰於唐大中九年（855），被收入《唐代墓誌彙編》。

　　兩《唐書》中關於韓昶的傳記，只有簡簡單單的一句話：「子昶，亦登進士第。」《全唐文》、《登科記考》等相關唐代文獻中涉及韓昶的記載也是寥寥數語。要想透過它們了解韓昶的秉性資質，即使動員起全部想像力恐怕也無濟於事。而這篇墓誌銘卻寫得文情並茂，有聲有色，將一個一生不得志的封建文人面對死亡時那滿腔憂鬱悲憤訴諸筆端。將它與乃父韓愈的文章互相印證，頗可以顯示出他們一家人都具有孤介寡合、倔強剛直的性格特點，不與世俗混淆，不向權勢趨附，很有儒家傳統的特徵。且看看韓昶是怎麼記述自己的：

> 好直言，一日上疏或過二三。文字之體與同官異。文宗皇帝大用其言。
> 不通人事，氣直，不樂者或終年不為之語。因與俗乖，不得官。

這正讓我們想起韓愈在〈進學解〉中發的一通牢騷：「公不見信於人，私不見助於友，跋前疐後，動輒得咎，暫為御史，遂竄南夷。三年博士，冗不見治，命與仇謀，取敗幾時。冬暖而兒號寒，年豐而妻啼飢。頭童齒豁，竟死何裨？」這些言語與韓昶的自述相置一處，流露出來的那種對世道的不平之氣何其相似。看來這一定是家傳了。

至於韓昶墓誌最後的銘，更是充分表現了他自己憤世嫉俗的情緒，表達出對黑白不分的腐朽社會的強烈不滿。銘曰：「噫，韓子。噫，韓子。世以昧昧為賢而白黑分，眾以委委為道而曲直辨。生有志而卒不能就，豈命也夫！豈命也夫！」

從這些或者直抒胸臆，或者用反語大發牢騷的言辭中，我們看到了一個什麼樣的人物形象呢？一個倔頭倔腦，少言寡合，孤傲自賞，與世人格格不入的老夫子。《史記‧孔子世家》中記述鄭人描寫孔子，說：「其顙似堯，其項似皋陶，其肩類子產，然自腰以下不及禹三寸，纍纍然若喪家之狗。」拿這些話去描述韓昶乃至韓愈，也頗有幾分相似呢。老杜有詩云：「德尊一代常坎坷，名垂萬古知何用。」（《全唐詩》卷216〈醉時歌〉）中國古代知識分子的牢騷大抵都是懷才不遇時對社會的不平，從孔老夫子那時起，反反覆覆發了兩千多年。韓昶從韓愈那裡繼承下來的，該是這種源於孔子言行的儒家性格吧。遺憾的是韓昶還遠遠不及韓愈，沒有建立起赫赫文名，不能靠名人效應升官發財，再加上這種天性，一生困厄自然是難以避免的了。

韓昶對於自己才智與學識的描述也很有參考價值。他說自己：「幼而就學，性寡言笑，不為兒戲，不能暗記書。至年長不能通誦得三五百字，為同學所笑。至六七歲，未能把筆書字。」由此看來，韓昶的資質並不能算太高，而韓愈教子的方法恐怕也不甚得法。《全唐詩》卷341收錄韓愈指導兒子念書的詩篇一首〈符讀書城南〉，大談特談讀書的重要，卻也跳不出「書中自有黃金屋」的圈子：「一為馬前卒，鞭背生蟲蛆。一為公與相，潭潭府中居。問之何因爾，學與不學歟。」這種光講大道理，不去細細誘導的做法恐怕效

果不會太大。《太平廣記》卷261記載:「唐韓昶,名父之子也。雖教有義方,而性頗闇劣。嘗為集賢校理。史傳中有說金根車處,皆臆斷之日:『豈其誤歟?必金銀車。』悉改根字為銀字。」從韓昶自己撰寫的墓誌中看,《太平廣記》中的這些記載恐怕也不全是空穴來風吧。

另一則是貞元十九年(803)大唐故朔方節度掌書記殿中侍御史昌黎韓君夫人京兆韋氏墓誌銘。韋氏是韓弇的妻子。韓弇則是韓愈的從父兄,見於本墓誌銘所載:「殿中君從父弟愈孝友慈祥。」這篇墓誌銘中述及的韓弇及其妻子韋氏的一生經歷更是顯得「冷冷清清,悽悽慘慘戚戚」。據墓誌銘中記載:韓弇「進士及第,朔方節度請掌書記,得祕書省校書郎,累遷殿中侍御史。貞元三年,吐蕃乞盟。詔朔方節度使即塞上與之盟,賓客皆從。其五月,吐蕃不肯盟,殿中君於是遇害。時年三十有五。夫人時年始十有七矣。有女子一人,其生七月而孤。夫人之母前既不幸矣,夫人以其女歸其父。居數年,其父又不幸。夫人泣血食貧,養其子有道,自慎於嫌,節行愈高,雖烈丈夫之志不如也。猶有董氏伯姊繼衣食仁之焉。不數年,董氏姊又不幸。夫人於是天下無所歸托矣。殿中君從父弟愈孝友慈祥,貞元十六年,以其女子歸於隴西李翱,夫人從其女子依於李氏焉。」

韋氏的一生,出嫁從夫,夫死從父,父死從婿,四方漂泊,寄人籬下。她的遭遇恐怕也像《紅樓夢》中的林黛玉一樣,終日以淚洗面,所以才三十二歲就「短命」早卒了。除了夫榮子貴者以外,唐代官僚士族家庭中的孀婦一生的命運與歸宿大多如此。我以前在一篇談唐代社會婚姻的小文中談過這個問題,韋氏又是一個極典型的例子,這裡就不再多說。

主要還是說韓弇。造成韓弇被殺的這件事也算得是唐代後期的一件大事。《舊唐書·德宗紀上》載:「(貞元三年)閏月……辛未,侍中渾瑊與吐蕃宰相尚結贊同盟於平涼,為蕃兵所劫,瑊狼狽遁而獲免,崔漢衡已下將吏陷沒者六十餘人。」這次會盟,唐朝是急於停止與吐蕃的紛爭,而吐蕃卻是

蓄意除掉渾瑊、李晟等執掌唐朝重兵的將帥，精心設下圈套。渾瑊等人輕敵大意，不加防備，致使「瑊僅得免，辛榮兵盡矢窮，力屈而降。宋鳳朝、判官鄭弇，為追兵所殺；崔漢衡、中官俱文珍、劉延、李清朝⋯⋯六十餘人，皆陷於賊。」（《舊唐書·渾瑊傳》）據此墓誌銘，我們有理由懷疑《舊唐書·渾瑊傳》中記載的：「判官鄭弇」應該是「韓弇」之誤。渾瑊曾任朔方行營兵馬副元帥，與墓誌銘中所稱的「詔朔方節度使即塞上與之盟」的朔方節度使應該是同一個人。

韓弇在兩《唐書》中並沒有記載，就是記錄了韓愈家族世系的《新唐書·宰相世系表》韓氏條下也沒有韓弇的名字。看來他與韓愈可能不是同一個祖父。可是人們常把他搞錯。上引《舊唐書·渾瑊傳》中把他改成了鄭弇是一例。《全唐詩》卷 341〈宿曾江口示姪孫湘二首〉注中稱：「韓湘，字北渚，老成之子，愈兄弇之孫」又是一例錯誤。竟把大名鼎鼎的八仙之一 —— 韓湘子也當作韓弇的後代了。

實際上從墓誌中已經可以看得很清楚，韓弇一不是韓愈的親兄，二沒有男性後代。志文云「殿中君又無嗣」，足以為證。《新唐書·宰相世系表》也記錄得很清楚：韓湘父親名老成，老成父親名介，為韓愈二兄。可見《全唐詩》卷 341〈宿曾江口示姪孫湘二首〉注中的韓弇，實為韓介之誤。

從這裡我們順便談到韓湘。他也是韓家的後代，想來生性中也會有幾分孤介之氣。實際生活中的韓湘並無多大建樹，仍是走的進士及第的道路，長慶三年（823）中進士。正如清代學者俞樾在《茶香室叢鈔》中指出的，韓湘「固功名之士，世傳為仙，非其實也」。可是後人偏偏把他捧入了民間最受歡迎的八仙之中。追溯這個造神運動的源頭，可能是唐代段成式的《酉陽雜俎》等晚唐時期的怪異傳說。《酉陽雜俎》與《太平廣記》卷 54 引《仙傳拾遺》等處都記載了一個「忘其名姓」的韓愈外甥（或稱族姪），這個青年不讀書，好飲酒，行為怪異，修道求仙。韓愈勸說他，他便向韓愈展示了一手

染花的絕技,使白牡丹花瓣上出現了「雲橫秦嶺家何在,雪擁藍關馬不前」的字樣。之後韓愈因勸諫奉迎佛骨得罪皇帝,被貶至嶺南,途經商山,天降大雪阻礙行程。韓愈忽然見到外甥(族侄)拜倒在馬前,方領悟到前日的預兆,遂賦詩一首,就是有名的〈左遷至藍關示侄孫湘〉:

> 一封朝奏九重天,夕貶潮州路八千。欲為聖朝除弊事,肯將衰朽惜殘年。雲橫秦嶺家何在,雪擁藍關馬不前。知汝遠來應有意,好收吾骨瘴江邊。

這個故事後來又被人們加以鋪陳,並依從了韓愈詩的題目,將主角改成了韓湘。《唐才子傳》卷 6 中的記述就是如此,並且加入了兩首據說是韓湘作的、充滿仙風道韻的詩,就是收入《全唐詩》卷 860 的〈言志〉與〈答從叔愈〉。這就有幾分後人的杜撰了。

宋人劉斧的《青瑣高議》前集卷九中記錄的韓湘傳說與《唐才子傳》的記述大體相近,可能就是《唐才子傳》的由來。從這裡可以大概梳理出一條韓湘傳說的發展脈絡。而元人雜劇中的《韓湘子引渡升仙會》,明人楊爾曾的《韓湘子全傳》等作品,更是加油添醋,將韓湘的神奇描繪得出神入化,故事情節曲折動人。韓湘在民間的影響自然遍及三教九流,順水推舟地進入了八仙之中。

究其傳說產生的原因,很有可能與韓愈諫迎佛骨、反對尊崇佛教的舉動有關。韓愈在諫迎佛骨的上疏中說:「佛本夷狄之人,與中國言語不通,衣服殊制。口不道先王之法言,身不服先王之法服,不知君臣之義,父子之情……乞以此骨付之水火,永絕根本,斷天下之疑,絕後代之惑。」(《舊唐書·韓愈傳》)不但公開指斥佛教是外來的邪教,而且要把佛教徒視為至高無上的佛骨燒掉,付之東流。這就把佛教界上上下下得罪遍了。而佛教中人頗為擅長的一種作法,就是利用因果報應學說去編排一些類似韓愈這樣的謗佛者的徵應故事。敦煌卷子中有唐代抄寫的《冥報記》、《神異記》等佛教俗

講，其中記錄了不少這樣的故事。他們根據韓愈遭貶斥時自己做的詩加以發揮，編出這樣一個故事來說明韓愈謗佛與被謫都是天命所定，不過一飲一啄而已，說明佛的不可侵犯。這種推測如果能夠成立，那麼，唐代那些傳說中本來的主角應該是韓愈。韓湘子不過是由於詩作才被拉上來作陪襯的配角。偏偏這位配角卻因此名聲大噪，從一介寒吏躍升為大羅金仙。看來八仙之一的韓湘卻可能是佛教宣傳的副產品，那真有一點「無心插柳柳成蔭」的味道了。

其實，讓韓愈家中的後代裡出一個修道的仙童，這也滿合乎封建社會裡知識分子思想嬗變的一般規律。就像曹雪芹只能給賈寶玉安排一條出家的道路一樣，篤守儒道又在現實生活中碰得頭破血流的正直士人，往往投身於求仙問道或者讀經坐禪，以求精神上的解脫。如前所述，韓愈與韓昶，甚至韓弇都是飽讀詩書，耿介寡合，仕途蹭蹬，不容於世。那麼，在一般人的眼裡，他們很容易走向求仙問道的遁世之路。韓愈自己也發出過「棄置人間世，古來非獨今」（《全唐詩》卷 340〈從仕〉）的感慨。看來，韓湘的仙人形象內核，在韓氏家族性格的延續中就已經形成了。

與韓愈「居閒食不足，從仕力難任，兩事皆害性，一生恆苦心」（《全唐詩》卷 340〈從仕〉）的艱難相比，那首大概是杜撰的韓湘的詩卻顯得那麼飄逸瀟灑，這也是唐代或唐代以後人士出世的思想對入世的最好否定吧。請看：

舉世都為名利醉，伊予獨向道中醒。他時定是飛升去，衝破秋空一點青。（《全唐詩》卷 860〈答從叔愈〉）

原載《中國典籍與文化》1999 年第 2 期

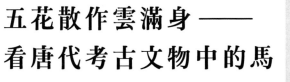

五花散作雲滿身 ——
看唐代考古文物中的馬

　　近代以來，可能是由於西方古董收藏家們的喜愛與提倡，以唐三彩為代表的唐代陶馬成為舉世欣賞的著名古代藝術品。而在清代以前，中國社會是不太重視這類墓中出土的明器的。因為在中國古代的人們的意識中，地下代表的冥間是人在死後會去的另一個世界，那裡充滿著神祕與鬼怪，但是也像人世一樣存在著日常生活。所以古人往往要把在生時能享受到的一切事物都帶到另一個世界去繼續享有，至少要帶走一些具有象徵意義的器物。這些被帶到墓葬中隨葬的象徵性器物被稱作「明器」。唐代墓葬中出土的大量三彩陶馬俑與彩繪陶馬俑就屬於這樣的明器。由於古人思想中一直畏懼冥世以及與冥世有關的事物，明器一般是不會有人收藏的。直到清末，人們在挖掘出墓中的陶明器後，還會把它打碎或丟棄。這也是傳世古董中很少有唐三彩明器的緣故。現在有些電視劇、電影在古人的宮室中擺放三彩馬俑，就純粹是無知的杜撰了。

　　到了現在，三彩馬等唐代陶馬俑已經受到人們的普遍重視，有些高大華麗的精美唐三彩馬甚至能在國外拍賣會上達到上百萬美元的高價。這與它高度的造型藝術成就是分不開的。近百年間，在中原地區，尤其是陝西、河南等地的唐代墓葬中，出土了大量形式多樣的陶馬俑。這些馬有些上面有各色各樣的騎手，包括有樂師、婦女、士兵、胡人等。也有些馬沒有騎手，但配有全套的鞍韉和馬具。這些馬的造型更是極其逼真，雄姿勃發。寬厚的胸部、肥壯的臀部、細長的脖頸、長長的馬腿以及馬耳、馬眼、馬鼻等細節都雕塑得精細生動，表現出千里良駒的神駿形象。

　　唐代墓葬中隨葬大量陶馬等明器，是當時社會禮制的明確規定，反映了文化昌盛的唐代社會高度發達的禮儀文化狀況。根據現代大量考古發掘的成果，我們可以核實唐代歷史文獻，例如《新唐書・禮儀志》和《大唐六典》中關於喪葬禮儀制度的記載，從而更清楚地認識唐代社會。

　　在一般的唐代墓葬中都會隨葬有一定數量的陶俑。官員等級越高，隨葬

的陶俑數量越多。按照唐代禮儀制度的規定，三品以上的官員可以達到 90 件。這些陶俑中包括儀仗隊、鼓樂隊、侍從奴僕以及商旅駱駝等等。象徵著墓主人在世時所擁有的財富地位。地位較高或者財富較多的，會使用精緻的三彩釉陶俑，其次就是沒有上釉，僅在燒製後用顏色加以彩繪的陶俑。陶俑的大小不同，最高大的，高度將近唐代的尺度三尺，即 70 多公分；一般的高度在二尺上下，即 30 至 40 多公分；再小一些的只有 20 公分左右。但不管是哪一種尺寸的陶馬，它們的形象都十分逼真，帶給人們高度的美感享受。

唐三彩是一種低溫釉陶器，由於最早見到的這類陶器大多只有黃、白、綠三種顏色，所以被古玩家稱作唐三彩。實際上唐代釉陶的顏色遠不止這三種。在 1970 年代的洛陽唐代墓葬發掘中就出土了上面有黑、藍等色彩的釉陶器。只不過這些顏色的器物比較罕見，也比較珍貴罷了。從現在見到的唐三彩陶器分析，古人製作它們時大多採用模製加手工修整的方法做出陶坯，所以我們看到的各種唐代陶馬形狀基本上都很相似，應該是套用統一的範本模具製作的。陶坯製成後，要經過兩次燒製，先在火溫大約 1,000 度左右的陶窯內素燒一遍。燒成形後取出冷卻，然後上釉，再送入火溫 850 度至 950 度的陶窯內燒製定型。由於釉料內分別含有銅、鐵、錳、鈷、銻等金屬成分，在燒灼後就氧化成多種具有不同顏色的金屬氧化物，如氧化銅顯現綠色、氧化鐵顯現赭黃色、氧化錳顯現紫色等等。加上工匠在上釉時的自由揮灑，使各種顏色混合，就形成了五彩繽紛、自由奔放的精美釉陶色彩。

在唐代墓葬中出土的陶馬已經不勝枚舉，我們這裡介紹幾匹引人注目的出土器物精品。

第一匹是在陝西省禮泉縣昭陵附近的一座陪葬墓中出土的，身高 60 公分。馬身純黃色，佇立昂首遠眺。馬鬃被修剪得很短，沒有剪出花。馬尾被緊緊地束成短小的尖髻，向上彎曲。馬身上配好了鞍韉、絡頭、胸帶與後鞦

帶上懸掛著裝飾的杏葉，顯得十分華麗。昭陵是唐太宗的陵寢，附近陪葬著他的親屬與功勛卓著的文臣武將，所以這座陪葬墓的主人在世時地位也比較高，才能擁有這麼大型的精美三彩明器。

第二匹是在陝西省西安市附近的唐代墓葬中出土的。馬身赭黃色。馬鬃上端剪出一個花。馬尾也是被束成向上彎曲的短髻。馬身上配有鞍韉、絡頭、胸帶與後鞦帶等，並且在馬鞍上覆蓋了一條綠色的鞍袱，用來遮擋塵土。馬鞍下面還附有障泥。這是一條較長的褥墊，用來擋住馬蹄帶起的泥水，保持騎手衣服的整潔。這是官員乘馬的主要佩具組合，可見這匹馬是貴族官員出行時帶在隊伍中的備用乘馬。（圖1）

第三匹也是在陝西省西安市附近的唐代墓葬中出土的。馬身白色。獨具特色的是在這匹馬的馬鞍上覆蓋著一條深色毛毯，作為鞍袱。這就讓我們見到了唐代的另一種馬匹用具。這種使用毛毯的習慣很可能是受到西北遊牧民族的影響。（圖2）

第四匹是在河南省博物館中展出的一匹唐代三彩馬。它的鬃毛沒有修剪，長長地披在頸間。馬頭略低。馬身以赭黃色為主。馬鞍上覆蓋著一條綠色、黃色雜間的鞍袱。（圖3）

另外有很多唐代墓葬中出土的陶俑沒有經過上釉燒製，而是採用比較簡單的塗色彩繪工藝。它們被稱作彩繪陶俑。這類陶俑在當時的製作成本應該比較低，使用的人身分可能也要低一些。但是它們的藝術水準並不低。如一匹在河南出土的彩繪陶馬與上面說的幾匹三彩馬在造型上毫無二致。馬右前蹄抬起，似乎正在前行，動態十足。充分表現了唐代製陶工匠們細緻入微的觀察能力。

圖 1 西安唐墓出土三彩馬

圖 2 西安唐墓出土三彩馬

圖 3 河南唐墓出土三彩馬

　　還有一件在陝西省禮泉縣昭陵陪葬墓中出土的白陶馬。也是難得一見的珍貴藝術品。它身高 46.5 公分，通體雪白，長鬃下披，右前蹄高舉，身體略向後坐，似乎是正在蓄勢騰起。有人認為這是一匹誕馬。因為它沒有裝備鞍韉。據說〈宣和鹵簿圖〉上畫的誕馬就是沒有馬具鞍韉的。但是按照《宋史．

儀衛志》的說法，誕馬也披有「金塗銀鬧裝鞍勒」。那麼就是兩種情況都會存在。如果唐宋兩代的制度沒有什麼根本區別的話。唐代的誕馬或許也會裝備馬具。這樣，上面列舉的諸多馬匹俑就應該都是作為誕馬出現的。誕馬就是在官員出行的禮儀隊伍中尾隨的備用馬匹。這說明墓葬中隨葬的陶俑是在完整地模仿在生時的實際禮儀隊伍。這匹白陶馬的鬃毛刻畫手法比較罕見，將下垂的鬃毛刻成整齊規律的捲曲紋樣。這如果不是逼真地描寫實際馬匹鬃毛，就可能是受到西方藝術表現手法的影響。

說到西方藝術的影響，就要看看當時流行的天馬形象。在唐代帝王的陵墓前面有一條寬闊的大道叫做神道。夾侍在神道兩側，樹立了大量的石像生雕像，包括文臣武將、老虎、獅子、鴕鳥、天馬和乘馬等眾多形象。這些天馬都是刻有羽翼的，與一般沒有羽翼的乘馬形成明顯的對比。例如在陝西省乾縣的唐高宗乾陵朱雀門神道兩旁就樹立著高大雄偉的一對有翼神馬石像。那種雕刻精美逼真的寬大羽翼表現出明顯的西方藝術風格。在一些唐代墓誌蓋的紋飾中、在唐代銅鏡和金銀器的紋飾裡面，我們也可以見到長有飛翼的天馬形象。說明天馬應該是在唐代流行的藝術造型了。

唐代大詩人李白寫過一首〈天馬歌〉，其中有「天馬來出月支窟，背為虎紋龍翼骨」這樣的句子。美國學者夏弗（Edward Hetzel Schafer, 1913 — 1991）在他《撒馬爾罕的金桃 —— 唐代的舶來品研究》一書中認為，李白詩中提到的「龍翼骨（雙脊）」揭示了這種馬表現出來的阿拉伯馬成分。所謂雙脊就是在馬的脊椎兩側有兩條肉脊，使人騎背騎起來十分舒服。另一方面，「虎紋」則表現了這種馬的返祖成分，虎紋就是鰻紋，是馬背下方的一種暗色條紋，是許多原始馬所具有的共同特徵。其實追溯一下李白的創作淵源，在漢代的〈天馬歌〉中就有「天馬徠，出泉水。虎脊兩，化若鬼」的描述，說明李白是在按照漢代人的記述在描寫大宛馬。唐朝人將康國出產的馬引進，作為繁殖戰馬的種馬，他們確信這是最初的大宛馬的種系。根據唐代文獻的記載，在八世紀中期，拔汗納國曾經向唐玄宗獻過六匹真正的汗血馬。透過

這些進口種馬的活動，唐政府不斷改善了馴養馬匹的品種。唐代時國力十分強盛，影響遍及今日的蒙古、西伯利亞與中亞各地，這與唐朝軍隊的強大有關。唐軍主要由裝備精良的騎兵所組成。由此可見，良馬對於唐朝軍隊及唐代政權的重要性非同小可。所以《新唐書‧兵志》中明確指出：「馬者，國之武備。天去其備，國將危亡。」

正如美國學者夏弗所說的，唐代統治者在亞洲民族中的崇高地位及其廣被天下的權威，在很大程度上依賴於他們能夠得到的戰馬的數量。

唐代歷史上，經常從西北草原民族那裡交換與購買馬匹。這種交換一直延續到宋代，稱為茶馬互市。例如貞觀十七年，唐朝政府答應了薛延陀請婚的要求，薛延陀因此向唐政府貢獻了五萬匹青白雜色和黑鬃的薛延陀馬以及大量牛羊駱駝。唐朝政府在觀念上將馬看作是外交政策和軍事策略的工具，唐代馬更可靠的來源是東北地區，奚、靺鞨、契丹曾獻名馬。突厥馬也是唐代馬的主要來源，有時一次有五千匹之多。西域大食、龜茲、吐谷渾等，也有貢馬的記載。開元十五年，唐政權允許在邊疆互市，購買馬匹。唐代人非常喜愛外來的馬，所以唐玄宗曾批准和六胡州市馬。在唐太宗到唐高宗期間，唐朝政府在今陝西西部到寧夏一帶上千里的土地上設置了八個馬坊，共四十八個馬監的養馬機構來繁育馬匹。後來由於馬匹增多，土地容納不下，又分設出八個馬監，分布在今天的甘肅青海一帶。再過幾年，更設置了今陝西北部和山西西北部的十一個馬監。官府擁有的馬匹總數達到七十萬六千匹。馬匹的大量繁殖，使得社會上能夠有更多的人騎乘馬匹。馬匹的價格也空前的便宜，據說最低時可以用一匹絹帛換到一匹馬。

優良的馬種與空前大量的乘馬，使我們在唐代遺留下來的各種藝術品中能夠看到很多逼真的雄駿馬匹形象，顯示出唐代馬匹獨特的英姿。到了唐朝滅亡之後，五代與宋朝時，中原和西方的直接連繫被截斷，西方駿馬的種系逐漸消亡。元明時期蒙古矮種馬大量湧入，使中國馬匹的形象大大改觀。所以在明清時期的藝術品中再也看不見唐代三彩馬那樣雄峻的高頭大馬形象了。

　　唐代墓葬中出土陶俑內，與人物結合的騎馬俑數量最多，裡面也有很多有重要歷史價值的藝術品。例如：1971 年，在陝西咸陽市禮泉縣發掘的唐代重臣鄭仁泰墓中出土一件彩釉騎馬樂俑。乘馬身體粗壯，身上繪有花斑，可能就是唐代人推崇的五花駿馬。唐代大詩人李白的名句「五花馬，千金裘，呼兒將出換美酒，與爾同銷萬古愁」，說明五花馬在唐代是極其貴重的珍稀駿馬。杜甫更在〈高都護驄馬行〉一詩中讚頌：「五花散作雲滿身，萬里方看汗流血。長安壯兒不敢騎，走過掣電傾城知。」林梅村曾經考證唐代的五花馬是來自于闐的花馬。

圖 4 唐懿德太子墓出土絞胎釉騎馬俑

　　1901 年，英國探險家斯坦因（Marc Aurel Stein，1862 － 1943）在新疆和田丹丹烏里克遺址獲得一幅于闐壁畫，上面就繪有一匹全身花斑的花馬。這匹彩釉馬從內地的角度再次印證了于闐花馬傳入唐朝疆域，並大受歡迎的情況。

　　還有一件 1972 年在陝西省乾縣唐懿德太子墓葬中出土的三彩絞胎釉狩獵騎俑。（圖 4）它使用了特殊的絞胎技術，就是在製作陶坯時，用兩種不同顏色的陶泥攪在一起，然後成型燒製。經過上釉煅燒後，陶俑身上會顯示出類

似樹木年輪那樣的深淺不同的紋路，具有奇特的美感。這種製陶工藝對技術水準要求極高，成品不易，至今在考古發掘中也極為罕見。這件絞胎釉狩獵騎俑能夠保存下來，讓我們見到唐代工匠的精妙手工技藝，真是千古奇遇。

　　唐代畫家筆下的馬匹形象，也是具有同樣高超藝術水準的文物珍寶。近代以來的考古發掘工作，為我們保存下來一大批珍貴的唐代墓葬壁畫。此外，還有敦煌石窟中唐代經變壁畫、敦煌藏經洞中保存的唐代繪畫卷子、傳世的唐代畫作等等。

圖 5 唐韋貴妃墓壁畫馴馬圖

　　1990 年，在陝西省禮泉縣清理了唐太宗的妃子韋貴妃墓。墓室中的壁畫裡，有一幅描寫馴馬的精彩圖畫，（圖 5）表現了兩名馬伕將一匹精壯的白馬獻給主人。其中一名馬伕濃眉高鼻，一頭捲曲的長髮，身著胡服長靴，顯然是一位來自西方異域的使者。他正用力抱住馬的脖頸，拉住馬頭，似乎是剛剛制服這匹發怒的烈馬。另一位馬伕頭戴幞頭，身穿翻領胡袍，足著線履，小腿上纏著裹腿，這身衣著應該是唐朝子民的打扮。有人把他也誤認為是胡人，那就不對了。看來應該是表現胡人馬伕與漢族馬伕交接駿馬的場面。值

得注意的是畫家把那匹烈馬怒氣未消的神情表現得非常出色，馬面部的肌肉仍舊緊繃，鼻孔張大，口唇咧開，似乎還在急促地喘息。眼睛憤怒地瞪圓，透出一股凶悍的神色。如此精彩佳作，正說明了畫家對於馬匹之熟悉與觀察之細緻。

在新疆吐魯番市的阿斯塔那有一處唐代墓葬聚集的古墓地。這裡編號為188號的一座唐代墓葬中發現了一套當時使用的屏風，一共有8扇。每扇畫面上都是表現放牧馬匹的景象，其中的一扇表現一個牧民牽著一匹馬放牧。（圖6）這匹馬雖然身體肥壯，展現著唐代畫家畫馬的習慣風格，但是頭頸低垂，面目消瘦，皺紋叢生，似乎是一匹老馬。特別是在馬的眼神中流露出了哀傷迷茫的神情，讓人不禁對它的身世產生眾多猜想與同情。這種神形兼備的藝術品不僅表現了唐代畫家深厚的藝術造詣，也反映出馬匹在唐代社會生活中的重要地位。

歷代傳留下來的還有一些著名畫家的大作，表現更為出眾。例如保藏在故宮博物院的〈牧馬圖〉長卷，是一件國寶級的文物。它可以說是在中國古代繪畫中表現馬匹數量最多的一幅長卷，全長達429.8公分，寬46.2公分。畫面上一共畫了140多個牧馬人和1,280多匹馬。馬匹的毛色形體千姿百態。成隊的駿馬有的在縱情奔馳，有的佇立休息。馬伕在溪水中為馬匹刷洗。山水之間，無邊無盡的馬匹充分顯示了當時官方馬監的興旺景象。據說這件作品原作出自唐代著名畫家韋偃之手。現存的長卷是宋代畫家李公麟根據原作所作的摹本。

圖 6 新疆阿斯塔納唐墓屏風畫

圖 7 唐韓幹繪照夜白圖

　　中唐時期的畫家曹霸、韓幹，是歷代公認的畫馬名家。唐代大詩人杜甫的〈丹青引贈曹將軍霸〉一詩中歌頌曹霸的畫技時，用「斯須九重真龍出，一洗萬古凡馬空」這樣的詞語描寫曹霸畫的駿馬氣勢非凡，可以與真實的千里馬媲美。畫成以後，呈在御榻上的畫卷與庭院中的良駒玉花驄相向而立，宛如鏡中的映像那麼逼真。

　　可惜曹霸的作品現在已經無法看到了。而他弟子韓幹的真跡有幸得以保留。美國大都會博物館中收藏了一幅韓幹所繪製的〈照夜白圖〉，是世所罕見

的唐代繪畫真跡。（圖7）照夜白是一匹唐玄宗十分喜愛的駿馬。畫作中間畫了一根柱子，馬匹就拴在木柱上，正在不安地咆哮、跳躍，力圖賺脫束縛。端立的木柱與拴在木柱上暴躁不安的烈馬形成了一種明顯的對比，很好地表現出這匹駿馬強壯有力的體魄與暴烈不馴的性格。

表現駿馬形象的唐代著名畫作還有〈虢國夫人遊春圖〉。（圖8）它的原作是唐玄宗時期的著名畫家張萱所繪。這幅〈虢國夫人遊春圖〉是描繪楊貴妃的姐姐們在天寶十一載春天騎馬踏青的畫面。

唐代大詩人杜甫曾經有一篇長詩〈麗人行〉，細緻地敘述這種活動的盛大場面。畫面上描繪了身著錦繡華服的虢國夫人、秦國夫人騎著高頭駿馬，在僕從、侍女的陪護下外出遊玩賞青。八匹駿馬毛色神態各不相同，表現出畫家對馬匹的體態活動掌握得極其細緻準確。這件畫作現在保存在遼寧省博物館中，卷子前面有金章宗完顏璟寫的題箋，說這幅畫是宋徽宗所作的摹本，曾經藏在北宋皇宮內府，金國攻破汴梁後，可能把這幅畫作為戰利品帶回金都，後來收藏在金國內府中。

在唐代涉及馬的珍貴文物中，不能不提到那一件著名的舞馬銀壺。1970年代中，在西安市的何家村進行基礎建設時，發現了一個深埋地下的唐代窖藏。經過細心清理，在這個不太大的地窖裡，竟然出土了幾百件精美的唐代金銀器，這裡面有盤子、杯子、盆、罐、酒壺等日用器皿，是中國考古史上最大的一批唐代金銀器發現。這批金碧輝煌的珍寶中，有一個外形模仿皮囊

樣子的銀壺。（圖9）壺蓋與紋飾表面鎏金，燦爛奪目。壺腹上鏨刻出一匹口中銜著金盃、後腿蹲坐、前腿踏舞的駿馬，它長鬃披頸，下端可能經過梳理，繫有帶花結的綵帶。從馬匹的裝飾與動作來看，這是一匹唐代宮廷中著名的舞馬。

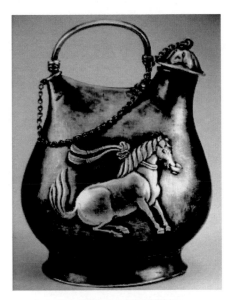

圖9 西安出土唐舞馬銀壺

　　唐代宮廷專科門訓練舞馬，讓牠們在宮廷禮儀盛會中表演。這種活動在唐玄宗時最為盛行。據《新唐書·禮樂志十二》記載：「玄宗又嘗以馬百匹，盛飾分左右，施三重榻，舞〈傾杯〉數十曲，壯士舉榻，馬不動。」這種舞馬錶演可能只是在慶祝皇帝的生日時才公開表演。參與觀看的臣子會把它當作莫大的榮寵，留下過不少讚頌的詩篇。例如當時大臣張說的〈舞馬千秋萬歲樂府詞〉三首：「金天誕聖千秋節，玉體還分萬壽觴。試聽紫騮歌舞府，何如騄驥舞華岡。連騫勢出魚龍變，蹀躞驕生鳥獸行。歲歲相傳指樹日，翩翩來伴慶雲翔。聖皇至德與天齊，天馬來儀自海西。腕足徐行拜兩膝，繁驕不進踏千蹄。髫鬃奮鬣時蹲踏，鼓怒驤身忽上躋。更有銜杯終宴曲，垂頭掉尾醉如泥。」從詩中的描寫來看，這些舞馬在舞蹈時，會表演匍匐前行，下跪

行禮，原地踏步，下蹲騰躍等動作，樂曲結束時，舞馬會銜著酒杯，表現出醉酒的樣子，真是精彩無比。上面所介紹的何家村出土舞馬銀壺上的紋飾，就是正在表演銜杯行禮的舞馬形象，與張說詩篇的記載完全相符。

大量表現駿馬形象的精美唐代文物，不僅是具有高度欣賞價值的古代藝術珍品，而且以豐富的文化歷史內涵向我們展示著中國歷史上最為興盛的時代面貌。它們是中華歷史文化寶庫中最可珍視的一批瑰寶。

原載《大眾考古》2014 年第 3 期

「二十四孝」在何時形成

記得魯迅先生曾經在《朝花夕拾‧二十四孝圖》一文中感慨舊中國兒童讀物的貧乏，由此提起了給孩子們看二十四孝圖進行啟蒙的儒家，可見孝義思想作為封建社會文化思想核心之一的重要地位。「二十四孝」這一倫理教材的影響，自然起了舉足輕重的作用。其流行之普及，正如魯迅先生所言：「那裡面的故事，似乎是誰都知道的，便是不識字的人，例如阿長，也只要一看圖畫便能夠滔滔地講出這一段的事蹟。」

二十四孝的形成，一般認為是在元代，著名孝子郭居敬首輯《二十四孝》，收入帝舜、郯子、老萊、仲由、閔損、曾參、漢文帝、董永、江革、黃香、姜詩、丁蘭、郭巨、楊香、蔡順、陸績、王裒、孟宗、王祥、吳猛、庾黔、唐夫人、黃庭堅、朱壽昌二十四人的故事，「序而詩之，以訓童蒙」。[099] 之後，明清乃至民國初年還有過多種不同的二十四孝選本，收入的人物各有不同。如：清家祕本《二十四孝詩注》、《二十四章孝行錄抄》等就以田真、張孝代替了江革與仲由。

後來又有內容更多的《百孝圖》、《二百四十孝圖》等作品。民國三十年郭立志《新輯二十四孝》序云：「元郭義祖性至孝，嘗集虞舜以下二十四人孝行之概序而詩之，用訓童蒙，流行於世，幾於家喻戶曉。坊間繼出《後二十四孝》及《女二十四孝》，皆未知何人作。清道光中高月波別錄二十四事。同光之際，俞誠甫廣為《百孝圖》。胡虎臣又廣為《二百四十孝》。」

清代《三餘堂叢書》中收有南宋名儒朱熹的《二十四孝原》一書，提出了二十四孝的系統。這個系統的人物與元代郭居敬的二十四孝一致。但此書不見於《朱子大全集》等朱熹的著作中，未曉是否為後人偽託。民國二十二年北平古物陳列所影印寶蘊樓藏《二十四孝書畫合璧》介紹了南宋末年畫家趙孟堅書畫的二十四孝圖。其內容與上述郭居敬所輯者完全一致。但在現在中國各博物館裡收藏的古代書畫中並未見到趙孟堅的二十四孝圖（據《中國

099　見《新輯二十四孝》序。

古代書畫目錄》），而且趙孟堅以畫花卉著名，故宮博物院存有他畫的〈墨竹圖〉、〈水仙圖〉等，未見其人物畫存世，雖然影印本畫上有明代大收藏家項子京的印章，但此二十四孝圖的真偽尚需考辨。因此，僅憑文獻與傳世文物，尚不能確定二十四孝產生的確切時間，致使元代郭居敬首創二十四孝的說法長期以來成為定論。《辭源》、《中文大字典》等權威辭書都採用了這一說法。然而，文獻無法證實的問題，近代以來出土的大量宋代墓葬壁畫石棺等實物卻可以證明。透過大量文物，可知二十四孝故事這一系統在北宋時已經廣泛地於民間流行開來。其起源則更可以上推到唐代或更早時期。這對於了解二十四孝的緣起和研究中國血緣宗法社會孝義思想的巨大影響具有重要的意義。

上溯中國古代文物的浩瀚大川，孝義故事圖畫可能已在中國古代社會中流傳了近二千年，是民間社會常見的倫理教材，也是民間畫工常用的題材之一。早在東漢晚期的山東嘉祥武梁祠石室畫像中就出現了曾子、閔子騫、老萊子、丁蘭、董永、章孝母、忠孝李善等孝義人物像。四川樂山柿子灣 1 號東漢崖墓中也有董永事父與孝孫原谷的雕刻[100]。1931 年在河南洛陽翟泉村北邙山出土的北魏孝昌三年寧懋石室，現藏美國波士頓藝術博物館。石室上刻有孝行圖，包括董永賣身葬父、丁蘭刻木母事親、帝舜等畫面。美國納爾遜藝術博物館所藏北魏孝子石棺，兩側用精美的線刻刻了蔡順、董永、舜、郭巨、孝孫原谷等人的故事[101]。這些都說明在東漢到北朝期間，孝子故事一直是人們墓葬中藝術裝飾上的常用題材。但這時的孝子題材，數量有限，不超過十種。值得注意的是，這些孝子人物是歷代大量孝子中影響最大的，絕大部分直至各種二十四孝中依然存在。

百善孝為先，在源遠流長的中國傳統文化中，孝義始終占有相當重要的地位。這與中國社會以血緣家庭宗族為基礎，歷來看重種姓繁衍延續的傳

100　見唐長壽《樂山崖墓和彭山崖墓》。

101　見 Willam Watson〈*The Arts of China to A. D.900*〉，《中原文物》1984 年第 2 期〈邙洛北魏孝子石棺考釋〉及沈從文《中國古代服飾研究》。

統觀念是分不開的。代表中國傳統文化的儒教，就是大力提倡忠、孝、節、義，把孝義作為治國的根本。而中國古代的各位君主，也都把孝當作首要大事來推行。這就使得孝義思想在中國深入人心，遍及社會各個階層。從東漢到隋唐時期，文人士子編寫了多種《孝子傳》，如東漢劉向《孝子傳》、晉陶潛《孝傳》、劉宋王韶之《孝子傳》、隋蕭廣濟《孝子傳》與師覺授《孝子傳》等，加以正史中的孝子傳記，宣傳了近百位各式各樣的孝義人物。

雖然孝義思想是儒家的重要思想，也是歷代封建統治者所大力提倡的，但它並非儒家的專利。佛教在中國傳播時，為了適應中國傳統文化，爭取信徒，也吸收了儒家的孝義思想，為宣傳佛教服務。所以，在當時佛教的經筵與講堂上，在佛窟的壁畫與雕塑中，都出現了宣揚孝義的題材，利用俗講、變文、造像、壁畫等宣傳形式大力宣傳孝道。其宣傳之普遍，浸及各個階層。它使孝義思想深入人心做出了極大的成績，對二十四孝的形成也造成了重要的作用。

尤其是在理學興起後的宋代，關於孝的佛教造像、經變畫等頻頻出現，四川的佛造像中便有非常精彩的代表。讓我們來看一看四川大足縣寶頂山的第 15 號窟中，這裡有一幅雕於南宋年間的「父母恩重經變」。它位於龕內並列的七佛（毗婆屍佛、屍棄佛、毗舍婆佛、拘樓孫佛、拘那舍佛、迦葉佛與釋迦牟尼佛）之下，全部畫面分為十一組 [102]。畫幅中央，是第一組內容「投佛祈求嗣息圖」，刻畫了一對夫婦在佛像前虔誠地焚香禮拜，祈求子息。由此分別向左右排開十組圖畫，稱作「父母十恩圖」，並刻有詩句說明，依次是：

「第一：懷胎守護恩，禪師頌曰：慈母懷胎□，全身重如□，□黃如有病，動轉亦□□。」雕像表現的是一位孕婦，身後有侍女侍奉，似乎是行動艱難，十分痛苦。

102　見胡文和《四川道教佛教石窟藝術》。

「第二：□□□□恩，慈覺頌曰：□□慈親苦，□人眼淚流，知恩□□□，□取出胎時，□□聞將在，□惶不息持，□生都來□，□□皺雙□。」畫面上是一位孕婦臨產的場面，她身後有使女扶持，面前有產婆照料。焦慮不安的丈夫站在一旁。整個畫面生動異常，十分感人。

「第三：□□忘憂恩，慈覺頌曰：初見嬰兒面，雙親笑點頭，從前憂苦□，到此一時休。」畫中有一位婦女與一位男子相對而立，婦女左手抱著嬰孩，男子左手把握住女子手臂，相視而笑，表現出得子後的歡樂心情。

「第四：□苦吐甘恩，慈覺頌曰：□□兒子□，□□自家□，不世知恩少，他時報恩難。」畫面表現母親擁抱著孩子。孩子手中舉著一個小餅送給母親吃，可能是在表現母子的恩愛之情。

「第五：推乾就濕恩，慈覺頌曰：乾處讓兒臥，□□□□□，抑誰□□□，諸佛亦何偏。」畫中母親側臥於床，雙手把住兒子臀部，置於床邊讓兒子小便。孩子還在沉沉酣睡，頭枕在母親右臂上。這是一幅動人的日常生活畫面。

「第六：□□□□恩，慈覺禪師饋頌曰：□哺無時節，□中豈暫離，不愁脂肉盡，唯恐小兒飢。」這幅雕刻的是母親哺乳給孩子。題目應該是慈母哺乳恩吧。

「第七：□□□□恩，慈覺大師頌曰：□兒□□□，□□□時乾，兒身多□□，洗□□□□。」這幅題記文字殘損過多。根據畫中母親在洗滌衣裳，後面是丈夫抱著小兒子玩耍的情景，推測它的題目是：洗滌照料恩。

「第八：為造惡業恩，古德頌云：養兒方長大，婚嫁是尋常，宴會多殺害，罪業使誰當。」這組圖畫表現了一次宴會的場面，表現父母為了兒子操辦筵席，殺豬造下罪業的內容。

「第九：遠行憶念恩，□□頌曰：□下為兒日，三年豈離後，□你千里□，出必□□□，恐依門□□，歸來莫太遲。」畫面表現一對老夫妻與即將

遠行的兒子離別。老夫妻面顯憂容，諄諄叮囑著兒子，情狀感人。

「第十：究竟憐憫恩，頌曰：百歲唯憂八十兒，不合作鬼也憂之，歡喜怒常不犯慈顏，非容易從來調色難。」這一組雕刻是一對老夫婦並排坐著教訓跪在面前的兒子。宣揚了「順者為孝」的思想。

這樣一套完整的精彩作品，從人的出生到老死，一層層揭示父母對子女的恩情，宣傳孝順父母、報恩承歡的中國傳統思想，而它又是以佛教經變的形式出現的，說明孝在宋代已經成了中國化佛教的一個重要組成部分。

據《敦煌莫高窟內容總錄》，敦煌壁畫中也有四幅表現〈報父母恩重經變〉的作品，分別繪於吐蕃占領期間的 238 窟，晚唐建造的 156 窟，宋代的 170 和 449 窟。

在甘肅省博物館中還保存有一幅形象生動的〈報父母恩重經變〉絹畫。據題記它創作於北宋淳化二年 (991)，共分十五段，表現了懷胎、生養、哺乳、看護、懷抱嬉戲、讓食、求妻、孝順老年父母以及抨擊不孝子女等內容，比大足石刻顯得內容更為豐富。這幅絹畫出自敦煌藏經洞中的寶藏。同出於藏經洞中的寫經卷子中，還發現有宣揚孝道的〈父母恩重經講經文〉和〈孝順樂〉、〈十恩德〉等佛讚。

例如：〈十恩德讚〉（伯 2843 號卷子）中歌唱的十恩是「第一懷貪（指胎息）受苦恩，第二臨產受苦恩，第三生子忘憂恩，第四咽苦吐甘恩，第五乳飽養育恩，第六回乾就濕恩，第七洗浴不淨恩，第八為造惡業恩，第九遠行憶念恩。第十究竟憐憫恩。」這與大足寶頂 15 號窟造像表現的內容就十分相似了。

為了適應中國的傳統思想，佛家也注意到著重宣揚佛祖的孝行，推出《大方便佛報恩經》等講求孝行、與儒家思想相接近的佛典。四川大足等地的佛教造像中，出現了精彩的佛報恩變，大足寶頂山大佛灣的 17 號龕中就有一件典型的代表作。在這個龕的中央主尊釋迦像的兩側，共雕有《大方便佛

報恩經》變相和佛本生變相共 12 組。畫面中還刻寫了相關經文，著重宣傳了佛祖具備孝行、報答父母恩養的事蹟。如：「釋迦因地行孝證三十二相圖」、「釋迦因地行孝剜眼出髓為藥圖」、「釋迦因地鸚鵡行孝圖」、「釋迦因地目炎子行孝圖」、「大孝釋迦佛親擔天王圖」等。

　　特別是「六師外道謗佛不孝圖」，直接針對認為佛教出家不孝父母的說法加以反駁，這幅畫面上刻了比丘形狀的阿難，擔著坐在筐中的老父母的孝子，攻擊佛不孝的六師外道等人。圖中附刻的經文記錄了這一段故事：傳說阿難隨佛修行時，一次入城乞食，見到一個孝子擔著父母乞食。阿難稱讚他的孝行。這時，有一個外師的黨徒遮尼乾攻擊佛祖說：「釋迦捨去父母出家，是不孝人。」阿難聽了後很慚愧，就去問佛：「佛法中有沒有孝養父母？」這時，「世尊微笑，放五色光，至十方如來所，彼國菩薩同音：『何緣有此光明？』彼國佛言：『有娑婆界佛號釋迦，為大眾說《大方便佛報恩經》，欲令眾生孝養父母，故放斯光明。』爾時，如來身中現五趣身，一一身中現無量微塵數不思議形相，一切眾生具足受身，以受身故，一切眾生曾為如來父母。如來亦曾為眾生作父母。故常修難行，苦行，難捨，能捨，勤修精進，具足萬行，不休不息，心無疲倦，為教養父母故，令得速成天下菩薩，由孝德也。」

　　這便從根本上把孝納入了佛教思想的範疇，使得佛教更易為中國社會所接受。也反映出了佛教在它的傳播和發展中，是如何如同海納百川一樣吸收和容納著各民族優秀的文化因素，擴展著自己博大精深的體系。在這種發展中，佛教也為孝義思想的更進一步普及與二十四孝的形成做出了極大的貢獻。

　　從敦煌卷子中，我們可以找到佛教宣傳促進二十四孝形成的極好例子。在唐代的壁畫、線刻、絹畫等藝術作品中，尚很少發現關於孝子的圖畫。但是，在晚唐至宋初的經卷文書寫本中，卻已經可以發現「二十四孝」的名

稱。敦煌卷子見有〈故圓鑑大師二十四孝押座文〉一種，共存三件，為斯7，伯3361，斯3728，內容基本相似[103]。《敦煌變文集》校記根據此文注有「左街僧錄圓鑑大師賜紫雲辯述」一句考云：「斯4472有左街僧錄雲辯『與緣人遺書』，知雲辯卒於廣順元年。啟云：『雲辯與楊凝式同時，曾居洛，與妓女作詩嘲諷，事見宋張齊賢《洛陽縉紳舊聞記》』……此押座文刻於雲辯死後，已經是五代末或宋初了。」此件押座文雖然稱為二十四孝，但文中只提到了舜、王祥、郭巨、老萊等人，沒有列舉完全。由於是佛教的宣傳品，起首提到了「目連已救青提母，我佛肩舁淨梵王」。可能是把目連和釋迦牟尼也列入了二十四孝。這是在其他提法中未見的。這樣，它既表明在唐代末年已經有了二十四孝的提法，又反映了一個與後代孝子圖不同的二十四孝系統。從這樣一種中原地區僧人創作的宣傳品經刻印流傳到敦煌地區，而且同出多件的現象來看，晚唐時期乃至五代，這種二十四孝的提法是非常流行的。

有意義的是，類似二十四孝押座文這樣把佛教與中國傳統的孝義思想結合起來的古代文物實證還可以找到不少。六十年代清理的重慶井口宋石室墓中，除發現有丁蘭、郭巨、陸績、仲由等人的故事畫外，還刻有目連救母與六師外道謗佛不孝等佛教中關於孝的故事畫[104]，恰與上述押座文互相對應。敦煌卷子中，還有當時寺院進行俗講用的〈舜子至孝變文〉、〈董永變文〉等。這些與四川大足寶頂等地宋代石窟中的六師外道謗佛、父母恩重經變等同時證明著佛教在形成二十四孝過程中的作用，也反映了中國傳統的孝義思想對佛教中國化的巨大影響。

唐代孝子故事已經形成類似二十四孝的系統，還可以在敦煌卷子中找到旁證。敦煌寫本中共發現五卷《孝子傳》，均為殘卷，斯5776存故事六則，斯389存故事五則，伯3536存故事三則，伯3680存故事三則，伯2621存故

103　見《敦煌變文集》。
104　《文物》1961年第11期〈重慶井口宋墓清理簡報〉。

事二十三則。後代二十四孝中主要的人物，在這裡都有出現。如：舜子、姜詩、蔡順、老萊、吳猛、曾參、閔子騫、董永、郭巨、江革、鮑出（山）、王祥、王褒（哀）、趙孝（孝宗）、劉明達、王武子妻、丁蘭、郯子等[105]。而且由於這些卷子是用來在佛寺中宣講的，所以將故事加工成變文俗講的形式，故事文字生動，夾以韻文，可以邊講邊唱。可以想見，這會多麼有利於孝子故事在民間的普及和流傳。

順便提及，中國自古以來就有注重四、十二、二十四（源於四象〈四時〉，十二月，二十四氣）這樣數字規律的習慣。很早就有將人物、風景等集為四、十二、二十四等項的做法。如戰國四公子、商山四皓、十二子等，又如《後漢書·梁鴻列傳》載：「仰慕前世高士，而為四皓以來二十四人作頌。」說明漢代已經有此種風氣。由此推想，在這類《孝子傳》的基礎上集結出最有影響的二十四個孝義故事來，應該是很自然的事。特別是鮑出（山）、趙孝（孝宗）、劉明達等人，在宋以後的文獻中很少看到他們的故事，而在敦煌寫本《孝子傳》中卻有明確記載。又如原谷其人，唐宋以前均稱之為原谷，宋墓中卻多寫作元覺。究其來源，似來自句道興的《搜神記》。敦煌卷子斯525、斯6022、伯2656、伯5545等卷均錄有《搜神記》，其中一段為：「《史記》曰：孫元覺者，陳留人也，年始十五，心愛孝順。其父不孝。元覺祖父年老，病瘦漸弱。其父憎嫌，遂縛筐輿舁棄深山。元覺悲泣諫父。」[106]這正是原谷的故事。而在唐代的寫本中變成了元覺，影響到宋代。由此說明下述的宋代墓葬中的二十四孝圖與唐代孝子故事之間，存在著密切的沿襲關係。

這樣看來，在唐代，甚至可能更早時期就產生了二十四孝的系統，應該是符合實際的。當然，那時的二十四孝可能有多種不同的題材選擇，由於缺乏證據，我們還無法列舉出那時的二十四孝名目。但可以肯定，舜、董永等

105　見《敦煌變文集》。
106　同上。

出現最多的人物一定會包括在內。

　　降及宋代，則無可置疑地存在著二十四孝的系統。在近代發掘的宋代墓葬中，曾經發現了大量孝子圖畫。這裡面有墓室壁畫、石棺線刻，也有磚雕與石雕。其內容多為二十四孝故事，也有一些沒有達到二十四位，但其人物包括在上述二十四孝之中。這是對二十四孝形成時間最有力的實物證明。我們將主要的幾處宋墓孝義圖內容列為下表，可為參證。

出處	林縣城關	山西壺關	洛陽孟津	嵩線北元村	鞏縣西村	滎陽司村	洛寧大宋村	元郭居敬集
年代	熙寧至政和（1068-1117）	元祐二年（1087）	重寧五年（1106）	大觀年間（1107-1110）	宜和七年（1125）	待考	政和七年（1117）	
形式	磚雕	磚雕	石棺線刻	彩繪壁畫	石棺線刻	彩繪壁畫	石棺線刻	
數量	24	20	24	15	24	19	22	24
人物	董永	同左	同左	同左	同左	同左	同左	同左
	楊香	同左	同左	同左	楊香		楊香	同左
	陸績	同左	同左		陸績	同左	同左	同左
	姜詩		姜詩		姜（詩）妻	姜詩	同左	同左
	王哀							王哀
	曾子	同左	同左		曾子	同左	同左	同左

出處	林縣城關	山西壺關	洛陽孟津	嵩線北元村	鞏縣西村	滎陽司村	洛寧大宋村	元郭居敬集
	郯子	同左	同左	同左	同左	同左	同左	同左
	丁蘭	同左	同左	同左	同左	同左	同左	同左
	蔡順	同左	同左					蔡順
	大舜	同左	同左	同左	同左	同左		大舜
	老菜	同左	同左	同左	同左	同左	同左	同左
	郭巨	同左	同左	同左	同左	同左	同左	同左
	王祥	同左	同左	同左	同左	同左	同左	同左
	孟宗	同左	同左	同左	同左	同左	同左	同左
	王庭堅							
	曾（魯）文姑	同左	同左		魯文姑	同左	同左	
	韓伯瑜		韓伯瑜	同左	同左	同左	同左	
	劉股	同左	同左	同左	同左	同左	同左	
	原谷	同左	孫悟元覺	元覺	同左	同左	同左	
	鄧攸							
	鮑山	鮑山	同左		鮑山	同左	同左	
	曹娥	曹娥	同左	同左	同左		曹娥	
	姜肱							
	烏鴉反哺							
		田真	同左	同左	同左	同左	同左	
			趙孝宗	同左	同左		趙孝宗	
			劉明達		劉明達		劉明達	
			王武子妻		武妻	王武	同左	

213

出處	林縣城關	山西壺關	洛陽孟津	嵩線北元村	鞏縣西村	滎陽司村	洛寧大宋村	元郭居敬集
			閔損		子騫（閔損）	閔子騫	同左	同左
				漢文帝				漢文帝
					蔡母			
								仲由
								江革
								唐夫人
								吳猛
								朱壽呂
								庾黔
								黃庭堅

由此可見，在宋代已經流行開了一套定型的二十四孝故事。與郭居敬編輯的二十四孝相比，這套二十四孝沒有王裒、漢文帝、仲由、江革、唐夫人、吳猛、朱壽昌、庾黔和黃庭堅，而多出了韓伯瑜、田真、劉殷、趙孝宗、劉明達、王武子（妻）、魯義姑、鮑山、原谷、曹娥等人。

這些多出的孝義人物事蹟是怎樣的呢？

河南洛寧宋樂重進石棺線刻 韓伯瑜

韓伯瑜

《歷代孝子圖彙編》載：「（韓）伯俞，亳州人，少時有過，母笞之，泣。母曰：『吾他日笞之，未嘗泣，今泣，何也？』對曰：『往日杖痛，知母康健，今杖不痛，知母力衰，是以悲泣。』」又見《太平御覽》卷四一三引《說苑》，作韓伯逾。

田真

周景式《孝子傳》云：「古有兄弟，忽欲分異，出門見三荊同株，接葉連蔭，嘆曰：『木猶欲聚，況我兄弟，而欲殊哉！』遂還相為雍和矣。」又作：西漢人田真兄弟三人，欲分家財，堂前紫荊樹枯死，引起田真勸說兄弟宜合不宜分的故事[107]。

劉殷

《十六國春秋·前趙錄》曰：「劉殷七歲喪父，哀毀過禮……夢人謂殷曰：『西籬下有粟。』寤而掘之，得粟十五鐘焉，銘曰：『七年粟百石，以賜孝子劉殷。』」

趙孝宗

事見敦煌卷子中的《孝子傳》寫本：「（首缺）義將軍，司馬趙孝，字長平，沛國人也。」其故事不甚完全，由此推測，應該是《後漢書·趙孝列傳》中記載的趙孝其人。傳曰：「趙孝字長平，沛國蘄人也……及天下亂，人相食。孝弟禮為餓賊所得。孝聞之，即自縛詣賊，曰：『禮久餓羸瘦，不如孝肥飽。』賊大驚，並放之，謂曰：『可且歸，更持米糒來。』孝求不能得，復往報賊，願就亨。眾異之，遂不害。」[108] 從河南洛寧出土宋樂重進石棺上的刻圖來看，畫面上是一個將軍，握劍端坐，面前拱手站立二人，表情恐懼，與此故事情節相符。

---

107 《太平御覽》卷八一引。
108 見《敦煌變文集》。

劉明達

事同見於上述《孝子傳》：「（首缺）由不足，更被孩兒減奪，老母眼見消瘦，遂於將兒半路賣於王將軍。其（妻）見兒被他賣去，隨後連聲喚住，肝腸寸斷，割你身亡。詩曰：明達載母逐農糧，每被孩兒奪剝將。阿□賣卻孩兒去，賢妻割你遂身亡。」

王武子

故事亦同見於《孝子傳》：「王武子者，河陽人也。以開元年中征涉湖州，十年不歸。新婦至孝，家貧，日夜織履為活。武母久患勞瘦。人謂母曰：『若得人肉食之，病得除差。』母答人曰：『何由可得人肉？』新婦聞言，遂自割股上肉作羹，奉送武母。母得食之，病即立差。」[109]

魯義姑

事見《說苑》：「齊遣兵攻魯，見一婦人，將兩小兒走，抱小而挈大；顧見大軍且至，抱大而挈小。使者甚怪，問之。婦人曰：『大者妾夫兄之子，小者妾之子。夫兄子者，公義也；妾之子者，私愛也；寧濟公而廢私耶？』」[110]

鮑山

應為鮑出，見《三國志・魏書・閻溫傳》注引《魏略・勇俠傳》：「鮑出，字文才，京兆新豐人也……賊數十人已略其母……出復追擊之，還見其母與比舍嫗同貫相連，出遂復奮擊賊。賊問曰：『卿欲何得？』出責數賊，指其母以示之，賊乃解還出母……出以輿車歷山險危，不如負之安穩，乃以籠盛其母，獨自負之，到鄉里。鄉里士大夫嘉其孝烈。」敦煌寫本《孝子傳》所載略同。

原谷

《孝子傳》載：「原谷者，不知何許人。祖年老，父母厭棄之，意欲棄之。原谷年十五，涕泣苦諫。父母不從，乃作輿舁棄之。谷乃隨，收輿歸。

109　同上。
110　今本《說苑》不見此文，據《太平御覽》卷四二二引。

父謂之曰：『爾焉用此凶具？』谷云：『後父老不能更作得，是以取之耳。』父感悟愧懼，乃載祖歸侍養。克己自責，更成純孝。谷為孝孫。」[111] 在漢代的孝子故事中，僅用孝孫來稱呼其人，還沒有原谷的名字。山東嘉祥武梁祠石室畫像中已經有了孝孫的雕刻。畫面上，左側坐著一個老人，榜題為「孝孫祖」。右側站著一個伸手召喚的男子，榜題為「孝孫父」。中間站立一個孩童，回首與父應答，伸手欲去拿取長方形的輿。美國納爾遜藝術博物館中收藏的北魏孝子石棺上也有孝孫原谷的故事畫。

曹娥

《會稽典錄》載：「孝女曹娥者，上虞人。父盱能絃歌為巫，五月五日，於縣溯江濤迎婆娑神，溺死，不得屍骸。娥年十四歲，乃緣江號哭，晝夜不絕聲，旬有七日，遂投江而死。」[112] 嵩縣北元村壁畫、宜陽石棺、樂重進石棺等處的曹娥，都是同樣的一個婦人在哭泣，旁邊有江水與水中的曹娥父親頭骨。

這些人物在宋代的影響顯然大於後世改動的江革、唐夫人、吳猛、朱壽昌等人，這一套人物應該是我們現在能見到的最早的完整的二十四孝。

在中原廣泛流行的二十四孝故事，作為中國古代社會倫理的重要組成部分，不僅存在於宋的疆域中，還流行於北方的遼、金地區，直至元代的北方地區仍然存在。在山西、河南、北京、遼寧、甘肅等地的遼、金、元墓葬中曾經多次發現過彩繪壁畫與石雕線刻的二十四孝（包括不完全的孝子圖）。如：

《考古通訊》1955 年第 4 期〈山西絳縣裴家堡古墓清理簡報〉介紹的磚室壁畫郭巨行孝、孟宗行孝、韓氏節孝、董永行孝四圖，根據墓中出土的買地券上殘留的「大金國」字樣可以判斷為金代壁畫。

---

111 《太平御覽》卷五一九引。
112 《太平御覽》卷四一五引。

嵩縣北元村宋墓壁畫 劉殷

《文物參考資料》1957 年第 3 期〈蘭州中山林金代雕磚墓清理簡報〉介紹的磚雕孝子圖有孟宗、王祥、郭巨、閔子騫（原簡報有誤，根據畫面判斷，應該是孝孫原谷）。

《考古》1960 年第 2 期〈遼寧遼陽縣金廠遼畫像〉介紹的石雕孝子故事。

《考古》1960 年第 2 期〈錦西大臥鋪遼金時代畫像石墓〉介紹的六面浮雕孝子圖。

《考古》1960 年第 8 期〈山西芮城永樂宮舊址宋德方、潘德沖和「呂祖」墓發掘簡報〉介紹的石槨線刻二十四孝圖。它的組成與鞏縣西村宋代石棺上的二十四孝完全相同，僅題榜多假借字，如：陸績作陸稷，丁蘭作丁攔，郭巨作括拒，劉殷作劉鷹等，似乎反映了它從宋代一直傳留下來的悠久傳統。大量的假借字，既說明了民間工匠教育程度的低下，也說明了這些內容完全靠世代口頭流傳下來的狀況。

《文物》1979 年第 8 期〈河南焦作金墓發掘簡報〉介紹的金代鄒璜畫像石墓中的孝行故事圖。據該文介紹，在焦作新莊、林縣城關、沁陽木樓等地金墓中也出現過彩繪或磚雕的孝行故事圖。

《文物》1981 年第 7 期〈北京市齋堂遼壁畫墓發掘簡報〉介紹的墓中彩繪壁畫。簡報根據同墓出土的遼天慶元年陀羅尼經幢推測其為遼代晚期的作

品。壁畫無題榜，根據其內容判斷為丁蘭、蔡順、原谷等人。另據日人鳥居龍藏記錄，三四十年代，在鞍山也出土過遼代的磚雕孝子圖[113]。

這些孝子圖畫，與宋代墓中的孝子圖在構圖、人物形象、基本組合等方面都十分相似，應該是從同一來源傳衍發展而成。這個源頭可能就是唐代或者更早時期在中原形成的二十四孝體系。它的影響，甚至跨越了國界，隨著漢族居民散布到北方各少數民族政權統治的疆域中。這種孝子思想，如此歷史悠久，又如此廣泛普及，它在中國封建社會中所造成的倫理約束與道德教育作用是不可低估的。正如《孝經》中所言：「子曰：『夫孝，德之本也，教之所由生也。』」自然，封建社會宣揚孝的目的是為了鞏固其統治，如（孝經）云：「子曰：『夫孝，始於事親，中於事君，終於立身。』」但是，認真研究古代孝義思想的作用及其影響，取其精華，去其糟粕，用於今天的道德教化，還是有現實價值的。

原載《中國典籍與文化》1998 年第 1、2 期

113　見鳥居龍藏《*Sculptured Stone Tombs of The Liao Dynasty*》。

寶豐香山寺〈大悲觀音菩薩傳碑〉

　　河南寶豐香山寺寶塔，根據碑石等相關記載，可知它重建於北宋熙寧元年（1068 年），是一座八角九級密檐式磚塔，塔體用素面青磚平鋪砌成。據說妙善的舍利被安葬在這座塔下，而妙善又是在傳說中被稱作大慈大悲觀世音菩薩的化身，所以這座塔一向被人們稱作大悲觀音塔。由這座寶塔與寺中的碑刻上，我們可以看到一個非常有意思的佛教傳說，它對於了解中國古代文化發展的特點，了解漢化佛教中具有中國民族特點的新創造都具有十分重要的參考價值。這就是關於觀音化身的妙善傳說。

　　佛教中關於佛及菩薩的種種本生故事裡，都用神仙幻化的形式介紹了佛與菩薩在修成正果以前經歷的種種磨難與考驗。這些本生故事曾經是佛寺宣傳的主要題材，像石窟中雕刻與繪製的佛本生經變畫，俗講中的本生經變文等。而在這些普及宣傳的佛教文化中，漢民族的傳統文化與思想意識表現得最為明顯，很多與印度佛教有所不同的漢化佛教因素都是在這些與民間社會結合最緊密的佛教宣傳中逐步形成的。妙善傳說就是其中一個典型的例子。

　　妙善的傳說，是一個描寫妙莊嚴王的三公主妙善一心修道，歷經災難，終於點化世人，成千手千眼大悲觀音身相的故事。在佛經中，我們無法找到與此完全相同的原本，但是在《妙法蓮華經》中，有一些與這個傳說故事大致相似的細節，可以加以對比。例如：《妙法蓮華經·藥王菩薩本事品》中寫有藥王菩薩得道前在收藏日月淨明德佛舍利的塔前焚臂致敬，並發誓：「我捨兩臂，必當得佛金色之身，若實不虛，令我兩臂還復如故。」於是，「作是誓已，自然還復，由斯菩薩福德智慧淳厚所致，當爾之時，三千大千世界六種震動，天雨寶華，一切人天得未曾有」。這種情節，與妙善傳說中妙善捨去雙手雙眼為父王製藥療疾的情節頗有相似之處。又如《妙法蓮華經·妙莊嚴王本事品》中不僅有妙莊嚴王的名字出現，而且敘述了一個不信佛道的國王，在他兩個篤信佛教的兒子引導下率眾皈依佛法的故事。這就與妙善傳說的大致結構相同了。此外，還有不少妙善傳說中的名物與詞語可以從佛經

中找出來。這就使人們得出一種推測，妙善的傳說是佛教傳入中國後，人們利用佛經中的一些情節與人物，再加入適合中國文化傳統的一些內容綜合而成的。

而這一傳說的原產地在哪裡呢？它很可能就產生在寶豐香山寺中，現在仍保存在香山寺內的一件重要碑石——〈大悲觀音菩薩傳碑〉是追尋這一傳說的最好途徑。

〈大悲觀音菩薩傳碑〉以往並不大為人們注意，過去的金石著錄中也很少提及，僅在清嘉慶二年（1797 年）《寶豐縣誌》等方志中有所記載。首先對它進行深入研究並由此探討妙善傳說起源及演變的，是一位著名的英國漢學家杜德橋教授（Glen Dudbridge, 1938 － 2017），他的著作《觀音菩薩緣起考——妙善傳說》於 1990 年在臺灣出版。由於交流不便，大陸能見到此書的人不多。我是在 1996 年才讀到杜德橋教授送給我的這部著作的。這裡就把杜教授的部分研究簡要介紹如下。

〈大悲觀音菩薩傳碑〉原石應該刊刻於北宋元符三年（1100 年），撰文人是當時著名文人翰林學士兼侍讀蔣之奇。他在碑文中敘述了他到香山寺遊玩時，從該寺方丈懷晝那裡看到一卷《香山大悲菩薩傳》的經過；並且把這卷《香山大悲菩薩傳》加以修改編次，附在碑上，首次公開了這個流傳在當地的《妙善傳說》。杜教授認為：這說明了妙善與她在香山寺顯靈的故事在這之前顯然不廣為人知，而懷晝為了宣傳香山寺中已有的千手千眼觀音像，設計了這麼一卷《香山大悲觀音傳》，希望打動蔣之奇，借助他的名聲擴大香山寺的名望。

蔣之奇果然被香山寺和相關的妙善傳說征服了。他不但親自撰寫碑文，還請蔡京書丹，元符三年，這件碑石樹立在香山寺內。三年多以後，這篇碑文再次刊刻上石，樹立在杭州上天竺寺，從而將妙善的傳說介紹到東海之濱，觀音的身世與形象也由此產生了重大的改變。

現在有不少人認為，觀音菩薩緣於妙善的說法是元代初年一位女書法家管道升編造出來的。這種說法來源於清人俞正燮的《癸巳類稿》〈觀世音菩薩傳略跋〉。俞正燮在這篇跋文中介紹了管道升書寫的《觀世音菩薩傳略》。這部傳略後來又以《觀音大士傳》的名義傳留下來。之後這個傳說被改寫成《寶卷》的形式，在民間廣為流傳，並衍生出了《南海觀音全傳》等話本小說。這些傳記故事的內容與妙善的傳說基本相同，只要將它們與〈大悲觀音菩薩傳碑〉對比一下，就可以看出它們都是來源於〈大悲觀音菩薩傳

碑〉。所以，追本溯源，觀音菩薩是妙善三公主的傳說還應該說是由蔣之奇在懷畫提供的民間傳本基礎上加工而成的。對於這一點，當時的人應該比我們看得清楚。南宋初年文人朱弁在《曲洧舊聞》中曾寫道：「蔣穎叔（之奇）守汝日，用香山僧懷畫之請，取唐律師弟子義常所書天神言大悲之事，潤色為傳……而今香山乃大悲成道之地，則是生王宮，以女子身顯化。考古德翻經所傳者，絕不相合。浮屠氏喜誇大自神，蓋不足怪；而穎叔為粉飾之，欲以傳信後世，豈未之思耶？」可以證明宋代妙善傳說開始流行之時，人們就已經把它歸於蔣之奇的加工創造了。

如此重要的〈大悲觀音菩薩傳碑〉，卻長久地「養在深閨人未識」，不僅很少能見到它的拓片，就連這件碑石是否仍存在也一度不為外界所知。某年初夏，我曾專程到寶豐去尋訪這件碑石。承河南省文物研究所李秀萍、平頂山市文管會賀全法和寶豐縣文物管理所王黎明的協助，我們驅車直奔香山寺所在的龍山腳下。遙望山頂巍巍屹立的九級寶塔，雖然並不像古人所說的「勢若插天」，但也足以令人嘆為觀止。沿著山南坡修起的 120 級石階，緩緩上行，便可直達修飾一新的香山寺山門。據說這裡的殿宇曾經淪為廢墟，現在的寺中建築除了寶塔以外，大多是近年新建成的，附近的香客與遠道而來的遊人絡繹不絕。

可惜的是，我們來得不巧，仍然未能一睹久已渴望見到的〈大悲觀音菩薩傳碑〉。因為這塊碑石早已被鑲嵌在香山寶塔下的一孔磚窯內，由於禮拜的人過多，寺中便將磚窯門換成鐵門，牢牢上鎖，鑰匙由住持掌管，每月初一、十五香客雲集時才開門展示。偏偏當日住持又外出未回，我們只好抱憾而歸。但在這遺憾中又有一絲欣慰，那就是看到這塊碑石得到了這樣的重視與保護，使它的原貌能長久地保存下去。

感謝寶豐縣文管所的研究人員讓我看到了他們保存的〈大悲觀音菩薩傳碑〉的拓片，彌補了這點遺憾。從拓片上看，這件碑除了上端略有殘缺外，其他部分都保存得很好，字跡清晰，有如新刻。細審碑文，發現這是香山

寺後來的住持在元代至大元年（1308 年）重刻的，原來的北宋刻石當時已經由於「風雨殘故」而無法辨識。重刻碑石問世後，原來的北宋碑石便不知下落。自然，現在所能見到的碑石字跡也就不是蔡京的真跡了。從字體上看，它端正嚴謹，也很像元代人的書法作品，應該是重刊時重新書寫的。

漫步寺中，看到這裡還保存有不少歷代碑刻。它們大多是關於香山寺歷次重修的碑記。從金代、元代至明、清時期，洋洋大觀。可惜的是這些碑刻並沒有得到像〈大悲觀音菩薩傳碑〉那樣的良好保護，散布在寺中空地上，有些碑石旁還堆上了雜物、煤炭。有所殘缺的碑石就更容易讓人忽視。例如另一件重要碑石〈重建汝州香山觀音禪院記碑〉，是金國廣平郡開國侯駙馬都尉烏林答天錫和妻子唐國公主刊立的。僅由於上端殘缺，就被埋在磚堆旁邊，如果不認真尋找，真還不容易找到。這樣下去，碑文很快就會殘泐不清了。

由於寺院的管理權按規定已經交給僧尼，文物管理所也沒有辦法管理這些碑石。那麼，我們就在這裡籲請香山寺的管理僧尼們，僅從這些碑石在佛教史上的珍貴價值這一點出發，也應該重視它們，保護它們，讓它們永遠作為觀音菩薩傳說的見證樹立在香山寺中。

原載《文物天地》1998 年第 5 期

妙善傳說與觀世音造像的演化

中國佛教造像中，釋迦牟尼佛與觀世音菩薩是最主要的崇拜對象。特別是觀世音菩薩，除在寺廟、石窟中雕塑造像供人禮拜以外，還有種種繡像、瓷像、銅像、玉像等由信士們請至家中案頭祝拜。中國古代文物中，尤其是宋元以後的佛教文物中，不乏觀世音菩薩造像的各種風姿。

但是，人們往往會針對所見到的觀世音菩薩造像提出一個疑問，那就是，為什麼南北朝、隋、唐時期的觀世音菩薩形象，與宋、元以降的觀世音菩薩形象有著明顯的不同。宋、元以下，人們完全是按照善良婦女的形象來雕刻與繪製觀世音菩薩。而南北朝隋唐時期，觀世音菩薩雖然頭戴花冠，身披瓔珞，體態豐腴，姿勢優美，但仍只能說是一位英俊青年，無法判定是男是女。在新疆克孜爾石窟與敦煌莫高窟等處，還有描畫上鬚髭的菩薩形象，那就更可以確定祂並非女性了。

不僅如此，觀世音菩薩的衣著也在不斷改變。閻文儒先生《中國石窟藝術總論》一書中概括南北朝時菩薩的造像特點時說：

> 菩薩像：頭載忍冬紋、蓮花紋的花鬘冠，寶繒向外飄揚。上身內著衫襦，外披帔巾，由兩肩下垂交叉於胸、腹之間，然後作硬角或圓形上卷，面相與佛相同（雲崗第5、6號窟）。成熟階段時，帔巾不是交結壓在兩肘下（莫高窟438、439窟），而是著斜披通肩式的大衣（莫高窟437窟）。由麥積山到千佛崖的菩薩像，有的作扇面形髻，有的作螺旋形高髻（麥積山83、84窟、廣元千佛崖72窟），還有的上身著衫，外為寬袖袍，帔巾外披（麥積山81、92窟）。有的帔巾在肘內下垂，有的由肩垂下一飄帶，在肘外下垂，有的腰際系一璧與帶飾（麥積山84窟）。有的在裙帶旁系下一帶，中系璧，璧下又作結下垂（麥積山84窟）。還有的帔巾外，加上粗而長的瓔珞，在身的側面裙帶下系璧，璧下作結下垂（麥積山122、127窟）。[114]

隋唐時期，觀世音菩薩仍是經常穿著這樣一套菩薩裝，身披薄帛，胸垂瓔珞，頭戴嵌有阿彌陀佛的寶冠。而在宋、元以降，逐漸出現了白衣觀音、

114　閻文儒《中國石窟藝術總論》142頁，天津古籍出版社1987年。

楊柳觀音、魚籃觀音等衣著改為當時漢族袍衫，樸素無飾的新造像形象。福建省泉州市文物管理委員會收藏有一尊國寶級的佛教文物——由著名明代民間瓷塑大師何朝宗製作的德化窯瓷塑精品渡海觀音[115]。這尊造像作女相，儀態大方、面容豐腴，五官端正，雙耳長垂，頭髮梳成高髻，中間插一枚如意髮釵，上披頭帕，身穿直領對襟長袍，袖子肥大，衣裾飄飛，僅胸前掛一串珠飾，顯得素雅潔淨、清逸脫俗。可以說，這尊明代嘉靖、萬曆時代的觀世音造像，代表了當時普遍流行的觀世音菩薩形象。穿袍衫、戴頭巾或風帽的衣著打扮，在民間代替了菩薩裝的傳統佛教造像。

根據《華嚴經》中「有勇猛丈夫觀自在，與諸大菩薩圍繞說法」的說法，觀世音菩薩本應是男身。透過造像中反映出的變化規律來看，觀世音菩薩的形象從北朝起就有了向女性轉化的跡象，但真正完全以中國女性的面貌出現，還是宋、元之間的事。至於這變化為什麼會產生？透過什麼影響產生的？至今仍是一個未完全解開的謎。

很多研究者都推測這一變化與佛教爭取大量婦女信徒有關，認為佛教崇拜對象中基本上都是男子，需要有令女性感到親近的佛教造像。這種說法是有一定道理的。中國古代社會中具有嚴格的男女界線，所謂「男女授受不親」的思想籠罩了社會近三千年，至宋代理學興起後，這種界線更加森嚴，佛教在中國傳播中，曾經不斷地向中國傳統思想（如孝義、貞節、忠君等思想）作出讓步。觀世音菩薩形象的變化可能也是其中一例。

我認為在佛教造像之風的廣泛流布中，從西域傳來的菩薩造像本身特點造成的誤解，也是使之轉化為女相的原因之一。

上引關於北朝菩薩造像特徵的分析中，可以看出：身著披帛，佩掛瓔珞，頭戴花冠等是菩薩像的基本特徵。在古代印度及中亞地區，這種衣飾是男、女都可以穿用的，而中國男子恐怕就與之無緣了，加上佛教造像是在貴

115　梁白泉主編《國寶大觀》204 頁，上海文化出版社，1990 年。

霜王朝希臘藝術的影響下產生的，具有強調人體、動作姿態曲折多變的特點，很容易使較為保守、習慣於遮掩人體又不熟悉人體解剖的中國人產生誤解，把菩薩看作女性。北朝時期個別菩薩像的面容、姿態、衣著接近女子，唐代時流傳的「菩薩如宮娃」實際上都反映出了當時人們的這種看法。相比之下，端莊趺坐的佛像與剃度後身披僧衣的弟子像，就不會使人產生誤解。工匠們世代相傳，創作出一代比一代更富女性特徵的菩薩造像，引導人們的概念日復一日地轉向菩薩是女性這種模式，這應該是一種合理的解釋吧？

另外，觀世音菩薩本身具有的大慈大悲精神，也頗具母性色彩。《妙法蓮華經‧觀世音菩薩普門品》云：

> 若有無量百千萬億眾生受諸苦惱，聞是觀世音菩薩，一心稱名，觀世音菩薩即時觀其音聲，皆得解脫。

加上觀世音菩薩有三十三化身，其中就有不少女身。《楞嚴經》云：

> 觀世音尊者白佛言：「若有女人好學出家，我於彼前見比丘尼身、女王身、國王夫人身、命婦身、大家童女身，而為說法。」

《妙法蓮華經，觀世音菩薩普門品》亦云：

> 佛言：「觀世音見比丘尼身，優婆夷、長者、居士、宰官、婆羅門婦女身，童男童女身，而為說法。」

種種原因匯合起來，觀世音菩薩演化為女相，應該是水到渠成的事。

水在什麼時候流來的呢？

有人曾經把這一功勞歸結於元代大書法家趙孟頫的夫人管道升，說她編造了一部觀世音的家譜，將觀世音菩薩說成是古代一位女子妙善的化身。實際上這一說法是不夠完備的。

關於妙善傳說的深入研究，應該首推一位英國著名漢學家 —— 牛津大學中國研究所所長 Glen Dudbridge 教授（中文名字杜德橋）。他的大作《妙善傳說 —— 觀世音菩薩緣起考》於一九九〇年在臺灣翻譯出版。書中詳細考證

了妙善的傳說在中國是怎樣形成並不斷演化的。這一傳說對觀世音菩薩完全改變為女相，起了極大的推動作用。有意義的是，這一傳說現在所能追溯的最早證據也是在北宋時期。這就與中國古代佛教造像中的變化規律基本相符了。為此，有必要將杜德橋教授的考證結果詳盡地介紹一下：

杜德橋教授首先注意到位於河南汝州（今河南省寶豐縣境內）的一座著名古剎——香山寺以及寺中保留的一通著名碑石——〈香山大悲觀音菩薩傳碑〉，這座碑至今仍基本完好地保存下來。原碑刊立於北宋元符三年。一九九七年，我受杜德橋教授的囑託，去寶豐香山寺考察這座碑石，細讀碑文，發現現存的碑並不是北宋的原刻，而是元代至大元年的翻刻。儘管如此，這座碑原刊立於北宋的事實是不會錯的。因為它不僅有杭州天竺寺北宋崇寧三年建立的〈大悲成道傳贊〉（即《香山大悲觀世音菩薩傳》，後移至紹興，今已佚）作證明，還有宋人朱弁在《曲洧舊聞》[116]一書中提及此事的記錄為旁證。

碑文作者是北宋著名文人蔣之奇，字穎叔，當時以龍圖閣直學士、翰林學士兼侍讀貶至汝州，一個月後又被改任慶州。但在這匆匆流徙之間，他仍能來香山寺一遊，並撰文立碑，可見當時香山寺觀世音菩薩香火之盛、名譽之隆。而早由寺人擬定的妙善傳說，也由於蔣之奇的宣傳而風行天下，極大地影響了對觀世音菩薩性別與身世的說法。

蔣之奇的《香山大悲觀世音菩薩傳》，是我們現在所能見到的最早的關於觀音化身妙善的完整傳說。傳中說：

> 贊曰：香山千手眼大悲菩薩，乃觀音化身，異哉！
>
> 元符二年仲冬晦日，余出守汝州，而香山實在境內。住持沙門懷晝遣侍僧命予至山，安於正寢，備蔬膳，禮貌嚴謹，乘間從容而言：「此月之吉，有比丘入山，風貌甚古，三衣藍縷。問之，雲居於長安終南山，聞香山有大悲菩薩，故來瞻禮。乃延館之。是夕，僧繞塔行道達旦已，乃造方丈，

116　朱弁《曲洧舊聞》卷六，學津討原本。

謂畫曰：『貧道昔在南山靈感寺古屋經堆中，得一卷書，題曰《香山大悲菩薩傳》，乃唐南山道宣律師問天神所傳靈應神妙之語，敘菩薩應化之跡。藏之積年，晚聞京西汝州香山即菩薩成道之地，故跋涉而來，冀獲瞻禮，果有靈蹤在焉。』遂出傳示畫，畫自念住持於此久矣，欲求其傳而未之得。今是僧實攜以來，豈非緣契。遂錄傳之。翌日，既而欲命僧話，卒無得處。乃曰：『日已夕矣，彼僧何詣？』命追之，莫知所止。畫亦不知其凡耶？聖耶？」

因以其傳為示予，讀之，本末甚詳，但其語或俚俗。豈義常者少文而失天神本語耶？然至菩薩之言，皆卓然奇特，入理之極談。予以菩薩之顯化香山若此，而未有碑記此者，偶獲本傳，豈非菩薩付囑欲予撰著乎？遂為綸次，刊減俚辭，采菩薩實語著於篇。噫！天神所謂「後三百年重興」者，豈在是哉！豈在是哉！

以下記錄的妙善傳說，與至今仍有流傳的各種香山觀世音傳說本的主要內容相同，即敘述古代有一位妙莊嚴王，他的國土位於香山附近。他有三個女兒。小女兒妙善自幼齋戒修行。當妙善長大後，國王要給她招駙馬時，妙善表示要出家修行，不願婚嫁的志向。國王大怒，多方設法，仍無法改變妙善的志願，就派軍隊誅殺妙善。妙善卻被龍神攝至香山隱居。後來國王患重病，無人可醫。有一異僧獻上奇方，需要用無嗔人的手、眼合藥，並指示國王去尋找香山仙人（即妙善）索取手、眼。使者找到妙善，索求手、眼。妙善發念：我父不敬三寶，毀滅佛法，招此疾報，吾將手、眼以救王厄。便自抉雙眼，令使臣斷其兩手。國王以之合藥後，惡疾痊癒，便入山來拜謝仙人，卻認出仙人為自己的女兒妙善。國王大哭，「將以舌舐兒兩眼，續兒兩手，願天地神靈令兒枯眼重生，斷臂復完」[117]。於是，「爾時天地震動，光明晃耀，祥雲周覆，天樂發響，乃見千手千眼大悲觀音身相端嚴，光明晃耀，巍巍堂堂，如星中月」[118]。

117　陸增祥：《八瓊室金石補正》770 頁，文物出版社影印本，1985 年。
118　同上。

這就形成了一個完整系統的妙善女子為觀世音化身的佛教故事，使人們對觀世音菩薩為女相的說法堅信不疑。在此故事廣泛流傳的基礎上，才產生了元代管道昇書寫的觀世音菩薩傳。

根據杜德橋教授的深入考察，在蔣之奇的碑文問世以後，社會上陸續流傳開多種關於妙善的傳說，可以見到的資料有：《從容錄》，作者行秀，西元1156 至 1236 或西元 1166 至 1246 年間在世；《新編醉翁談錄》，作者金盈之，成書大約在西元十三世紀；《大唐三藏取經詩話》，作於西元 13 世紀。這時，妙善的傳說已經廣泛傳播，正如杜教授所言：「在這未經刻意雕飾的早期小說刊本中（指《大唐三藏取經詩話》），香山故事已經為人熟悉到含糊一提就知所以的地步。」[119] 而後，在民間流行的一種佛教俗講 —— 《寶卷》中，這類民間文學「包括宗教科儀與宣道經典宗教故事以及其他涉及宗教主題之作，還有就是較晚期的改編自一般民間故事的作品」[120]。而香山故事就是最早的寶卷題材之一，其中如《觀世音菩薩本行經》又名《香山卷》。又如《南海觀音全傳》，是一本在明代十分流行的坊間小說。再如《搜神大全》中提及的觀音故事。這些故事都十分明顯地表現出源於蔣之奇敘述的香山妙善傳說。這些故事在明、清時期普遍流行於民間，尤以東南沿海地區為甚。普陀山觀世音道場的日益興旺，女性觀音造像的大量出現，應該都是這些故事普遍流行的結果。

妙善的故事進入戲劇舞臺以後，其影響更加深遠。杜德橋教授找到了明代萬曆年間的劇本 —— 《香山記》，為南京書林富春堂刻本。它是經過文人加工搬上舞臺的妙善傳說戲劇。很可能在此之前民間已經有了類似的戲劇演出。因為中國古代的小說、戲劇，大多是在民間傳本的基礎上加工而成的。根據河南寶豐一帶的社會調查，直至近代當地還有觀世音身世的戲劇上演。

119　杜德橋（Glen Dudbridge）《觀世音菩薩緣起考 —— 妙善傳說》42 頁，（臺北）巨流圖書公司，1990 年。

120　同上，51 頁。

當地人將香山寺的大悲觀世音稱作「三皇姑」，是源於妙善為妙莊嚴王三女兒的傳說。現在河南省戲劇研究所還存有舊抄本劇本《三皇姑出嫁》，或稱為《觀音得道》。

由此我們展現出了一條比較清楚的演變脈絡，其源頭可以追溯到北宋時期的蔣之奇《香山大悲觀音菩薩傳》。那麼，蔣之奇從方丈懷晝那裡見到的《香山大悲菩薩傳》原本是什麼時候的創作呢？

據蔣之奇記錄懷晝的話，認為是唐代名僧律宗始祖道宣的作品。這當然有可能是附會之言，中國古代將某一偽作稱為某名人所作的風氣是很流行的，但它顯然不大可能是懷晝的原作。首先，宋代文人多精於金石書畫收藏，當代的寫本與舊抄本應該是能夠區分開的。其次，蔣之奇讀後說：「其語或俚俗，豈義常者少文而失天神本語耶？」可見它原來是一個民間流傳的俗講本。這種佛教俗講在唐代、五代至宋代廣泛流傳在民間，敦煌藏經洞寶藏中就有不少這類俗講卷子。因此，在無法得知原本狀況的情況下，我們推測《香山大悲菩薩傳》是宋代早期或者更早時期的抄本，應該不算過分吧。

《香山大悲菩薩傳》這樣的俗講本，雖然是在民間流傳的傳說，但是它的內容由來還是有所根據的，並非空穴來風。《妙法蓮華經》應該是《香山大悲菩薩傳》改編的泉源。

杜德橋教授曾分析〈香山大悲觀音菩薩傳碑〉中記載的故事情節，找出與之相近同的佛典出處。他指出：香山仙人捨手、眼，而後復生手、眼，顯示千手千眼觀音形象的故事敘述，與《妙法蓮華經·藥王菩薩本生品》中以下一段在故事情節乃至某些語句上都十分相似：

> 「我捨兩臂，必當得佛金色之身；若實不虛，今我兩臂還復如故。」
> 作是誓已，自然還復，由斯菩薩福德智慧淳厚所致。當爾之時，三千大千
> 世界六種震動，天雨寶華，一切人天得未曾有。

杜德橋教授還指出：《妙法蓮華經》二十七品妙莊嚴王的故事，是形成妙善傳說的基礎。「兩者均觸及故事的主要情節：一信仰外道之國君在孝順

的子女引導下而得成正果；他棄絕他所統治的塵世國度，率眾浩浩蕩蕩地走向仙佛所在地，與家人和隨從一同皈依佛法。簡言之，《妙法蓮華經》妙莊嚴王本事這一品為妙善傳說提供了宗教的主題，部分人物，以及故事的高潮與終結之形式。」「故事內另外少數外來的成分亦可在其他佛教或印度材料中找到根源。」[121]

透過以上的介紹，我們看到了杜德橋教授在探討妙善傳說的形成與發展這一重大課題上所做出的傑出成績。這一研究給予我們的啟發是多方面的。透過它可以更好地深入分析漢化佛教中很多具有民族性的新創造，了解印度的宗教意識是如何與中國的民間社會相結合，了解這些文化因子是如何融合與發展的。至於我們開始提到的中國觀世音造像的演變問題，我想，也可以從妙善傳說的產生、流傳、普及等諸階段中得到有力的旁證，證實北宋初年是這種演變正式開始的時期。

原載《中國佛學》第一卷第一期

121　同上，93頁、95頁。

大肚能容

現在佛寺中常常單獨供奉的彌勒佛像，據說是按照五代後梁時布袋和尚的形象塑造的。他豐頤巨腹，笑容可掬，令見到他的人也往往忍俊不禁。

大秦景教流行中國碑（局部）

伴隨他左右的通常是一副對聯：「大肚能容，容天下難容之事；開口常笑，笑世上可笑之人。」雖然淺顯，卻是哲理十足，意味悠長。

大肚能容，歷來是一種難得的美德，也是一種修養的工夫。華夏古國中不乏種種相關傳說。掠影古代石刻，也經常能讓人興起不少與此有關的聯想。

陝西省西安市的碑林博物館中，靜靜地立著一座名聞遐邇的唐建中二年大秦景教流行中國碑。多年來，它默默地隱沒在無數精工雕刻的豐碑中。直至近代才由於西方的重視而引起人們的興趣，成為古代中西交流的一件重要

物證。景教碑是明天啟五年（1625）在西安附近出土的。當時，地方當局把它安放在西安西郊外的金勝寺，並沒有引起人們的多少注意，卻使當年已經進入中國傳教的外國傳教士如獲至寶。首先，曾與著名耶穌會傳教士利瑪竇（Matteo Ricci, 1552 － 1610）有過交往的岐陽舉人張賡虞得到景教碑的一個拓本，將它送給自己的一位摯友李之藻。而李之藻是利瑪竇的第一個中國信徒。他得到拓本後，寫了一篇文章〈讀景教碑書後〉，指出，景教應該就是耶穌教。不久，法國神父金尼閣（Nicolas Trigault, 1577 － 1628）來到陝西，成為第一個見到景教碑的外國人，並將碑文譯成拉丁文寄往歐洲。三年後，另一位傳教士魯德昭魯德昭（Fr. de Semedo）也到西安開設教堂，並對景教碑進行了詳細的考察。這樣，在景教碑出土幾年後，歐洲就知道了它的存在。

1907 年，一丹麥記者霍爾姆（Frits Holm, 1881 － 1930）來到了西安，他在所著〈我為景教碑在中國進行的探險〉一文中介紹，他認為景教碑是世界上四大著名石刻之一。這四大石刻是 1799 年發現，現存大英博物館的古埃及羅塞塔石碑；1868 年在死海以東發現，現存羅浮宮的古膜拜國摩押碑；現存墨西哥國家博物館的古阿茲特克授時石刻與景教碑。因此，將這件碑運到西方，就成了他此行的目的。為了將景教碑偷運走，他竟僱人用同樣的石料仿造一件，準備將真品運走，以仿製品留在原地。但是在他的計畫進行過程中，遭到民間極力抗議，奮起保護，官府得知消息，將景教碑運入碑林保管，使這件珍貴的石刻得以保存下來（參江文漢《中國古代基督教及開封猶太人》）。

西方對這件碑石的重視，是源於研究基督教史的需要，梵蒂岡甚至給霍爾姆頒發了最高獎狀。而在我們看來，這座碑石的意義要比僅研究基督教史更為重大，它可以說是中華民族博大胸懷的見證。我每次看到它時，都會由此浮想聯翩，感到一千多年前的祖先們有過的那一份難得的寬容。

大秦，是中國古代對東羅馬帝國的稱呼。景教，據近代學者的考證，就是古代基督教中的聶斯脫里教派，原在今敘利亞等地有大量信徒，後來向東

傳播，進入波斯等地，唐代初年進入中原。大秦景教流行中國碑就是它在中國早期歷史的寶貴證據。

這座碑上刻寫道：「太宗皇帝光華君運，明聖臨人，大秦國有上德曰阿羅本，占青雲而載真經，望風律以馳艱險。貞觀九祀，至於長安。帝使宰臣房公玄齡，總仗西郊，賓迎入內，翻經書殿，問道禁闈。深知正真，特令傳授。貞觀十有二年秋七月詔曰：『……所司即於京義寧坊造大秦寺一所，度僧廿一人。』」

「高宗大帝克恭纘祖，潤色真宗，而於諸州各置景寺，仍崇阿羅本為鎮國大法主。」

「玄宗至道皇帝令寧國等五王親臨福宇，建立壇場……天寶初，復令大將軍高力士送五聖寫真寺內安置。」

「肅宗文明皇帝於靈武等五郡重立景寺。」[122]

如此輝煌的傳教歷史，的確顯示了景教在唐代林林總總的社會宗教中占有一個可觀的位置。唐代博大而開放的文化氛圍，使景教在中原得以傳播發展。我們知道，唐代的國際交往十分頻繁，外國來華經商、通使、定居的人士數以萬計，因此，唐代外來宗教開始大多是在外國來華居民中流傳。但是，隨著傳教事業的發展，也會逐漸有漢族信徒加入。從這件碑文由朝議郎前行台州司士參軍呂秀巖書寫這一點上來看，漢族人士中也可能有信仰景教的。也有學者認為，景教主要是在來華的西方人士中流行，教徒均為在華的西域各民族居民，唐代末年以後景教在中原的衰落便是外來人口急遽減少的結果。針對這種看法，我們需要指出，在敦煌藏經洞中還曾經出土過七種關於唐代景教的中文寫本，如伯希和（Paul Eugène Pelliot, 1878 － 1945）掠走的《大秦景教三威蒙度贊》和《尊經》、日本京都大學富崗謙藏收藏的《一神論》等[123]。透過這些景教中文寫本的發現，可以說明景教也向中原漢族進行

122　王昶：《金石萃編》卷 102，掃葉山房本。
123　朱維之：《大秦景教三威蒙度贊及尊經考》、《景教經典一神論》、《文藝宗教論集》。

過宣傳，那麼可能也有部分上層漢族人士接受了景教。唐代各州都一度設立景教寺的現實大約就可以說明這一點。

那麼，聶斯脫里教派在當時的基督教中占有什麼樣的地位呢？糟糕之至。它竟是一支飽受教皇與東羅馬帝國的排斥、迫害，被視作異端的少數教派。根據威爾斯頓·華爾克（Williston Walker, 1860 － 1922）的《基督教會史》記載：聶斯脫里是安提阿的長老和隱修士，428 年，他被任命為君士坦丁堡宗主教。他強調耶穌基督神性與人性的真實與完整，以及兩者之間在意志上的結合。這種觀點受到亞歷山大宗主教區利羅一世（Cyrillus Alexandrinus, 376 － 444）為首的一派勢力的攻擊。在教皇教皇策肋定一世（Sanctus Caelestinus PP. I, ? － 432）和東羅馬帝國皇帝狄奧多西二世（Theodosius II, 401 － 450）等人的支持下，奚利爾獲勝。聶斯脫里被革職，最後被流放到上埃及。幸而他的支持者分布在敘利亞一帶，繼續他的教派，並且把這種教派向東方傳播過去，透過波斯，進入了中華。

然而，就是這樣一支異端教派進入中國以後，卻能自由地布道設壇，四處傳播。近代以來，在揚州、泉州等沿海地區也多次發現過唐代至元代的景教徒墓碑，可見景教在中國長期延續下來。大概除了唐武宗滅佛那樣特別時期的限制以外，對景教的流傳沒有過任何干擾。像西方教會實行宗教裁判所迫害異教以及對新教徒的聖巴托羅繆大屠殺等等殘酷無情的宗教迫害流血慘案就更沒有發生過了。中原人民和中國文化應該是以極大的寬容，容納了這個被基督教視作異端的思想流派。

景教是一個例子。而猶太教的傳入又是一個例子。開封市博物館中保存了三件明清時期關於當地猶太教寺廟情況的碑文。即：明弘治二年〈重修清真寺記〉、正德七年〈尊崇道經寺記〉及清康熙十八年〈祠堂述古碑記〉。其中明弘治二年〈重修清真寺記〉與正德七年〈尊崇道經寺記〉是刻於同一碑石的正反兩面上。另外還有一件清康熙二年刻的碑石，已經遺失，但羅馬教廷

還保存著它的拓本。這裡所說的清真寺，實際上是猶太教堂，由於中原人士不清楚回教與猶太教的區別，又見他們都不食用豬肉，所以統稱為清真。而猶太移民也就遷就了這種漢語的稱呼。這些碑文中記載了信仰猶太教的中東人士來到中國定居的宗支源流以及猶太教的教義，極富歷史價值，引起了國際上的重視。如弘治二年〈重修清真寺記〉云：「噫，教道相傳，授受有自來矣。出自天竺，奉命而來，有李、俺、艾、高、穆、趙、金、周、張、石、黃、李、聶、金、張、左、白七十姓等。進貢西洋布於宋。帝曰：歸我中華，遵守祖風，留遺汴梁。宋孝隆興元年癸未，列微五思達領掌其教。俺都喇始建寺焉。」[124] 根據這些記載，在宋代孝宗隆興元年（1163），開封就建立了猶太教禮拜寺。寺中保存的猶太經卷，雖然經歷多次水、火災害與人為破壞，但仍有一些遺存到清末。根據清代末年外國傳教士的調查，直至 19 世紀初，開封還有數百名猶太人後裔。他們仍然保持著猶太民族的習俗，信奉猶太教。從宋代到清末近千年間，定居開封的猶太人一直平和地生活在漢族人民中間。此外，正德七年碑上說：「業是教者不止於汴。」根據這些碑文的記載，在寧波、杭州、寧夏、揚州等地都曾有猶太人居住。1926 年，法國人普瑞浮發表了他在洛陽得到的三塊希伯來文碑誌照片。它表明在洛陽也曾有過猶太人居住[125]。

　　結合近年對猶太人入華歷史的研究，起碼在西元 8 世紀，已經有猶太商人在敦煌居住。伯希和掠走的敦煌 P1412 號文書，是一篇用希伯來文抄寫的祈禱文（參林梅村《猶太人入華考》）。關於它的年代，雖然國外學術界還有產生於 6 世紀與產生於 8 世紀的不同看法，但它是當時入華猶太人書寫的文書這一點，則是毫無疑義的。這些都可以表明：唐代曾經是一個多麼開放，又多麼寬容的時代。

　　猶太教與猶太民族的歷史，就是一部被迫害的歷史。自西元 132 年羅馬

124　潘光旦：《中國境內猶太人的若干問題 ── 開封猶太人》，北京大學出版社，1983 年。
125　W. C. White：《*Chinese Jews*》1966 年。

皇帝哈德良（Publius Aelius Traianus Hadrianus Augustus, 76 － 138）鎮壓了猶太人的起義，迫使他們「大疏散」以來，猶太人浪跡天涯，在世界各地大多受到歧視與迫害。從上古埃及到近代的希特勒，對猶太人的殺戮不絕於書。然而只有在中國，猶太移民從未受到歧視與迫害，而且還一代又一代地傳教、繁衍，最終融入了中華民族之中。中華民族寬容的天性與博大的胸懷，在這些石刻中又一次展現出來。

不僅如此，中國古代歷史上，還存在過外部傳來的祆教、摩尼教、伊斯蘭教等多種重要的宗教，更不用說已經中國化的佛教了。這些宗教的傳入、普及，也就是這些宗教思想被中國文化大度包容的過程，便一一在古代石刻中留下了或多或少的遺蹟。像北魏墓誌紋飾中有祆教的宗教圖像，「身披火焰的拓仰諸神是拜火教諸多神祇中的成員。他們是鮮卑和漢人心目中的胡天火神」。（參施安昌《北魏馮邕妻元氏墓誌紋飾考》）其例見於正光三年（522）馮邕妻元氏墓誌，還有正光五年（524）二月三日元謐墓誌、正光五年（524）三月十一日元昭墓誌、孝昌二年（526）十月十八日侯剛墓誌、永安二年（529）四月三日筍景墓誌等。比較典型的是筍景墓誌蓋下面的中央部分繪有花卉，花中升起火焰，火焰中有一個方形祭壇。這種圖案是在中國傳統紋飾中找不到的，很明顯是在表現拜火教的宗教崇拜內容。

泉州有被認作是摩尼教佛像的石刻火焰光佛，反映出宋代以來南方摩尼教的流行盛況。在北京、西安等地的大量回教清真寺中，有相當數量的元代以來的回教碑刻。至於佛教的刻經、造像、塔銘、碑刻，上起東漢末，下至當代，數以萬計，遍及全國。可稱作世界文化史奇蹟的房山佛教石經，延續刻造近千年，共計 14,620 件經版，刻寫了大藏經卷 1,100 多種，3,500 多卷。這種各種宗教文化並存，而且由同一種文字石刻 —— 中國石刻保存下來的現象，在世界上也應該是十分罕見的。不能不說它得益於我們祖先的寬容精神。

　　寬厚包容，兼收並蓄，應該是黃土大地孕育出的華夏子孫的胸懷。它應該是來源於儒家學者大力提倡的治身之道。儒家的宗師孔子多次在言談中宣揚這種精神。如《論語・里仁》記載：「子曰：『參乎，吾道一以貫之。』曾子曰：『唯。』子出。門人問曰：『何謂也？』曾子曰：『夫子之道，忠恕而已矣。』」又如《論語・陽貨》：「子張問仁於孔子。孔子曰：『能行五者於天下，為仁矣。』請問之。曰：『恭、寬、信、敏、惠。』」孔子學派形成以後，真正秉承儒家思想的學者，始終注意保持著寬容的胸襟。這是我們至今仍然可以在老一代知識分子身上看到的可貴精神。

　　不知從什麼時候，寬容越來越難得見到，紛爭與傾軋越來越多地出現。我想，可能是在宋、明、清以來，皇權日益擴充，專制日益加強，思想禁網日益嚴密帶來的結果吧。這就導致了學術上的唯我獨尊，門戶之見，停滯不前。也造成了思想上的保守禁錮，黨派紛爭，顧盼維艱。即使對於景教流行中國碑這樣一件珍貴的歷史實物，有些清代學者也要橫加批駁，極力否定。錢大昕的《景教考》中先把景教認為是與祆教、摩尼教相等的邪教，然後說：「所謂景教流行者，則夷僧之黠者稍通文字，膏唇拭舌，妄為之詞。而非果有異於摩尼天神也。」在今人看起來，這種歧視與武斷不是很可笑嗎？

原載《中國典籍與文化》2000 年第 4 期

《孝子傳》的兩件日本古抄本

忠孝思想是中國古代儒家思想的核心組成部分，也是中國古代社會重要的精神支柱。長期以來，中國周邊的古代東亞各國深受中國古代思想、文化的影響，同樣接受與宣傳著中國儒家思想所提倡的忠孝理念。記述相關思想的中國古籍也流傳到這些國家，並且在這些國家一代又一代地傳抄下來。時至今日，很多關於中國古代文化思想的古籍在中國已經亡佚不存，但是卻能夠在海外流傳的古籍中找到它們的蹤影。這類發現，往往成為文化史上的佳話。在日本傳留的兩種古代抄本《孝子傳》，就是這樣的珍貴資料。

古代日本深受中國文化影響，漢字曾經是日本廣泛使用的書寫手段。《古逸叢書》中影印的藤原佐世所撰《日本國見在書目》裡，按四部體例記錄了上萬卷的日本所藏中國古代典籍。基本上應該是唐代與唐代以前的抄本[126]。迄至今日，很多中國古代典籍都有手抄本在日本流傳，其中包括相當於唐代甚至更早時期的抄本，極其寶貴。清代末年，楊守敬出使日本時，曾經為那裡存留的宋、明刻本與古代抄本之豐富而震驚，加以大力收集，在他的《日本訪書志》等著作中介紹了他所見的古代刻本、抄本[127]。在《日本訪書志》的「緣起」中，他寫道：「東來日本……不一年，遂有三萬餘卷。」「日本收藏家除足利官學外，以金澤文庫為最古，當我元明之間。今日流傳宋本大半是其所遺。次則養安院，當明之季世，亦多宋元本，且有朝鮮古本。此下則以近世狩谷望之求古樓為最富。雖其楓山官庫、昌平官學所儲亦不及也。又有市野光彥、澀江道純、小島尚質及森立之，皆儲藏之有名者。餘之所得大抵諸家之遺。」同出使日本的黎庶昌曾編印《古逸叢書》，收入多種日本流傳的古代刻本與抄本。羅振玉也曾在他編輯出版的《吉石盦叢書》中收入一些中國古籍的日本抄本，如《祕府略》等[128]。後來，日本又編印過多種彙集予以介紹，如京都帝國大學文學部影印的《京都帝國大學文學部景印唐

126　黎庶昌：《古逸叢書》四十五冊，清光緒十年日本東京使署印本。
127　楊守敬：《日本訪書志》，清光緒丁酉（1897 年）刻本。
128　羅振玉：《吉石盦叢書》，上虞羅氏景印本，1913-1916 年。

鈔本》[129]、大阪美術館編印的《唐鈔本》[130]等。這些古抄本可與敦煌卷子、傳世古籍等互相印證，以反映唐代等歷史時期裡古代典籍的具體面貌與流行情況，是中國古籍整理與研究中值得重視的一批原始資料。

近年來，日本學者研究古代孝子思想的成果紛紛湧現，他們把孝子思想及相關文獻作為中日文化交流歷史上的一個重點，同時著重研究孝子思想在日本古代思想與當時社會風俗中的地位。在這一文化研究中，他們自然要注意到在日本傳留的古代文獻資料。兩種以往未被予以足夠重視的日本古代抄本《孝子傳》，就在這種學術背景下受到了普遍的關注。從 1950 年代起，日本學者西野貞治、吉川幸次郎、一海知義、東野治之、黑田彰等人先後對這些資料做了介紹、注釋、校正與相關研究。特別是佛教大學的黑田彰教授，除一系列相關論文外，還在近年出版了《孝子傳的研究》，參與編集了《孝子傳注解》等專著[131]。從而將這兩種古代抄本做了詳盡的介紹說明。因為我以前做過一些涉及古代孝子壁畫的研究，承黑田教授將他的大作先後寄贈，得以略知關於這兩種抄本的研究情況。現依據黑田教授的著述，將日本的兩種《孝子傳》大致介紹於下。

在日本傳留的古代文獻中保存有兩種《孝子傳》的抄本。一種是在陽明文庫收藏的，被稱作陽明本，書寫時代不詳。原書題簽已經剝落，用墨在封面上寫有「孝子傳」的字樣。裡面題名為《孝子傳》。上下兩卷，裝訂為一冊。冊高 24.7 公分，寬 19.2 公分。內容抄寫在印有豎格的紙張上，共 25 頁。漢字墨書。文字書體端正，但有相當多的俗字別體。另一種被稱為船橋本（或清家本、清原本），該書最後有清原枝賢的題記：「右孝子傳上下，雖有魚魯焉馬之誤繁多，先令書寫畢，引勘本書，令改易之可者乎。此書每誦讀，涕泣如雨。嗚乎！夫孝者仁之本哉。天正第八秦正二十又五。孔徒從

---

129 《京都帝國大學文學部景印唐鈔本》，京都帝國大學文學部影印，1921-1935 年。
130 《唐鈔本》，大阪美術館，1980 年。
131 黑田彰：《孝子傳研究》，（日）思文閣，2001 年版；幼學會：《孝子傳注解》，（日）汲古書院，2003 年版。

247

三位清原朝臣枝賢。」由此可知這個本子抄寫於天正八年（1580）。該本曾為船橋家舊藏，現存京都大學附屬圖書館，為日本重要文物。它的封面題寫《孝子傳》的書名，首頁書寫「孝子傳並序」。上下兩卷，裝訂為一冊。冊高 23.6 公分，寬 20.3 公分。內容抄寫在素紙上，共 25 頁半。漢字墨書直行。有些文字旁注有片假名字母。書上蓋有「船橋藏書」、「東」等印章。根據《圖書寮叢刊·書陵部藏書印譜》（上）裡收入的印章對照[132]，「東」是清原宣賢的藏書印，後來他的後代、清原枝賢的兒子清原國賢也沿用這個印。書封面上墨書「青松」二字，也是清原國賢的字號。

據考，清原枝賢在世年代為西元 1520 － 1590 年。該卷的末尾有補記：「此序雖拾四十五名，此本有三十九名，漏脫譯，以正本可補入焉。」由此可見抄寫時還存在著一個流傳的正本《孝子傳》。吉川幸次郎曾認為，這個正本是六朝時期的傳本[133]。也就是說，清原枝賢的抄本源於中國古代六朝時期的《孝子傳》抄本。後來西野貞治認為清原本依據的本子是在中唐時期修改過的，而陽明本是六朝至隋代之間形成的，比較早。船橋本（清原本）與它屬於同一個系統[134]。東野治之、黑田彰則認為船橋本（清原本）要早於陽明本，應該是唐代初年的修改本，東野治之甚至將船橋本傳入日本的時間確定在西元 700 年以前[135]。

這兩種抄本所收入的孝子故事數量均為 45 個，但是船橋本中將「慈烏」的故事抄錄到東飯節女的故事裡面，又將謝弘微的故事接續到劉敬宣的故事後，易誤認為一體。除此之外，兩種抄本收錄的孝子人物相同，排列順序與分卷情況也完全一致，只是存在著一些文字敘述上的差異以及由於抄寫錯誤造成的不同。由此可見，認為它們源於同一種古本的意見是可以成立的。所

132　《圖書寮叢刊·書陵部藏書印譜》（上），（日）明治書院，1996 年版。

133　吉川幸次郎：《「孝子傳」解說並釋文》，（日）京都大學附屬圖書館，1959 年版。

134　西野貞治：〈陽明本孝子傳の性格並に清原家本との關係について〉，（日）《人文研究》七卷六號，1956 年。

135　東野治之：〈那須國造碑と律令制 —— 孝子說話の受容に關聯して〉，見《日本律令制の諸相》，（日）東方書店，2002 年版。

收錄的孝子依次為：

　　1. 舜，2. 董永，3. 邢渠，4. 韓伯瑜，5. 郭巨，6. 原谷，7. 魏陽（船橋本誤作槐陽，據《太平御覽》卷三五二引蕭廣濟《孝子傳》當為魏陽，東漢武氏石室畫像石中題榜作魏湯），8. 三州義士，9. 丁蘭，10. 朱明，11. 蔡順，12. 王巨尉，13. 老萊之，14. 宋勝之（陽明本誤作宗勝之，據《太平御覽》卷五〇八引皇甫謐《高士傳》當為宋勝之），15. 陳寔，16. 陽威，17. 曹娥，18. 毛義，19. 歐尚，20. 仲由，21. 劉敬宣（陽明本誤作劉敬寅，據《宋書》卷四十七當為劉敬宣），22. 謝弘微（陽明本、船橋本均誤作謝弘徵，據《宋書》卷五十八當為謝弘微），23. 朱百年，24. 高柴，25. 張敷，26. 孟仁，27. 王祥，28. 姜詩，29. 叔先雄（陽明本誤作升光雄，據《後漢書》卷八十四、《太平御覽》卷六十九等處引文當為叔先雄，為字形相近所訛），30. 顏烏，31. 許孜（陽明本、船橋本均誤作許牧，據《晉書》卷八八當為許孜），32. 魯義士，33. 閔子騫，34. 蔣詡（船橋本作蔣章訓，據《東觀漢記》卷二一作蔣詡），35. 伯奇，36. 曾參，37. 董黯，38. 申生，39. 申明，40. 禽堅，41. 李善，42. 羊公，43. 東歸節女，（船橋本作東皈節女，《太平御覽》卷三六四引《列女傳》作京師節女，東漢武氏石室畫像石中題榜作京師節女。或疑東歸為京師二字之訛變）44. 眉間尺，45. 慈烏。它們的排列有序，顯然是一種比較完整的古代《孝子傳》的原來面貌。

　　中國現存的古代文獻中已經沒有一種完整的六朝時期的《孝子傳》，現可見的清代茆泮林所編《孝子傳》主要是從《太平御覽》等古代類書中輯佚而成。它收集的內容，包括了漢代至南朝期間編寫的十種《孝子傳》的佚文。它們是：劉向《孝子傳》、蕭廣濟《孝子傳》、王歆《孝子傳》、王韶之《孝子傳》、周景式《孝子傳》、師覺授《孝子傳》、宋躬《孝子傳》、虞盤佑《孝子傳》、鄭緝之《孝子傳》、逸名《孝子傳》等[136]。由於是後人摘錄後重新編

136　茆泮林：《古孝子傳》，道光十四年刻本，十種古逸書本。

輯，所以裡面的內容、順序都與各《孝子傳》書原來的面貌有所不同，無法在整體上與上述日本傳本加以對比。但是，對比現存的十種《孝子傳》佚文，除劉向《孝子傳》（有人認為原書名應為《孝子圖》[137]）以外，各種佚文裡均有這兩種日本傳本裡面沒有收錄的孝子內容。如蕭廣濟《孝子傳》佚文中有杜孝、陶通、辛善等二十多個日本傳本裡沒有的人物，宋躬《孝子傳》佚文中有夏侯、韋俊、伍襲等十多個日本傳本裡沒有的人物，其他幾種保存佚文比較少的《孝子傳》中也大部分是日本傳本裡沒有的人物。而劉向《孝子傳》是漢代作品，日本傳本中收有晉與六朝時期的人物，如王祥、劉敬宣、謝弘微等人，顯然其成書時間要晚到六朝後期以降，與劉向的作品無關。由此可見，日本傳本不是茆泮林蒐集的以上十種《孝子傳》中的任何一種。

將這十種《孝子傳》收錄的人物與日本傳本逐一對比，可以看到：逸名《孝子傳》中收錄的內容與日本傳本重合率最高。日本傳本中收錄的人物有 22 人出現在逸名《孝子傳》中。當然，由於是摘自各種古籍、類書之中的佚文，我們無法確定逸名的《孝子傳》佚文原來是出自同一部書，還是出自幾部同名的書。如果確實是同一部書，那麼，或許可以推測逸名《孝子傳》就是日本傳本的原始本。日本傳本可能是在逸名《孝子傳》的基礎上再加以選擇、排列、精簡成的一個新本。這樣，它能保留下來一種比較完整的古代《孝子傳》的原來面貌，使我們可以大致了解六朝時期《孝子傳》的編纂體例。這對於古籍校勘與集佚工作應該是頗有裨益的。

古代《孝子傳》的編排順序，應該與正史中《孝義傳》的編排不同，不是依照時間順序或名氣大小，而往往是按照其故事內容或人物身分來編序。從晉代陶潛的《孝傳》起就確定了按階級分類排列的體例。它將孝子分為天子、諸侯、卿大夫、士、庶人五等，影響到後來的孝子書都把舜放在第一位。日本傳本的編序與之不同，黑田教授發現日本傳本中所收錄的人物基本

137　黃任恆：《孝子匯傳》，自刻本，1925 年。

是按照內容關聯來排列，如董永故事是孝養父親，它後面的邢渠故事也是孝養父親，韓伯瑜故事是侍奉母親，接下來的郭巨故事也是奉養母親……這應該是六朝以來孝子傳類型書籍的一個基本編纂體例。

更為珍貴的是，日本傳本裡保存了一些不見於其他古籍中的佚文。如關於朱明、伯奇等人的一些記載，在中國傳留的相關孝子文獻中已極為罕見。這些記載，不僅保存了當時流傳的《孝子傳》本來面貌，還可以對了解當時流行的孝子圖畫相關題材造成重要的旁證作用。

例如日本傳本《孝子傳》中關於朱明的記載：船橋本作「朱明者，東都人也。有兄弟二人。父母沒後不久，分財，各得百萬。其弟驕慢，早盡己分，就兄乞求。兄恆與之。如之數度，其婦忿怒，打罵小郎。明聞之，曰：『汝，他姓女也。是吾骨肉也。四海之女，皆了為婦。骨肉之復不可得。』遂追其婦，永不相見也。」（原文中有誤字、脫字處，不一一說明，下同。）在東漢武氏石室畫像石中就有關於朱明的畫像，題榜為：「朱明、朱明弟、朱明兒、朱明妻。」以往考證中均不明其所出。相關文獻記載，僅見於唐代《初學記》卷十七：「朱明張臣尉讚：詩詠張仲，今也朱明。輶財敦友，衣不表形。寡妻屏穢，棠棣增榮。臣尉邈然，醜類感誠。」但是言詞簡括，具體故事一直不得而詳。另外在唐陸廣微《吳地記》中記錄吳縣朱明寺，曾敘述了朱明的生平，但是在世年代有異，而且沒有涉及孝友之事。只有透過這裡的記載，才使我們得知關於圖像表達的故事。朱明這種孝子故事，有文物資料顯示它曾在漢代非常流行，但在唐代就已經近乎湮滅，由此正可以說明日本傳本原本的成書時代應該是在六朝或唐代初期。

又如伯奇的故事，日本傳本中記錄得非常詳細，黑田教授把它分為六個部分：關於蛇、關於蜂、關於伯奇流離、關於伯奇變鳥、關於鵃鶹、詩云[138]。其船橋本中關於蛇的一部分是：「伯奇者，周丞相尹吉甫之子也。為

138　黑田彰：〈伯奇贅語——孝子圖和孝子傳〉，《說話論集第十二集、今昔物語集》，（日）清文堂出版株式會社，2003 年 6 月。

人孝慈，未嘗有惡。於時後母生一男，始而憎伯奇。或取蛇入瓶，令賚伯奇遣小兒所。小兒見之，畏怖泣叫。後母語父曰：『伯奇常欲殺吾子，若君不知乎，往見畏物。父見瓶中，果而有蛇。』」這些記載也不見於其他傳世古籍。

在唐宋以前的文獻中，對於伯奇故事的記載有幾種不同的傳本。早在漢代的《說苑》中，已經記載了伯奇的故事，但今傳本中卻已佚失。我們只能看到向宗魯《說苑校證》「佚文輯補」裡根據《文選》、《漢書》、《後漢書》等古籍注文補入的伯奇故事，裡面已經沒有了關於後母藏毒蛇的這一段文字。其後《太平御覽》所引《列女傳》、《貪惡鳥論》等也沒有具體提及關於毒蛇的故事，有些傳本甚至只簡單地敘述伯奇冤死後化鳥的傳說。日本所傳《孝子傳》記載的故事最為完整，與其相近的描述僅見於《類林雜說》。而唐代以來，相關圖像也不再出現。幸虧有了日本傳本中保存的伯奇繼母在瓶中裝蛇陷害伯奇的一段內容，我們才能辨認出山東武氏左石室中的一幅伯奇畫像。

這幅畫像位於武氏左石室後壁小龕的東側。畫面正中地面上放有一個容器，器身盤有一條蛇，昂首向上。器左側，有一人似欲伸手取器，右側一人舉手伸向前者，他們的後面各有兩人，執笏而立。鄭岩曾將它解釋為「隨侯珠」的故事[139]。現在看來，這幅畫也應該是伯奇的故事。畫中的人物形象、動作所能表現的內容，都與「隨侯珠」的故事不符，而與伯奇的故事相合。畫面上壺左側一人，頭上的飾物雖然已有殘缺，但仍可以確認不是男子的冠帽，很可能是表現婦女的幗，說明她是伯奇後母。右側男子舉手的動作，可以解釋為伯奇接受後母交付的壺，也可以解釋為伯奇故事的下一段情節：「於時母密取蜂，置袖中。至園，乃母倒地，云：『吾懷入蜂。』伯奇走寄，探懷入蜂。」[140] 原石沒有題榜，上引《孝子傳》中的記載是對它最適宜的解釋。

139　鄭岩：〈武氏祠隋侯之珠畫像〉，《文物天地》，1991 年 2 期。

140　據日本船橋本《孝子傳》，《說苑校證》《佚文輯補》引《文選》注為：「後母欲令其子立為太子，

此外，像日本傳本中的羊公故事、王巨尉故事等，在以往的中國古籍中大多語焉不詳，甚至產生過一些誤解，如把羊公理解成晉代的羊祜。在《抱朴子·內篇》中有：「羊公積德布施，詣乎皓首，乃受天墜之金。」王明在注釋時就誤認為：「羊公，晉羊祜。」[141] 而實際上，羊公是漢代的一個行善老人。在《史記》、《漢書》中記錄的雍伯應該就是他的原型。山東武氏石室畫像中也有題榜為「義漿羊公」的圖畫。這裡對他的記載比較完整，可供參照。

上面已經大略說過日本學者對這兩種《孝子傳》原本時代的考證結果。他們主要是根據文字、詞語中所反映的時代特徵來做判斷，如用船橋本裡的「阿孃」一詞多見於中唐以前的敦煌卷子、陽明本羊公故事中出現明顯的佛教福田思想等來說明它原本是中唐以前的作品。我們還可以提出一些證據來說明日本傳本原本的成書時代上限應該是在六朝或唐代初期，如書中收錄了六朝時期的孝子人物與朱明這種在唐代就已經近乎湮滅的孝子故事等。同時，我們還注意到這兩種抄本中使用的異體字情況。相比之下，陽明本中使用的異體字更多一些，這或者說明它的抄寫時間在先，或者說明它的抄寫者更注意保持原本的本來面貌。例如陽明本中出現的「最、修、凡、殺、豐、號、所、靈、詣、逢、辭、葬」等大量文字的異體寫法，都是典型的南北朝隋唐時期寫法，而罕見於宋代以下的文字史料之中。日本使用漢字的情況也應該與之相應。在船橋本抄寫時，已經不流行這些異體字寫法了。這方面的特徵，對於判斷抄本的原來時代應該是有所幫助的。

由此看來，大約在唐代甚至更早的時期，作為孝子思想的載體，中國的孝子故事就傳入了日本。在日本廣泛流傳的《孝子傳》對日本古代思想的形成曾發揮過相當大的影響。現存很多日本古代的傳說、故事中都可以看出中國孝子故事的痕跡。日本古代還流行一些將中國孝子故事加工後形成的說唱

說王曰：『伯奇好妾。』王不信。其母曰：『令伯奇於後園。王上臺觀之，即可知。』王如其言。伯奇入園。後母陰取蜂十數，置單衣中，往過伯奇邊，曰：『蜂螫我。』伯奇就衣中取蜂殺之。王見，讓伯奇。」

141　王明：《抱朴子內篇校釋》，中華書局，1980 年版。

形式，見於《孝行傳》、《童子教諺集》等。正如日本學者指出的：古《孝子傳》一類的書籍在中國、朝鮮、日本等古亞洲漢字文化圈的國家中作為兒童的教科書被廣泛使用著，展現了東亞社會相通的人際關係概念與倫理思想[142]。這應該是古代思想研究中值得注意的一個方面。而從古籍研究的角度來看，日本傳本《孝子傳》也同樣具有寶貴的參考價值，值得我們去進一步考證與比勘。

原載《中國典籍與文化》2004 年第 3 期

142　三木雅博：《孝子傳注解》後記，（日）汲古書院，2003 年版。

中國考古發現中的古代簡牘與石刻

　　我這裡向大家介紹一下中國考古發現中的古代簡牘與石刻。

　　今日一切發達的現代文明能夠有這樣偉大的成就，科學技術的飛速發展是最根本的因素。我們做考古的習慣追溯人類歷史的根源，那麼追溯科學技術發展的根源，就應該歸結到古代的人類發明文字。很明顯，有了文字，才能夠把文化知識與科學技術記載下來，透過不斷的累積與創新，發展科技，推動社會生產力的迅速發展，才能達到今天的文明程度。

　　在中國古代的傳說中，創造文字的是一個叫倉頡的賢人，漢代的《淮南子》一書中記載，在他造字時，「天雨粟，鬼夜哭」。就是說，創造文字的時候，天上往下掉糧食，鬼神在夜裡痛哭流涕。這種記載是很有意思的。可見文字的創造是一件驚天地、泣鬼神的壯舉。我想這表示古人就已經深刻地了解到：創造文字後，人類就能逐漸掌握自然，成為世界的主人了。

　　文字創造出來後，必須書寫下來，才能傳播與流傳，這就要有良好的書寫材料。今天我們使用的紙張是比較方便的書寫材料。但是造紙術是比較晚的發明，它是我們祖先經過長期實踐後才創造出來的。在這之前，在全世界主要的古代文明中，例如我們常說的四大古代文明中，由於人們所處的生存環境與自然條件不同，記載文字的材料也是多種多樣，例如古代埃及人使用的紙草，它是尼羅河流域生長的一種植物，把紙草的莖經過切割、捶打，製成薄片，用來書寫。其他像古代亞述人使用的泥版，古代印度僧侶使用的貝葉，古代西亞與歐洲人使用的羊皮等，都是取自自然的產物。這些有世界各地的考古發現所證明。

　　而在古代中國，竹子和木材製作的簡牘是主要的書寫材料。透過出土的實物，我們可以看到古代簡牘是窄長的，一般不到 1 公分寬，長度從十餘公分到六十餘公分，一般是 20 多公分。每支簡書寫的字數有限。所以古人們就把一支支單獨的簡用繩索編連起來，於是便形成了「冊」這個字。它是表示文書的字。在現存的商代甲骨文中，我們就能看到「冊」字。它的形狀就是

把簡編起來。中國最古老的典籍《尚書》的〈多士篇〉中記載:「唯殷先人有冊有典。」表明在商代已經有了用簡記錄的文化典籍。這是中國古代使用簡牘書寫的最早證據。那麼大約就是在距今三四千年之間已經有了簡牘。直到漢代發明了紙以後,簡牘才逐漸地被取代了。這一過程,今天有大量的考古發現加以證明。

當然,簡牘不是古代唯一的書寫材料,中國是絲綢的故鄉,古代也有用絲帛來書寫的文書。考古發現中也出土過古代的帛書,例如 1930 年代在湖南長沙子彈庫楚墓中發現的戰國帛書、70 年代在著名的長沙馬王堆漢墓中出土的帛書等。但是絲帛價值昂貴,不能普遍使用,日常用來書寫的還是簡牘材料。所以說簡牘曾經是中國古代文明的主要載體。

很早以前,中國就有過簡牘的發現。2,000 多年前,漢武帝末年,魯恭王要擴建自己的宮殿,他的封地在今天的山東曲阜,正是孔子的故里。所以建築時就把孔子家的宅院拆毀了。這時,在孔子宅第的牆壁夾層中,人們發現了一批古代簡牘書籍。有古文《尚書》、《禮記》、《論語》、《孝經》等幾十篇。當時孔子後人孔安國在朝廷做文學,他對這批簡牘進行了整理與研究。經過對比,這些書籍與當時流行的同種書籍有一定的區別。像出土的《尚書》比當時流行的《尚書》要多出 16 篇,有七百多個字不同,還有幾十個脫漏的文字。後人將孔安國整理出來的《尚書》叫做《古文尚書》,並由此形成了漢代經學中「今文」、「古文」兩大學派。

晉武帝太康二年(281),汲郡(今河南汲縣)出土了幾十車重要的簡牘書籍。這是當時一個叫不準的人盜墓時挖出來的。這個墓有人說是戰國時的魏襄王的墓,也有人說是魏安釐王的墓。這批簡牘整理出的書籍被後人稱為「汲塚竹書」,是我國歷史上一次重要的古代文獻出土。

根據《晉書·束皙傳》的記載,當時有一個名叫不準的人去盜墓,盜挖開了戰國時期魏襄王的墓(有人說是魏安釐王的墓),從墓中挖出了幾十車

竹簡，竹簡上有漆寫的蝌蚪文字，即戰國文字。另外還有一枚銅劍。由於盜墓者用竹簡點火照亮，尋找寶物，造成這些竹簡大多被燒殘，篇章次序也混亂難尋。官府沒收這批竹簡後，送到中央。晉武帝命令祕書整理，當時著名的學者束皙、荀勖、和嶠、傅瓚與祕書丞衛恆、東萊太守王庭堅等人都參加了整理。共整理出古代書籍 75 篇，其中有《紀年》13 篇，它大約是魏國的史書，從夏以來到西周被犬戎所滅，然後記述魏國歷史，有很多記載與《春秋》經傳的記載不同。有《易經》2 篇，與《周易》相同。《易繇陰陽卦》2 篇，《卦下易經》1 篇。《公孫段》2 篇、記載公孫段與邵陟論《易》。《國語》3 篇，記載楚國、晉國的歷史。《名》3 篇，像《禮記》，又像《爾雅》。《師春》1 篇，記《左傳》中關於卜筮的情況，師春可能是寫書的人名。《瑣語》11 篇，記載各國的卜筮、占相、妖怪等。《梁丘藏》1 篇，記載魏國世系與墓中所藏金玉。《繳書》2 篇，講射箭。《生封》1 篇，講帝王所封。《大曆》2 篇，記鄒子談天。《穆天子傳》5 篇，記錄周穆王四海遊行的故事。《圖詩》1 篇，是畫贊一類的文章。此外還有雜書 19 篇等，裡面有《周食田法》、《周書》、《論楚事》等。

但是這些簡牘都沒有能保存下來，根據它們整理的古代書籍，有很多也亡佚了。之後有些零星的簡牘出土，但是都沒有引起注意。直到二十世紀初，西方探險家對新疆樓蘭、尼雅，甘肅敦煌、內蒙古居延等西北地區進行考察，在古代的城市和屯戍遺址中發現了大量漢晉簡牘材料。這些發現，在當時帶給學術界非常大的震撼，使學者們從全新的角度來研究與認識古代社會，在很大程度上推進了新研究方法與新學術思想的深入普及。

從那時起，古代簡牘的出土成為二十世紀最重要的考古發現之一。可以說，每一次重要的簡牘發現，都引發一次國際漢學界的震撼。在近一百年的時間中，已經發掘出土了一百多批古代簡牘，它們都得到了很好的保護與研究。這些從春秋戰國時期直至晉代的簡牘材料，反映了近千年的古代歷史。

有人統計過，到二十世紀末，出土的簡牘總數大約有二十萬枚。這裡面有很多內容豐富、影響深遠的發現，我們這裡只能很簡略地介紹一下。

例如 1950 年代在河南信陽長臺關楚墓中出土的竹簡，湖北隨縣曾侯乙墓木槨中發現的竹簡，還有在湖北江陵望山楚墓和九店楚墓出土的竹簡、在湖北荊門郭店楚墓和包山楚墓出土的竹簡，都含有豐富的文字資料。

有第一次出土秦代文書的湖北雲夢睡虎地秦墓竹簡，包括秦代地圖的甘肅天水放馬灘秦墓簡牘，著名的湖南長沙馬王堆漢墓竹簡。

在湖北江陵張家山漢墓竹簡裡面有最早的《算術書》，安徽阜陽雙古堆漢墓竹簡裡面有《周易》、《詩經》等古籍。從山東臨沂銀雀山漢墓竹簡中第一次發現了《孫臏兵法》。在江蘇東海尹灣漢墓竹簡中發現了漢代東海郡官員名籍、武庫兵器登記簿等檔案資料。

還有數量巨大的內蒙古居延漢代簡牘、甘肅敦煌漢代簡牘、湖南長沙走馬樓古井出土的三國簡牘以及新疆古樓蘭、尼雅遺址出土的漢代至晉代簡牘等。

我們可以看到，出土的大量簡牘材料，都是古代人們在日常生活中實際使用的，它們的內容非常豐富。這裡面有文人儒生學習用的書籍，從開蒙識字用的《倉頡篇》、《急就篇》，一直到《詩經》、《論語》、《儀禮》等主要儒家經典；還有諸子百家的思想著作，如《老子》、《易經》、《孫子》、《晏子春秋》、《文子》等。特別引起人們注意的是，還有不少早已經佚失了的古書，像在郭店楚墓中出土的《唐虞之道》、《五行》等。

還有實用的書籍，關於方術卜筮、天文曆法、醫藥養生等方面。例如在睡虎地秦墓、放馬灘秦墓、江陵王家臺等處出土的《日書》，在居延、敦煌等地發現的《歷譜》，在張家山漢墓中出土的《脈書》、《引書》等。

在出土的簡牘中還有大量實用的法律、詔書，有各種官方文書、檔案、簿籍、地圖。民間百姓平常生活中使用的契約、書信、帳簿、名刺、筆記

等，也都能夠在簡牘中找到。此外，還有相當一部分喪葬專用的遺冊，這是放在墓中，記錄隨葬品的目錄。

這樣，大家就很清楚，出土簡牘是真實地反映古代思想、政治、經濟、軍事等社會狀況的寶貴歷史資料。特別是這些實用文獻反映的內容，大多在現存古代歷史文獻中是見不到的，這就更增加了它的研究價值。

比如說古代的官方行政與法律文書，這在西北居延、敦煌等地的出土簡牘中見得非常多。整理這些資料，可以看到當時的行政司法規章是非常嚴格、十分完備的，透過它能了解古代中國的法統，看到它對於東方以及世界的影響。學術界曾經討論過中國的封建社會為什麼延續那麼長。中國古代的行政管理有自己的特點和一定的合理成分，可能也是一個原因。直到十七、十八世紀，歐洲的啟蒙主義學者，像法國的伏爾泰（Voltaire, 1694 — 1778），還把中國的社會行政看成是一種優秀的典範。

在發現簡牘以前，這方面的資料只能從石刻中找到很少的例證。現在，豐富的簡牘史料給我們提供了非常全面的古代實用文書。這裡舉一個具體的例子。

1959 年，在甘肅省武威縣城南面一個叫磨嘴子的地方，清理了一座漢代單室土洞墓，出土了纏在鳩杖上的 10 枚木簡，木簡上抄寫了西漢宣帝、成帝時關於優待老人的詔書，向老人授予王杖的文書，還有幾個犯不敬罪的罪犯案例，處罰這些罪犯是由於他們不尊敬持有王杖的老人。1982 年 9 月，甘肅省武威縣的一個農民交出一批簡牘。內容和在磨嘴子出土的簡牘相似。上面是五份詔書，記載的內容也是關於尊老，撫卹鰥寡、孤獨、身障者和授予老人王杖的。簡冊的後面還寫著「右王杖詔書令」，說明這是一套關於王杖的法令文書。

透過這些史料，我們可以看到漢代官方文書處理的程序，更重要的是了解了漢代關於尊老、養老的法律制度。詔書上記載：對七十歲以上的老人授

予王杖，從出土的實物看，王杖是一枝頂端刻成鳩鳥的手杖，又叫做鳩杖。古人講食斑鳩，吃飯不會被噎住，所以用鳩杖來祝福老人身體健康。被授予這種鳩杖的老人，可以享受相當於六百石官員的待遇。如果有人欺負了這些老人，就是犯了大逆不道的罪，要殺頭的。在漢代畫像石裡面，也刻有手持這種鳩杖的老人形象。可見在漢代這是普遍實行的一種制度。說明尊老成為中華民族的傳統美德，是有悠久的歷史根源的。

現在數量最大的一批古代官方文件是在湖南長沙走馬樓出土的吳國簡牘。這是二十世紀最後的一次簡牘發現。1996 年 7 月至 11 月，湖南省長沙市文物工作隊在這裡作搶救挖掘，在一座編號為 J22 的古井中發現了大批三國時期吳國的紀年簡牘，據他們猜想，這批簡牘的數量要超過十萬件。總字數可能達一百五十萬字。

為什麼在古井中出土簡牘呢？推測可能是當時的人利用早已廢棄的倉井來堆放這些用過的簡牘文件。這些簡牘主要是吳國長沙郡等地的官府檔案，裡面有罕見的大型木簡，長達 54.3 公分。裡面包括有券書，就是現在說的合約契約。像租田地的券書，官府之間各機關調撥錢糧器物的交接券書。還有官府文書與司法文書，有戶籍登記，還有名刺、帳簿等很多資料。這對於了解當時社會的經濟活動、行政管理體制等都是非常重要的。如從交納租稅的文書中可以看到，當時一畝田的租米要高達一斛二斗。農民的租稅負擔是十分沉重的。

簡牘的考古發現可以說是越來越多，剛進入 21 世紀，就又有一次重要的秦代簡牘發現，這是在湖南里耶出土的大量官方文書。這些史料還正在整理中。對中國古代簡牘的研究，可以說是任重而道遠。

王國維指出：「自漢以來，中國學問上之最大發見有三，一為孔子壁中書，二為汲塚書，三則今之殷虛甲骨文字，敦煌塞上及西域各處之漢晉木簡，敦煌千佛洞之六朝及唐人寫本書卷，內閣大庫之元明以來書籍檔冊。」

可見古代簡帛文字材料的發現，在 20 世紀初就曾被譽為改變學術界認知的四項重要考古發現之一。它的可靠性與其包含的豐富史料，使之成為 20 世紀中考古學與古文字學、歷史學等學科的重要研究課題。

由於時代久遠，我們能夠看到的古代文獻大多經過歷代的傳抄、改動，以往很難有證據確認它們的記載是否完全屬實。而且，距離我們越遠的古代，所能保留下來的文獻材料就越稀少，使我們了解古代社會產生了很多困難。這就是光依靠現存古代文獻資料進行研究所存在的重大缺陷。相形之下，那些透過發掘出土的或者歷代保存下來的古代文字史料就比文獻資料更具價值，是了解古代社會最直接的證據。

如果說簡牘具有中國特色，那麼石刻，就是一種全世界都曾經使用過的文字載體了。我們先不考慮在幾萬年前就出現的岩畫這樣的圖畫石刻，只看有文字的石刻。那麼，古代埃及在大約 5,000 年前已經有了這種石刻。相對來說，中國大量使用石刻的時間要晚一些，從現有史料看是在漢代才開始，但是後來居上，中國的石刻不僅數量多，而且使用的範圍十分廣泛，成為中國古代文化的又一個重要載體。

有文字的石刻大多都是有固定的外形和用途。例如常見的碑，有龜形的或者長方形的底座，有螭龍組成的碑首等。人們常用它歌功頌德，標示墓葬，記錄典籍文章等。墓誌大多是覆斗形的，專門埋在墓裡，記錄死者的生平。造像題記附在佛教、道教等造像上，記錄造像的原因。另外還有摩崖、題名、畫像石、舍利函、經幢等很多種類的石刻。石刻與簡牘不同，實用性比較少。人們不可能背著一塊石頭文書到處跑。很多石刻都是具有紀念性的，或者是為了永久保存而製作的。有很多種石刻原來就是立在地面上的，像碑、摩崖、石窟題記等，一直流傳到今天，很多地方的博物館中都有所收藏。這裡面有很多珍貴的文化遺產，比如歷代名人書寫的碑石，我們現在學習書法用的字帖都是來自這些碑石，大家應該都很熟悉。又如北京房山雲居

寺的石經，是世界上最完整的石刻大乘佛經。還有山西大同雲岡石窟、河南洛陽龍門石窟等處優美的佛教造像和題記等，可以說是數以萬計。它上面保留下來的古代文字資料一直是了解中國古代社會的重要證據。

而在考古發掘中大量出土的古代石刻，特別引人注意。因為這大多是前所未見的重要資料。這裡面主要包括在墓葬中出土的歷代墓誌、建築墓室的畫像石、塔基中的舍利函等等。就拿墓誌來說，近五十年中公布的資料就接近兩千件。如果把歷來被盜掘出土的也算上，可能達到七八千件。這上面記載的史料是一個什麼樣的概念呢？一件墓誌的文字，從三百字到一兩千字不等。如果按照八百字估算，七八千件墓誌上就記錄了六百萬字以上的古代史料。一部《史記》，加上後代的注解，也才有兩百多萬字，可見石刻是一個多麼豐富的文化寶藏了。

考古發現的古代石刻首先有利於考古學本身的研究，例如在一座墓葬中出土了有紀年的石刻，就可以協助我們確定墓葬的年代，幫助我們進行對出土器物、墓葬的分期研究。另外，它所記載的史料還可以幫助歷史學、文字學、宗教學等各方面的社會科學研究。而且不僅僅是文字記載重要，就是石刻的外形與圖案紋飾等，也具有很高的研究價值。在認識古代社會上，它的作用是無法取代的。

這裡舉一個透過墓誌外形去了解古代思想史的例子。世界上很多國家都使用墓誌。但是中國的墓誌具有自己的特點：第一、它是埋在墓裡面的；第二、從南北朝以來，大多墓誌都是做成一種盝頂形的，像一個翻過來的斗。為什麼中國的墓誌這樣特殊呢？這裡面實際上蘊涵了中國古代人的宇宙觀念。

現在針對高科技的現代化社會存在的種種問題，像環境惡化等，世界上有很多學者開始重視中國古代「天人合一」的思想。這種思想與中國古代人們的宇宙觀是分不開的。古代對於宇宙自然的認知，比較典型的一種是「蓋

天說」，就是把地看作一個方形的平面，把天看作一個半球形的圓蓋，覆蓋在大地上。在這種認知的基礎上，人們把一切活動都與這個宇宙模型連繫起來。就像《老子‧道經》中說的 :「人法地，地法天。」這是先秦時期就已經形成，在漢代得到廣泛普及的一種社會概念。

這種模仿天地的意識滲透到古代人們的一切社會活動中來，比如設計城市、建築宮室，在喪葬禮儀中表現得更明顯。

在古代人們的思想中，認為人死了以後就要到地下的另一個世界去，那個世界與人活著的時候所在的世界大同小異。所以建造墓葬時，就模仿人生在世時的宇宙概念來營造一個縮小了的象徵性的地下宇宙。由於建築材料與建築技術的限制，人們用覆斗形的墓頂來代表穹頂。這樣的墓葬在西漢末年到南北朝時期逐漸流行起來。在具有壁畫的這種墓葬中，我們可以看到覆斗形墓頂上畫有代表四方的四神 : 東方青龍、西方白虎、南方朱雀、北方玄武，有些墓葬頂上還畫有天空中的星象圖。說明一座小小的磚室墓展現了產生於陰陽五行理論基礎上的宇宙模型。

這種概念在古代葬俗中一直延續著。近代發現了很多漢代的畫像石墓。我們分析墓葬中全部畫像石的分布情況，可以看出漢代人們在建築畫像石墓時，是有意識地把它布置成一個完整的宇宙模型。墓室的頂部表示天穹，一般安排星圖、四象、天神、仙人等表示天境的圖畫。墓室四壁表示地面上的人間，裝飾著宴樂圖、出行圖、歷史故事和表現莊園、農耕漁獵等活動的圖畫。

古代的墓葬中還出土過式（式盤）。這是一種古代重要的占卜工具。它實際上也是古人關於宇宙模型的一種表現。例如 1977 年在安徽阜陽雙古堆1 號墓出土有漆木式，它由上、下兩盤組成，上盤為圓形，象徵天，下盤為方形，象徵地。式的天盤一般都是在中心畫北，四周寫上十二月、干支和二十八宿的名稱。地盤上也寫有天干、地支、二十八宿等。

我們在墓誌中能看到一個很好的證據，就是在洛陽出土的隋開皇二十年馬穉墓誌，在它的志蓋四周刻了八卦符號，四殺（斜面）上刻寫了天干地支。這種布局與現存的兩件刻有八卦、干支的古代式是完全一致的。這兩件式，一個是 1925 年在朝鮮樂浪遺址王籲墓出土的漆木式。它的年代大約在東漢明帝末年或者章帝前後（約 75 － 88），另一件是上海博物館收藏的六朝晚期銅式。

　　這樣一對比，我們就很清楚了。覆斗形墓誌的外形，就是一件放大了的式，又像一個縮小了的墓室。那麼它的含義也和墓室、式盤相同，具有宇宙模型的概念。很多墓誌的四殺上刻有青龍白虎等四神圖案，志身上刻有十二地支，就是象徵天地的證明。這種墓誌長期使用，可能表現出這種概念長期占據著古代人們的思想，也是中國古代宇宙觀長期停滯不前的展現。

　　這是從石刻的形制上來探討古代文明。而從石刻的文字內容中能夠說明更多的問題。比如著名的漢魏石經，它是指東漢靈帝時刻製的熹平石經和曹魏時製作的正始石經，先後樹立在當時首都洛陽的太學中。關於它們的文獻記載不很確切，一般認為漢石經有 46 座碑石，刻了 7 種儒家的經書。魏石經有 25 座碑，刻寫了 2 種經書。但是這些碑已經完全被破壞了，人們對它的認知是很模糊的。近代以來，在河南偃師漢魏故城的太學遺址中陸續出土了一些石經的殘石。1922 年在這裡發現的一塊魏石經殘石上曾保存了 1,800 多個字。1980 年代，中國社會科學院考古研究所又在這裡挖掘出 661 塊石經的碎塊。

　　透過這些殘石就能夠比較清楚地了解當時石經的規模和形制，推斷這些碑石的排列情況，從而了解漢魏時期太學教育的盛況。特別是可以透過殘留的文字內容看到當時的經典內容，與現在傳下來的本子對照研究。這在古代學術史的研究中是很重要的。

　　石刻上的記載，大多是確鑿的歷史事實，對於考證古代的歷史、宗教、

社會風俗、交通、政治疆域等都是可靠的證據。例如 1990 年，西藏文物普查隊在西藏吉隆縣發現了一件大唐天竺使出銘，是唐代初年著名的外交家王玄策出使天竺時途經此地留下的題記。王玄策曾多次出使西域、中亞、南亞各國，對穩固唐朝的邊疆，加強中外文化交流做出很大貢獻。這件題銘可以證實唐代確實有王玄策出使天竺的歷史，它還提供了當時唐朝經過今尼泊爾通向天竺的古道路位置。它對於了解中外交通的價值是無法估量的。這件石刻發表後，立即引起了國際學者的高度重視。

古代簡牘石刻中包含的內容太豐富了。這裡只能給大家描繪一個輪廓。在現代人的眼裡，簡牘石刻的研究可能是很冷僻、很艱深的學問。但是我們仍希望有更多的朋友來研究它、利用它，讓先人留下的這批文化珍寶發出更燦爛的光芒。

中央電視臺 10 頻道《百家講壇》講座

漫步於石刻叢林

可能我們的祖先最了解石頭與人的親密關係。先民相傳的神話中，有女媧煉石補天的優美遐想，有禹妻化石躲避追趕，而後裂開誕生了夏啟的怪異傳聞。而後的文學家們又創造了靈石變成的孫悟空、銜玉降生的賈寶玉……這是不是都在隱喻著在人類發展的歷程中，石頭是關乎生死的決定因素呢？

伊朗波斯波利斯宮殿遺址石雕

不是嗎？石頭是原始人首先使用的工具之一。我們知道，使用工具，是人類告別動物界的象徵。當原始人類把石塊打擊成刀斧，用燧石敲擊出火花時，便揭開了人類社會的歷史篇章。沒有石頭，能有今天的世界嗎？

考古學者對石頭有著更為深厚的感情，因為它們記載著無數來自遠古的訊息。各種各樣的石製工具，告訴我們那個製造它們的時代中生產與生活的狀況。而稍晚些時期產生的各類文字碑銘與藝術石雕，則更直接地向我們展示出歷史的原貌。遍布世界各個角落的古代石刻，是人類最可珍視的文化瑰寶之一。能在集有各個文化特色的石刻珍品寶山中漫遊，該是一種多麼難得的藝術享受。

1996、1997年冬春之際，我趁在英國牛津大學做訪問學者之機，盡情瀏覽了英國各大博物館和法國等地的豐富收藏，尤其是這裡的寶貴石刻文物，讓我留下了難以磨滅的印象。

　　由於歷史的原因，直至20世紀中，古埃及和北非考古、兩河流域考古、古希臘羅馬考古一直是英、法等歐美大國的專利。從拿破崙率軍遠征埃及開始，埃及、希臘、兩河流域、伊朗等地的大量文物就紛紛流入英、法、德、美等大國的博物館和私家收藏室內。僅英國大英博物館（The British Museum）一處，就收藏了600餘萬件各地文物和古代文獻資料。其數量之龐大，內容之精美，無一不令人驚嘆萬分。

伊朗波斯波利斯宮殿遺址石雕

　　我們現在知道的歷史最悠久的紀念石刻，要算古代埃及的雕像、界碑和方尖碑等。古埃及人對石料的加工能力真讓人嘆為觀止。且不說分布在埃及大地上的無數金字塔與神廟等石建築，僅從歐洲博物館中收藏的埃及古代石刻上，就已經足以使人了解古埃及人的高度文明、高超的加工技藝與頑強堅韌的毅力了。

在大英博物館與牛津大學的阿什莫林博物館（Ashmolean Museum）中，陳列著數以百計的古代埃及石刻；有巨大的石棺，上面雕出精美逼真的人物和裝飾紋樣；有各式各樣的石碑，刻寫著古埃及文的長篇銘文；還有各種人物雕像、神像、神廟及陵墓上的浮雕畫等。這些人物和神靈的雕像都刻繪得精細入微，大的有幾公尺高，小的才幾十公分；法老和王后們的雕像彷彿都十分相似，不是手拉手站立著，就是端莊地坐在各自的座椅上，兩眼前視，面目平靜，顯出一副目空一切的神情。雕像造型準確，髮絲、鬍鬚、衣紋和飾物的刻畫都十分細緻，表現出極高的藝術水準。大英博物館埃及館中有一件大理石質的法老頭像，看來是從全身雕像上打斷下來的，全長在 1 公尺以上，它不僅形制巨大，而且石質細膩，加上精工雕刻打磨，堪稱石雕中的上乘佳作。

古亞述守門石雕

埃及館中還有一件在考古史上享有盛名的重要文物——羅塞塔石碑。這件看似不大顯眼的石碑卻是打開古埃及學大門的金鑰匙。它是 18 世紀末年，法國皇帝拿破崙占領埃及時，軍人們在無意之中發現的。拿破崙進軍埃及時，帶去了一批學者，這批受到拿破崙特別照顧的學者對古埃及文化遺址與文物進行了大量的調查與收集工作。羅塞塔石碑也被他們帶回了法國。後來

又轉來英國。這件石碑上同時刻有古埃及象形文字、西元前7世紀左右開始使用的埃及世俗體文字和古希臘文字三種字體。古埃及學的奠基人商博良博士（J. F. Champollion, 1790 － 1832）就是利用這三種字體的對照成功地釋讀了古埃及象形文字，揭開了古代埃及的神祕面紗。

古希臘神廟石雕

西元前1567年至前1085年期間的埃及新王國時代，是碑石大量流行的重要時期。方尖碑、圓首和平首的大小石碑，都用古埃及象形文字刻滿了它們的表面，為我們保留下了大量的古代文獻資料。這裡有一件埃及第十九王朝（約西元前1200年以前）的圓首墓碑。它的形制與中國最早的石碑可說是唯妙唯肖，但是比中國最早的石碑要早一千多年。由此推想，在中國古代石刻形成的道路上，會不會有外來文化因素的影響呢？

在西亞兩河流域誕生的另一個輝煌的遠古文明是巴比倫與亞述帝國。自西元前2,000年至前539年，這裡興建了宏偉的建築，形成了發達的農業與手工業，造就了燦爛的古代文化。在19世紀以來歐美學者對阿蘇爾、尼尼微、尼普爾、巴比倫、烏爾等一系列遺址的大規模發掘中，不僅發現了大量

宮殿、神廟和住房，還出土了大量泥版文書、雕像，印章、金屬製品、金飾、彩色玻璃製品等，各種石刻更是這一文明中重要的代表文物。

存放在羅浮宮中的稀世珍寶 —— 漢摩拉比法典碑，就是在巴比倫的蘇薩城址中發現的。這座高 2.25 公尺的黑色玄武岩石碑，碑文基本完好，刻得十分精緻。它好像是用一塊扁圓形的石料加工成的。這一點很像中國早期的刻石如石鼓文、守丘刻石等。看來世界各地的石刻，大都沿著從利用天然形狀的石塊，到有意識地把石頭加工成固定的形狀這樣一條道路發展而來。

漢摩拉比碑的碑首部分，用精美的高浮雕手法刻出了坐在神位上的夏馬西神和恭敬地站在夏馬西神面前的漢摩拉比王。碑身上刻有楔形文字的碑文。據介紹，碑文中敘述了神授予漢摩拉比王權的意義，誇耀了漢摩拉比的功績，並且用大量篇幅公布了當時的法律條文和案例。這無疑是一部了解古巴比倫社會的寶貴經典，對於了解世界古代史具有極為重要的意義。

站在這座距今 3,700 年以上的石碑面前，你會感到時間的飛逝，感到歷史的貼近。更令人驚訝的是這座碑保存得是那麼完好，精細的鬍鬚、衣紋、稜角與轉折都毫無損傷。烏黑光亮的碑面彷彿是新完工的一般。這種對古代文物的保護方法的確值得我們學習。

亞述帝國的巨大石雕像與宮殿的巨型浮雕帶，更是令人受到莫大心靈震撼的石刻巨作。在大英博物館的亞述展室中，陳列著多組原立於亞述帝國王宮、城堡等處大門兩側的守護神獸。這些用整塊花崗岩雕刻出來的巨像一般高達 4 公尺以上，有的獅身，有的牛身，身有鷹翼，頭部卻是威武的男子形象。來到這裡的參觀者，無不在此佇立良久，為它們神奇怪異的外貌和攝人心魄的氣勢所懾服。

這裡還有大量宮殿廳堂中裝飾的浮雕帶，同樣是在大塊的花崗石板上雕出形形色色的人物、神祇、野獸、宮城、車輛等，表現了古代亞述的戰爭、宮廷生活、帝王狩獵等大規模的活動場面，是西元前 9 世紀至前 7 世紀間亞述帝國歷史的生動反映。能用簡單的青銅工具創作出如此巨大又如此細膩逼

真的藝術品，該是多麼令人驚嘆的成就啊！

古代西方的藝術水準，確實令古今中外的人們欽羨不已。對人體和動物體結構的準確掌握，對細節的生動描繪，對感情和神態的表現，至今仍可稱作藝術創作的典範。古代希臘與羅馬的造型藝術，尤其是石雕與石建築，便是這種典範的突出代表。

在歐洲各地，都可以見到大量栩栩如生的古代雕像，有建築物上的裝飾、墓地的紀念像、紀念碑……在大英博物館中，陳列著希臘古典時期雅典衛城帕德嫩神廟中主要的雕刻組像，個個動態儼然，宛如生人。這裡還有大量神廟中的浮雕裝飾帶，甚至有一座完整的神廟建築。雖然這些白色大理石的精美雕刻已受到歷史風雨的剝蝕，但其中蘊藏的藝術感染力卻毫無減弱。這正像在羅浮宮中靜靜地含笑佇立的維納斯像一樣，那殘缺的雙臂卻給它增添了神祕的魅力，給參觀者提供了無限的遐想天地。

古希臘的石雕藝術，透過貴霜帝國影響了佛教造像，從而傳入中國。雖然我們在中國化了的佛像身上已經很難直接找到與古希臘雕刻相似的地方，但是這種文化上的傳播演化，卻是已有大量證據證明的事實。因此，當我們在大英博物館中看到一尊據說是北洋政府贈送的北朝大石佛時，不禁為這種東西文化的互相影響、相映成趣而浮想聯翩，一時四方煙雲、萬古青史紛紛湧上心頭，久久不能平靜。

在大英博物館的中國展室內，我看到一群天真可愛的小學生圍坐在中國的石刻拓片 —— 龍門的魏靈藏造像題記前，認真地描寫著上面的漢字。我打開相機，留下了這幅動人的情景。這是一幅多麼令人深思的畫面啊！千百年前的人們，把石頭變成了記錄歷史與文化的工具，顯示出人類的偉大創造力。千百年後的今天，石刻又以它們攜帶的文化訊息，超越了地域與民族的界限，傳播著人類文明的因子，呼喚著人類的理解與和平。

石刻，值得我們永遠珍視的朋友。

原載《文物天地》1997 年第 6 期

中國石刻學的奠基之作 ——
介紹《語石》和《語石異同評》

《史記·秦始皇本紀》中記載了秦始皇巡遊天下、刻石頌功的詳細情況。其中琅琊臺一石銘文中稱：

「刻於金石，以為表經。」

這就表明在秦代時，石刻已經被大量地應用於銘功紀德之中了。馬衡先生曾說：「刻石之風流衍於秦漢之世，而極盛於後漢。逮及魏晉，屢申刻石之禁，至南朝而不改。隋唐承北朝之餘風，事無巨細，多刻石以紀之。自是以後，又復大盛，於是石刻文字，幾遍中國矣。」時至今日，全國各地仍保留有數以萬計的歷代石刻，形成了一個內容豐富的中國古代文化寶庫。

對古代石刻的著錄與研究也可以說是從秦漢之世開始的。到了宋代，好古之風興起，收藏著錄古代器物（主要是鐘鼎彝器與石刻拓本）的熱潮與證經補史的研究方法相結合，形成了一門具有中國傳統文化特色的學問 —— 金石學。自宋代至民國初年，金石學一直是國學研究中的一個重要組成部分，對古代青銅器、璽印、貨幣、石刻等銘刻文字的研究，極大地推進了歷史學、經學乃至社會科學各學科的發展。

金石學研究的主要對象，是一切古代器物上的銘刻文字。清代以來，地不愛寶，大量地下埋藏的銅器、甲骨、墓誌、簡牘等古代文物陸續出土，隨著學者訪求的深入，許多原來不為人知的碑碣摩崖等石刻也紛紛被發現。這一切都使金石學的研究內容不斷擴大。據前人統計，清代著錄的青銅器已達7143件，其中尚不包括貨幣、璽印、銅鏡等類器物。而石刻的數量，僅清代中期孫星衍、邢澍合編的《寰宇訪碑錄》一書就收入了8,000餘種。後來，人們又把碑、志、造像之外的石闕、井欄、買地券、刻經、橋柱、石盆等各種石刻文字都納入石刻研究的範圍。在這種情況下，銅器研究與石刻研究逐漸分離，形成具有各自特點的獨立學科。恰似朱劍心在《金石學》一書中所言：「三代之間，有金而無石；秦漢以後，石多而金少……故欲究三代之史莫如金，究秦漢以後之史莫如石。」銅器與石刻研究的時代不同，器物形制各異，文字文體也各有區別，隨著史料的增加，它們分別成為自成體系的完

整學科，可以說是水到渠成的事情。

　　清代是金石學的鼎盛時期，湧現出了大批有重大貢獻的金石學者，出版了大量水準較高的金石著作，尤其是石刻方面的研究更為突出。清代學者陸增祥為《金石續編》所作的序言中說：「著錄之家，本朝極盛，薈萃成書，奚啻百數……綜括而考證之者，亦不下數十家。」大致統計，清代關於石刻的著作達 223 種，其中尚不包括地方志中的金石志。這些著作中，有專門編目的，如錢大昕《潛研堂金石文字目錄》八卷，吳式芬《捃古錄》二十卷與《金石匯目分編》十卷，孫星衍、邢澍合撰《寰宇訪碑錄》十二卷等；有進行題跋考證的，如顧炎武《金石文字記》六卷，朱彝尊《曝書亭金石文字跋尾》六卷，錢大昕《潛研堂金石文字跋尾》二十八卷等；有對石刻文字加以考釋的，如顧藹吉《隸辨》八卷，邢澍《金石文字辨異》十二卷，翟雲升《隸篇》十五卷（續十五卷、再續十五卷），趙之謙《六朝別字記》等；有專門校勘辨偽的，如方若《校碑隨筆》等；有對石刻材料彙集著錄的，如胡聘之《山右石刻叢編》四十卷，畢沅《中州金石記》五卷，毛鳳枝《關中石刻文字新編》四卷等；此外，還有彙集目錄、銘文、考證、校勘於一體的大型資料總纂 —— 王昶《金石萃編》一百六十卷及陸耀遹《金石續編》二十一卷，陸增祥《八瓊室金石補正》一百三十卷等重要著作。

　　儘管清代關於石刻的研究取得了這樣大的成績，但它們仍沿承自宋代歐陽修、趙明誠以來一貫的金石著錄考跋方法，並沒有哪一部著作能從石刻本身的形制、銘文格式、書體、製作工藝、分布、演變過程等相關體例上去作綜合考查。也就是說，還沒有一部著作能站在學科的高度對石刻整體進行分析和概括，闡述出發展規律，總結研究方法，使之成為系統化的獨立學科 —— 石刻學。

　　直至清代末年，才出現了這樣一部重要著作 —— 《語石》，完成了中國石刻學的奠基任務。

　　《語石》的作者葉昌熾，字頌魯，號鞠裳，晚年號緣督，江蘇蘇州人。他在少年時就打下了深厚的國學基礎，曾就讀於群賢畢集的正誼書院。成人之後，他篤愛石刻，勤力訪求，與當時金石名家潘祖蔭、吳大澂、繆筱珊、陸潤庠、梁杭叔、沈曾植等多所交往。任職外地時，也對當地的石刻加以調查，收集拓本，「訪求逾二十載，藏碑（案：多為拓本）至八千餘通」（《語石·自序》）。對於他所見過的石刻，他都深入考查研究，積畢生之學力，終於完成了這部「二百數十年間無人薈萃之創作」（《緣督廬日記鈔》）。

　　《語石》全書共十卷，以分條舉證的方式系統闡述了中國古代石刻的主要內容。第一卷中，按照自古至今的時代順序，介紹了歷代石刻的概況與各個朝代的重要石刻名目。特別注意到十六國、五代十國、偽齊、西夏、吐蕃等以往不大受重視的短暫朝代的石刻。敘述之中，還夾有必要的考證和作者的見解。如前漢一則中稱：「是則塚墓碑自後漢以來始有也。」晉二則中稱：「世傳墓誌始於顏延年，晉以前無有也。」都是就某一種石刻形制產生的時代加以考查，從縱的方面探討石刻的發展過程。這一點，對於石刻的研究是很重要的，恰恰也是前人所忽視的。由此充分顯示了葉昌熾的獨到眼光。

　　第二卷中，按照石刻分布的地理區域來進行論述。在分省介紹之前，葉氏首先撰寫了「總論各省石刻」和「求碑宜因地」二則，不僅就全國石刻的分布作了概括，而且提出了注重核實原石所在地的觀點。他指出：「關中為漢唐舊都，古碑淵藪。其次則直隸、河南、山東、山西……又其次則隴蜀、吾吳……此外閩粵諸省，隋以前無片石貴州……不獨無隋唐名蹟，即宋元兩朝亦無一字可著錄。」在分述各省的石刻分布情況時，他還對各地由於歷史、政治原因而造成的石刻特點及興衰作了分析。如直隸四則中云：「燕為遼宅京之地，金為中都，元為大都路，亦唐以後神皋奧區也。然自晉以後，淪為左衽。唐之中葉，又為安史竊據。遼金遞嬗，下逮元初，文物衣冠，遠謝南服，其碑文字多猥鄙，書法亦無士氣。」河南二則中稱：「鞏洛之郊，古之崤函。中州碑刻，薈萃於此。其次則河北三郡。」山西三則中云：「大抵

晉碑皆萃於蒲、絳、澤、潞四屬，絳州以聞喜為盛，澤州以鳳臺為盛，蒲州以永濟、虞鄉為盛，潞安以長子、屯留為盛。鳳臺之硤石山、青蓮寺、琵琶泫，吉州之錦屏山，尤為題名淵藪。」浙江四則中云：「造像始於北朝，隋唐極盛。天寶以後，此風稍替。」……都是經過實際考查後的精闢之論。葉昌熾一向注重實地調查，他任甘肅學政時，曾親自尋找到方志中記載的西夏黑河建橋敕碑。這就使他的研究能超越前人，其論述與記載也更科學可信。葉氏還盡其所聞，對滇貴、東北、新疆、和林等邊疆地區的石刻以及朝鮮、日本、越南、埃及等外國的石刻作了介紹，形成了一個「上溯古初，下迄宋元，元覽中區，旁征島索」的完整體系。

第三卷至第五卷，是葉昌熾建立石刻形制研究的重要內容。以往金石學者們研究石刻，往往僅限於銘文內容，很少涉及石刻的外形特點及各種類型。葉昌熾在《語石》中將石刻根據形制劃分為：碑、墓誌、塔銘、浮圖、經幢、刻經、造像、畫像、地圖、橋柱、井欄、柱礎、石闕、題名、摩崖、買地劵、投龍記、神位題字、食堂題字、醫方、書目、吉語、詛盟、符篆、璽押、題榜、楹聯、石人題字、石獅子題字、石香爐題字、石盆題字及石刻雜體等具體類型。這種劃分，不僅使石刻研究的方法有了改變，也大大擴展了傳統石刻研究的範圍，使金石學向古代器物學的方向轉變，為納入近代考古學的系統打下了基礎。文中關於碑、墓誌、塔銘、經幢等類型的起源、演變過程、外形紋飾上的時代特徵，銘文主要內容等都作了詳細的分析介紹。

第六卷介紹石刻銘文的文例，主要針對碑文中的各種文體格式加以歸納。早在元代，即有潘昂霄作《金石例》，彙集銘文義例，之後又有明代王行《墓銘舉例》、清代黃宗羲《金石要例》、梁玉繩《志銘廣例》、李富孫《漢魏六朝墓誌纂例》、王芑孫《碑版文廣例》、鮑振方《金石訂例》等專門談銘文體例的著作。葉昌熾與之不同之處，在於不僅僅限於文章義例中，而是從所見的碑誌實物出發，歸納石刻的特點與刊刻中的體例。如他總結了歷代碑誌上撰、書人的署名現象，指出：「宋元以後，撰書、篆蓋，始皆大書特書

於首，且系結銜，至今以為通例雲。」又如他歸納石刻文體時，指出：「石刻詩文，有不經見之體。」並列舉了實錄碑、行狀碑、疏、遺囑（佛教宗門語錄）等在文章分類中罕見的石刻文體。此外如總結碑刻中一石兩文、書碑之例、撰書位次、畫人、石工、古碑先立後書等問題，都是經過實物考查後的結論，不是僅靠翻閱文獻、拓本所能得出的。在本卷中，他還專門提出了碑版有資考證的重點，如官職、年月、輿地、族望世系等。此外，他對石刻中的種種紀年方法也細心加以說明。碑刻中的紀年形式很多，如東漢永壽二年韓敕碑用「涒嘆、霜月」等古代太歲紀年，金大安七年蔚州石佛寺經幢用「莫生七葉」這種佛教計數方法計日，葉氏都予以注意，並準備作《碑版歲時月日例》一書以釋之，可惜未能完成。

第七卷至第九卷著重分析石刻中的書法、字體、書寫格式；並對各個朝代的書法家及其石刻作品加以介紹。葉昌熾在研究古代的書法藝術時，注重石刻的作用，認為石刻書體狀況最能反映書法源流，所以他不是像前人那樣從史書記載中去評價歷代書人，而以所見石刻書法進行評議。如他認為：「隋以前碑版，有書人名可考者，南朝以陶貞白為第一，貝義淵次之。北朝以鄭道昭為第一，趙文淵次之。其餘南之徐勉，北之蕭顯慶、王長儒、穆洛、梁恭之，皆人能品。鄭道昭……唐初歐虞褚薛諸家，皆在籠罩之內。」由於有實物映證，其立論確乎不移。因此，他對書法家的評論均有獨到之處。如唐代張懷瓘《書斷》中稱：「薛延陀學歐陽詢草書，微傷肥鈍，亦通之亞也。」葉昌熾卻根據薛氏砥柱銘等石刻給薛延陀「天挺偉表，如太華三峰，壁立千仞」的高度評價。此外對於立政、竇懷哲、暢整、王紹宗、裴漼等書家的介紹，都顯示了他的卓絕見地。對他認為名不符實的名家，他也直加針砭，如：「然有三人焉，循名核實，不無遺憾。一為王行滿，一為吳通微，一為蘇靈芝。王書如病痿痺，麻木不仁。吳書輕纖，靡若無骨。蘇書圓熟，如脂如韋。其為俗書則一也。」對於宋代書學的凋敝，宋代書人的師承源流等，葉昌熾也都有精闢的議論。特別是他不囿於前人之見，把書法史的研究拓廣

到一向不為人注意的普通人士書跡中，如：武人、奄人、婦人、緇流等，甚至留意到外國人。他介紹所見石刻「若中國石刻而異域之人書之，唯房山雷音洞石經，有高麗僧達牧書。長清靈巖寺讓公禪師碑，據《寰宇訪碑錄》，但雲至正元年，日本國僧印元撰行書……」可以說是最早注意這一問題的中國學者。

歷代石刻中包含有豐富的各種書體，是研究中國書法和文字演變的重要資料。《語石》中將石刻內出現的各類書體都舉了例證加以說明，著重介紹了石刻中特有的集名人書體（如集王羲之書的聖教序、集各家真行書的楊承源碑、集歐陽詢書的上清官牒……）、飛白書、篆籀文字等。葉昌熾還注意到了石刻中的各種少數民族文字，如契丹、西夏、女真、蒙古、畏吾兒、唐古忒等文字，並就相關文字知識作了介紹。他收集的感通塔碑、黑河建橋祭神敕、宴臺國書碑、居庸關佛經題刻等少數民族文字石刻都是很珍貴的資料。這也是較早意識到少數民族石刻的重要性並對它進行研究的論述。

第九卷末尾數則與第十卷著重分析了碑書寫中的一些特殊格式、碑拓的各種形式、工藝、保護方法以及其他一些與石刻有關的雜記。指出：「原石已亡，海內又無第二本，是謂孤本。」強調孤本碑拓價值珍貴，在宋拓以上。又指出：「收藏家重舊拓，唯在烜赫巨碑，而不知小唐墓誌尤可貴。」他還強調了收集殘石與碑陰的重要，這些都是針對傳統金石收藏家的不足之處提出的重要改進意見。此外，葉昌熾還對拓本的拓制工藝、裝裱方法、當時著名的碑賈、書商等一一作了介紹。

由於當時所見史料、研究方法等方面的局限，《語石》也存在一些不足之處。如採用筆記形式，顯得比較零散，有些觀點不夠集中，體例不夠統一，有些敘述過於概括，甚至有記載失實、判斷不當的地方。但這些缺點，並不會影響它對後世所起的重大作用，無損於它對石刻所作的全面性的綜合論述。

　　由此可見，《語石》一書之可貴之處，就在於它以淵博的內容、嚴密的體系和新的研究角度為石刻學發凡起例，奠定了學科的研究範圍、研究方法等基礎，進而形成了石刻學研究的立體框架結構。在《語石》之前，千百年來的數千種金石著錄一直進行著編目、集錄、校釋、考證等初級工作，始終沒有能上升到較深層次的綜合研究。《語石》較好地完成了這一任務，不僅為石刻學奠定了基礎，也為傳統的金石學研究開闢了新的研究局面。所以，《語石》在 1909 年正式出版後，立即受到學術界的重視。顧燮光《夢碧簃石言》第五卷中讚譽《語石》一書：「其書學博思精，融合修潔，非數十年讀書、讀碑之功，未易臻此……精博詳贍，體例完善，實為金石書中空前絕後之作。」正是恰如其分的評價。

　　葉昌熾的《語石》問世以後二三十年間，正是近代中國發生巨大變革的時期，隨著西方考古學的傳入，新的考古發現不斷湧現，僅就新出土的石刻史料及相關研究而言，其成果也是葉昌熾當年所難以想像到的。何況葉昌熾當時限於條件已有部分實物無法得見，他的著作中雖然大力徵引，仍有不少遺漏，所作結論自然有失當之處。有鑑於此，近代學者柯昌泗在 1943 年撰寫了《語石異同評》一書。它仿照《語石》的體例，對葉昌熾的觀點逐條加以補充和訂正，指出異同，提出自己的新觀點。其內容豐富準確，學術價值不在《語石》一書以下。

　　柯昌泗是清末民初著名學者柯劭忞的兒子。柯劭忞字鳳蓀，光緒年間進士，曾任翰林侍讀、京師大學堂監督，民國初年曾任清史館總纂。柯昌泗受家學薰陶，功力深厚，又篤好金石之學，為羅振玉私淑弟子，其才學一度曾與容庚、唐蘭等羅王弟子齊名。雖然他一生廁身仕途，並曾任偽職，晚行不修，又沒有多少著作傳世，但從《語石異同評》一書中，已經可以看出他在石刻研究上的高深造詣。

　　《語石異同評》由於沿襲《語石》的體例，也採取分條立論的筆記形式，按柯昌泗自己的說法：「意在補苴罅漏，網羅放失。」（《語石·語石異同評》

敘）主要從三方面對《語石》的內容加以補正。

第一是補充實例，對葉昌熾沒有談到或葉氏之後問世的新發現加以介紹，補充證明葉氏的論點。如：卷一前後蜀一則談及「前後蜀石刻，近來著錄屢增。……多造像、題名、刻經三類」，並且介紹了柯氏收藏的前蜀乾德四年許璠墓誌和陸續問世的孟蜀石經。又如卷一遼金五則後柯氏補充了近代遼寧等地出土的劉繼文墓誌、張正嵩墓誌、張思忠墓誌、賈師訓墓誌、宋匡世墓誌等關於史實的重要石刻。對 1931 年出土的遼陵諸石刻，如遼聖宗哀冊等，柯氏也作了詳細的記載。又如卷二中詳述北京和河北等地現存的重要石刻；卷四中將二三十年代中各地出土的墓誌一一加以說明，並由此論及墓誌形制的定型；卷四中補充大量新出土塔銘等。這些補充均為柯氏所見所聞，其來龍去脈敘述得詳細準確，極大地豐富了《語石》的內容。有些資料還附有細緻全面的調查記錄，如卷四刻經八則後面，柯氏附錄了北平研究院對南北響堂寺刻經的調查結果，《山東通志·藝文志》和《金石匯目分編》中對鄒縣四山刻經的記錄等，增加了該書的學術價值和實用性。

第二是在葉昌熾觀點的基礎上加以發揮提升，補入柯氏自己的觀點和評議。如卷二求碑宜因地一則中，葉氏提出求碑應找到其所在地的重視實踐觀點。柯昌泗引用吳式芬《金石匯目分編》和繆荃孫《藝風堂金石目》的訪碑方法，並介紹了民國初年顧燮光等人踏訪石刻的情況，說明實地考察尋訪石刻的重要性。柯氏還根據社會變化的情況，提出了尋碑固當藉以往金石著錄之力，但也要注意歷史沿革，審明石刻遷徙，辨別訛傳誤載等注意事項，將尋訪碑石的實踐工作規範化，完善了葉氏的觀點。又如卷三論碑之名義緣起一則，葉昌熾只引用了《儀禮》、《釋名》等古代文獻來說明碑的起源。柯氏則大量補充了古代的各種早期刻石，像壇山刻石、石鼓文、群臣上壽刻石等，來說明早期刻石與碑沒有直接關係，至東漢中葉刻石紀事的風氣興起，才出現碑刻，「而麗牲引緯之石，無不大書深刻，為前此所未有」。

第三則是在新發現石刻資料的基礎上對葉昌熾的不足之處或訛誤加以補

正，或提出自己不同的看法。如卷一隋四則中葉氏認為：「隋碑上承六代，下啟三唐，由小篆八分趨於隸楷，至是而巧力兼至。」柯昌泗則根據新出土磁縣開皇十七年造像殘碑等石刻認為：「隋碑楷法雖工……而氣體終嫌於不振。……分書沿北齊之流，而失於舒緩。」表達了不盡同意葉氏觀點的看法。他還根據隋碑的題名，得出「出撰人名者，必為藝苑有聲之士」的結論。又如卷五畫像五則後，柯氏詳細介紹了 20 世紀初羅振玉等人收集調查漢畫像石的情況和主要的畫像石內容。並且補充說：「葉君歷舉漢以後石刻有畫像者，其言甚詳。然未及典午一朝，以當時未聞有畫像石也。王戌，洛陽出晉當利裡社殘碑，……予塞上得代王猗盧碑額，陰刻田獵之像，細淺生動，亦晉畫像之類也。」他還列舉了成都萬佛寺等處造像碑、梁安成王蕭秀碑陰等南朝畫像、元昭馮邕夫人墓誌蓋等北朝畫像、雁塔石刻畫像等唐畫像以及宋、元畫像的例證以補充葉氏所未舉，並提出北朝畫像中反映出「印度畫法初入中土，石刻中可以窺見」的新見解。再如卷三立碑總例一則中，柯氏指出《語石》「列目不無闕漏，舉例間有未合。述德有旌孝之目，其表章節烈者，若元王烈婦碑等，亦當立一目。郡邑長官德政碑，名稱極繁，此亦未賅」。並舉了大量實例說明葉氏分類有失。如王稚子石闕不應列入述德之類；孝敬皇帝睿德紀既非銘功，亦異述德等等，都表現了柯氏自己的分類觀點。

　　柯昌泗的《語石異同評》篇幅不亞於《語石》，我們這裡只能簡要地舉幾個例子說明一下它的體例。至於它裡面包容的豐富學術資料和大量有價值的觀點，只好請讀者在應用中去細細領略了。在《語石異同評》的璧合下，《語石》這部關於石刻學的基本著作更加充實、更加完備，在石刻學的研究中會始終有著關鍵性的作用。

原載《書品》1996 年第 2 期

從考古文物談服飾文化和禮儀 ——
演講逐字稿

時間：2007 年 11 月 24 日晚上 7 點至 9 點。

地點：北京大學

同學們好！

今天很高興來這裡跟同學們聊聊天。研究生會的同學一再要求我來做個講座。我這個人最怕辦講座。我的老師張政烺先生 50 多年前也在北大教學。聽過他當時講課的老學長們傳說，張先生第一次上講臺的時候，說的第一句話是：「兄弟不會講課。」我也想說「兄弟不會講課」，也只能夠來這裡跟大家聊聊天。記得有本書上講西方人談演講的技巧時說：你要把聽眾當成一無所知，才能講好。我可不敢把聽眾當成一無所知，尤其在北大，坐著的都是當代菁英，所以今天來這裡，也是戰戰兢兢。說錯了的地方請大家多批評。

關於古代的服飾，大家知道現在颳起一股國學風，有點復古的風氣。結果打著國學的幌子，很多東西都隨之而來了。實際上與真正的古代文化往往差得很遠。研究古代文化，服裝的確是非常重要的一部分。研究古代的服裝文化，最直觀的是透過實物來看，比如考古工作者挖掘出來的大量的考古文物資料。從考古文物來做古代服裝的研究，現在應該說是比較有條件的。但是相對來說，研究古代服裝的人還不是太多。著名學者沈從文先生可以說是這方面研究的開路先鋒。他寫過一本《中國古代服飾研究》，產生了很大影響，開闢了古代服飾研究領域。我們做這個研究也是從一些考古文物的資料建立起來，對古代服裝的歷史發展作一個梳理。我今天就講講古代服裝和禮儀的關係。

服裝在當代社會經濟中占有一個很重要的地位，日常的經濟生活有很大一部分都是圍繞服裝來轉的。大家可以設想一下，如果沒有服裝，沒有服裝行業，當代社會會變成什麼樣。可是，從另一方面來看，服裝對於生物的生存來說是最沒有用的，只有人才有衣服，哪有動物會做出服裝來穿的？其實大自然孕育出萬物，天生就有服裝在裡面，像動物的皮毛、羽毛，只有人

類才創造出服裝這種東西。那為什麼會產生服裝，產生服裝造成一個什麼作用。這就涉及我今天要講的問題，服裝和禮儀文化之間的關係。

什麼是文化？現在這個詞很熱門。中國古代有一本很有名的字典叫《說文解字》，裡面講到「文」字的造字原意，那「文」是什麼意思呢？《說文解字》說：「文」是指錯畫。交錯地在人身上畫出各種花紋，各種圖畫，這就叫「文」。大家如果看中國古代文字，甲骨文或者金文，可以看到「文」字是這樣寫的，畫一個人，人身上畫一些花紋、符號。「文」就是在人身上刻的烙印、印記。「化」是教化，透過教育提高人的知識能力。那麼連起來，「文化」就是透過教育在人身上打下的印記。服裝文化就是服裝在人身上打下的印記。什麼印記呢？即是古代禮儀制度的印記。服裝一產生，就象徵著人的社會區別：性別上的區別、階級上的區別……服裝和禮儀、社會文化是始終非常緊密地連繫在一起的。古代有各種不同的官服，不同階級的人穿不同的衣服，有著顏色、樣式上的區別。到現在，服裝樣式上似乎已經沒有很明顯的階級上的區別了，但實際上，日常的服裝還是在表現著人們身分的差異。有人講名牌，穿名貴的衣服，就是為了顯示一種身分，顯示他擁有財富、地位的特徵。所以至今服裝還是象徵著人的區別。而在古代，禮制的本質就是要表現人的區別與階級，表示不同的血緣、宗族。可以說中國古代服裝中始終很明顯地表現了等級制度。

圖1 馬家窯文化彩陶盆

　　這是中國新石器文化時期屬於馬家窯文化的陶盆（圖1）。從這個陶盆上可以看到，內壁一圈畫了一些人物圖像。這是我們能看到的中國古代比較早的服裝。可以看到這些服裝帶著一個小尾巴，有尾飾。從那時候起，古代人的服裝已經比較完備了。

　　到了商周時期，服裝就完全的系統化了，而且有很明顯的等級和階級身分的區別。傳說西周時，周公制禮，叫周禮。這是中國禮制比較完備的時期。周代服裝已經形成了符合當時禮制的系統性的服裝體系。這是保存在美國哈佛大學弗格美術館的西周時期的一個玉人（圖2）。可以看到這個玉人的服裝很好地表現了商周時期比較完備的服裝。頭上戴著帽子，身上穿著長袍，下面有褲子、靴子。大家主要要看腰前垂下來的斧頭狀的飾物，這就是上古時期表現貴族、官員、身分比較高的人的服飾，叫「韍」。這是非常明顯的表現服裝禮制的一個飾物。我們現在看到的藏族婦女身前系的彩色帶裙，跟這個韍很相像。這個韍的來源，應該是人類最原始的一種服裝，就是在身體前面保護下身的一條帶子。到了商周時期就成了禮儀的象徵。這種韍一直延續下去，到後來帝王的正式成型的服裝都保持著這種飾物。

圖2 西周玉人

下面這幅圖是《歷代帝王圖》中隋文帝的形象（圖3）。

圖 3 歷代帝王圖

　　大家看他服裝下面的飾物，跟西周玉人前面的韍黻是很像的。這是當時服裝的一個組成部分。也是古代封建帝王和高級官員服裝上的一個重要特徵。由此可以看出服裝在很早就被納入了禮儀文化體制中，成為表現身分等級制度的工具。我們知道周公制禮的傳說，他建立了一套完整的以血緣家族觀念為基礎的宗法等級制度。從那以後，歷朝歷代，都是把服裝，尤其是帝王和官員的服裝，作為一個很明顯的表現禮儀制度、表現官員身分等級的象徵，並專門規定下來。我們看到很多正史裡面都專門有《輿服志》一類的章節記錄當時服裝，記載歷代官服、禮服的形式和變遷，為我們留下了很好的研究古代服裝的原始資料。同時，我們也可以對照文獻來看考古實物，把它們對照看看原來的實物是什麼樣子的。

　　商周時期形成了一套很完整的帝王官員的服裝禮儀制度。《春秋左氏傳·桓公二年》有記載，對當時諸侯王穿的服裝主要組成部分作了一個很簡

短的概括。宋國的一個大夫臧哀伯說過一段話，描述了帝王穿的服裝包括的成分有：袞、冕、黻、珽、帶、裳、幅、衡、舄、紞、紘、綖等。他說的這些東西都可以和實物來對比。比如對照著這幅帝王圖來看。袞，就是繪製有各種圖案的上衣；冕，就是頭上戴的冠帽；黻，就是剛才說的腹前懸掛的飾物；珽，是玉板，拿著它來表示尊敬的；帶，就是腰帶，用皮革或絲線編織的；裳，就是短裙，以前說的古人上衣下裳；幅，纏在腿上的布帶。古代的服裝是沒有褲子的，褲子出現得比較晚，早期只有長袍或裙子，所以腿上要綁上幅，造成保護和防寒的作用；舄，就是帝王穿的厚底鞋，金線或紅線編織的。以前在朝鮮的古墓中曾經發現過這樣的文物，形狀保存得很好；衡是用來固定冠冕的頭飾；紞是冠冕上垂下來的彩色絲帶；紘，是把冠冕系在頭上的絲繩；綖，是冠頂上平覆著的長方形板。這些就組成了當時帝王、諸侯衣服的禮儀成分，所以臧哀伯說「昭其度也」。在西周青銅器上的銘文中經常出現周王把他自己的禮服賞給臣下的紀錄，例如有玄衣、黹屯、赤芾、朱黃、鑾旂等。玄衣是黑色的上衣，赤芾是紅色的帶子，鑾旂是系在車上的鑾鈴、旗子。這些在當時都是一種身分的象徵，只有身分比較高的諸侯才能用，平民百姓沒有這個資格。商周社會具有比較嚴格的禮儀制度，這種禮制一直到春秋時期才有所破壞。到了秦漢以後，對服裝都有比較嚴格的規定限制。對平民百姓的服裝都有規定。西漢時候是重農抑商的社會，當時就有明顯的規定，商人穿的衣服，褲子的兩條腿要有兩種顏色，他們不能穿純一色的衣服，因為當時商人的地位是比較低的。漢代曾經明確規定商人不許穿錦繡、羅綺等絲織品服裝，不許奴婢穿絲綢服裝。可以看到，古代服裝始終是用來維護社會等級制度的，為統治階級服務的。到漢代就有一種比較流行的服裝，叫深衣。皇帝的禮服也不是每天都穿的，只有在大的儀式典禮上才穿。日常生活穿的衣服，包括平民和貴族，相對還是比較隨便一點。從現在看到的考古資料來看，從戰國晚期一直到漢代，比較流行的服裝就是深衣。深衣就被後人用來研究禮制，尤其清代的儒家學者拿深衣做很多文章，認為

它是古代很重要的禮服。清代的學者都做了很多專門的研究，比如江永寫過《深衣考誤》、任大椿寫過《深衣釋例》等，可是他們考了半天，對於深衣的形狀，它是什麼樣的，怎麼做的，還是沒徹底講清楚，因為他們看不到實物。我們現在比他們幸福得多，我們能看到古代的實物。這裡大家看到的是在河北中山國遺址出土的一件人形銅燈（圖4），上面這個人穿的就是當時的深衣。也是長袍，下擺比較特殊，裙裾是撇開的。

圖 4 河北中山王墓出土銅人燈座

　　後來在湖南長沙的馬王堆漢墓裡發現了西漢人穿的深衣，這裡比較完整地保存了很多當時的衣物。它的特點是有一個尖尖的大襟。這個服裝跟我們平時在電視上看到的古裝還是有一定區別。大家印象中的古代服裝都是寬袍大袖。而這時候的深衣是比較節約布料的，窄袖、緊身，緊緊地纏繞在身上，袖子也不是大家想像的那樣長寬。那是後來才興起的。就是這種緊身長袍，往身上一裹，繫一條帶子。為什麼說這種服裝表現了古代的禮制呢？它的特點是把身體遮掩得非常嚴實。古人受到儒家思想的影響，或者本來就有這種傳統觀念，認為裸體是不合禮儀、不禮貌的。尤其是婦女。深衣就造成

這種作用，除了腦袋，全都裹起來。可見深衣是表現了中國儒家禮教思想的一種服裝。

深衣在漢代是比較流行的，漢代的畫像石、壁畫裡面的人物穿的都是這樣的服裝。例如山東嘉祥武氏石室的漢代畫像石。其中一幅畫的是荊軻刺秦皇。我們看他們穿的服裝，就是深衣，畫上秦皇的服裝，也是包裹得很嚴密的。這是漢代服裝典型的特點。漢代以黑色作為最高的顏色，所以帝王、官員的服裝是黑色的。都穿同樣顏色的服裝，那官員怎麼分別呢？當時主要是透過冠，還有身上佩戴的綬帶來區別。漢代的官員，往往在身上要配一個綬帶，不同的官職，綬帶的長度寬度，上面的顏色、花紋都不一樣。同時漢代的冠也有很多種，有法冠、武冠、進賢冠、高冠、長冠等。不同的官員戴不同的冠帽。武官帶鶡冠，在帽子上插幾根羽毛或者戴一條貂尾，表示勇猛善戰。法官的帽子中間有一根凸出的鐵柱子，象徵獬豸的角。因為傳說有一種神物獬豸，有糾紛時，哪一方不合理，它就用角觸哪一方。這是用冠帽和綬帶來區別官員的身分等級。大家在電視經常能夠看到的古代官員穿著不同花紋顏色的官服這種情況，基本在隋唐時期才開始出現。

早期的紡織品文物中有一件在湖北江陵馬山的楚墓中出土的絲衣。這個服裝質地非常輕薄，紡織得非常均勻。說明當時的紡織業非常發達。中國是絲綢的故鄉，中國的絲綢被長途販運，流通世界，形成了著名的古代絲綢之路，極大地促進了中西文化的交流。絲綢在古代是經濟生產中非常重要的一個方面。很多時候，絲綢可以直接當作貨幣進行交換。這件衣服和深衣有點不同，它沒有三角形的斜的衣襟。它的前襟領口不是對襟的。我們現在穿的很多服裝都是中間開襟的，而古代基本都是掩襟的。尤其是主要的上衣。這樣把身體前面擋住不至於敞開，否則一條帶子就繫不住了。掩襟的方向是從左向右的。這是中國古代漢民族服裝的特徵。大家知道，古代齊國有一個著名的政治家叫管仲，孔子曾經說過，如果沒有管仲的話，我們都成了頭髮披散、衣襟左掩的異族人了。披髮左衽，這是一個重要的民族區別。如果向左

掩，那是其他民族，或者華夏以外的民族。華夏民族服裝始終是右衽的，而且歷朝歷代都把這個當作華夏民族與其他民族的區別。大家現在穿的衣服沒有這個區別，向左或向右開襟，大家也沒有覺得有文化上的區別。但古代，這是非同小可的。這就表明你是漢族還是非漢族。這也是古代禮制的一個主要方面。

　　還可以看看在馬山楚墓出土的另一件服裝。它反映了那時的服裝也很完備。說明服裝文化發展得非常快，在戰國時期就已經十分繁榮了。江陵馬山出土的服裝有好幾十種，除去各種各樣的深衣、袍服，還有像這種的服裝，類似織絨，比較厚的。可以看到，這是睡覺用的衣服，類似我們的睡衣。可以想像當時貴族的服裝分類比較明確，有出門穿的，家裡穿的，有長的有短的，有浴衣睡衣，各式各樣的服裝，是非常完備的服裝體系了。

圖 5 洛陽金村戰國墓出土銅人

接著看看漢族與異族的服飾區別，這是河南金村東周墓出土的造型精緻的青銅人（圖 5）。這個人物形象很可能是當時俘虜過來的其他民族的奴隸。首先看他的髮式，梳有兩條辮子，類似以前 1960 年代女孩子梳的那種辮子。而且他上身穿的是套短袍，下面穿的是靴子。古代漢族與外族的區別之一在於，漢族人腳上穿的是履，就是布做的鞋，而北方的少數民族穿靴，那時候漢族人不穿靴。漢族文化禮儀與少數民族之間的重要區別，特別在頭部，在頭髮的處理上表現得更明顯。我們可能聽過古代有句話，身體髮膚，受之父母，不敢毀傷。古代漢族的傳統觀念是，頭髮從生下來，至少是從行冠禮後到死都不能夠剪，要一直留著。剪了是因為犯了罪，成了犯人了。中國古代刑法裡有一種刑，叫髡刑，就是把頭髮剪掉去做苦役。這是一種歷史悠久的觀念。「文化大革命」的時候，抓牛鬼蛇神，首先就是剪頭髮。說明這種思想在中國人心目中是根深蒂固的。漢族人頭髮是不剪的，但也不是梳辮子，而是盤在頭頂上挽成髮髻的。所以成人梳辮子和不梳辮子，也是漢族和其他民族的區別。直到後來，滿清入關，為了梳辮子，不知死了多少人。滿族人進關以後，為了改變漢族文化，泯滅民族意識，首先要剃頭，梳辮子。所以那時候剃頭匠的旁邊站著劊子手，不剃頭就把腦袋砍下來，就是留頭不留髮，留髮不留頭。魯迅寫過一篇文章，說中國人吃頭髮的虧太多了。就因為我們把頭髮當成漢族文化的一個象徵。由於頭髮要挽成髻，也就出現了各種各樣的冠帽。

就拿大家很熟悉的秦始皇兵馬俑來說，大家有沒有注意過他們的頭髮。髮髻的形狀很多。有人統計過，兵馬俑梳頭的方法有 30 多種，非常豐富。有的編成小辮盤在頭上，有的直接梳成髮髻的，有的梳下來挽一圈再盤到頭上，形式非常多，但絕沒有梳成辮子拖下來的。

下面這幅圖片中的服裝就比較接近大家平時在電視劇中所看到的古代服裝，寬袍大袖。這是在河北滿城出土的漢長信宮燈（圖 6），一個宮女托燈的形象，做得非常精緻，是藝術水準非常高的國寶級文物。我們主要看服裝。

從領子看，還是剛才那種深衣的形式。但袖子已經寬大起來。說明宮女開始在服飾上逐漸講究起來，不再像以前那種緊約的服裝樣式。漢代有歌謠「城中好大袖，四方廣匹帛」。由於當時宮廷奢侈的風氣興起，服裝製作精美。這種風氣很快傳到了各地，袖子也做得越來越長，越來越寬了。

圖 6 漢長信宮燈

到了魏晉南北朝時期，這個時候中國的服裝有一個突出的變化，就是日益寬鬆起來。魏晉南北朝是一個禮崩樂壞、思想放曠的時期。當時流行的魏晉名士風度，其實就是一種在政治高壓下極其不負責任的態度。比如著名的竹林七賢中有一位叫劉伶。有一次，劉伶在屋裡把衣服全脫了，有人來看他，大驚失色，說你怎麼能這樣，什麼都不穿，也太不講禮貌了。劉伶說，我以天地為屋舍，以房屋為衣服，誰讓你鑽進我的褲子裡了？表現出當時的貴族與文人是極度放誕。在這種社會風氣影響下，衣服變得寬大輕薄，褒衣博帶。褒衣就是寬大的長袍，博帶就是寬寬的長帶子。現在有一件屬於這個時期的文物，據說是東晉著名畫家顧愷之畫的〈洛神賦圖〉，原圖收藏在英國大英博物館。上面畫的是曹植和宓妃的化身洛河女神。大家知道，洛神賦記

295

載的是曹植和宓妃的愛情故事。我們看看當時他們的穿著，後面這些隨從官員的服裝，和前面看到的漢代服裝就有明顯的區別。首先服裝非常寬大，很鬆散，顯得很開放。這種服裝基本上是南北朝時期的漢族服裝主流。北魏孝文帝有過一次改穿漢服的運動，旨在把北方少數民族漢化。

圖 7 北朝陶俑

北魏是鮮卑族建立的國家，是北方的遊牧民族，他們原來的民族服裝跟漢族是完全不一樣的。這是在寧夏出土的陶俑，反映了鮮卑族的服裝（圖7）。他們穿的是對襟長袍，很厚的，皮革制的，頭頂戴帽子，梳辮，穿皮靴。這是北方遊牧人穿的典型服裝。為什麼他們穿這種服裝呢？首先他們以放牛羊、打獵為生，獲取皮毛比較容易。再有一個是因為騎馬，在草原上奔馳，穿絲綢不經磨也不經剹。漢朝時，漢族和匈奴經常打仗，有時候提出來，給你一點絲綢，停止戰爭。但匈奴首領說，我們經常在馬背上，穿你們的絲綢沒用。可以看出他們生存的方式決定了他們的服裝樣式。北魏雖然統治了整個中國的北部，但淮河以北，大部分還是漢族居住的地方。所以孝文

帝為了統治漢人，要使用漢族的文化禮制，就要讓鮮卑人向漢族人學習，改穿漢族的服裝。

透過河南鞏縣北魏石窟壁上〈帝后禮佛圖〉等雕刻反映的北魏晚期宮廷貴族穿的服裝。可以看出這些北魏鮮卑統治者的服裝和漢族沒有什麼區別，都是褒衣博帶，高大的冠帽，寬大的長袖。這裡，漢族服裝禮儀作為先進文化征服了當時相對落後的遊牧文化。

到了隋唐時期，是中國封建社會的鼎盛時期，唐代的前半段尤為強盛。當時中央集權的官僚制度非常完善，就形成了非常嚴格的成套的官員服裝禮儀制度。我們現在看到的唐代文獻裡有比較明確的關於帝王官員禮服的記載。隋代的服裝制度還有些不足。到了唐代初年，還是沿用隋朝的禮儀。袞冕是最高規格的禮服。隋代帝王和官員穿的基本都是這樣的禮服，區別不太大。到了唐代，唐太宗時進行了很嚴格的禮儀制度的整理和規範，目的就是更明確地區分尊卑等級。到了唐高宗顯慶元年時，太尉長孫無忌等官員向唐高宗上奏，覺得臣子服裝和皇帝是相似的，這樣就會貴賤不分。皇帝應該穿最高等級的袞冕。除了袞冕，皇帝和官員禮服還有其他的組合，如鷩冕、毳冕、繡冕、玄冕等，這些組合可以讓官員穿用。袞冕的組成，有袞，即上面穿的袍子，袍子上要繡八種花紋，如日月、星辰、山、火等，表示皇帝至高無上的權力。下面穿著裙，繡四種花紋。一共十二種花紋，叫做十二章。歷朝歷代皇帝禮服上都要繡的。長孫無忌請求只有皇帝才能穿袞冕，其他大臣就不能穿了，只能穿其他的禮服，以示區別。只有帝王戴的冠上面才能有綖和橫板，前面垂掛玉串。大臣戴其他的冠。這樣就能把大臣和帝王區別開來。

圖 8 章懷太子墓壁畫

　　唐代官員的日常服裝還有朝服與公服等。在一幅陝西章懷太子墓出土的
壁畫上（圖 8），表現的是當時來訪的外國使節，有來自日本、吐蕃、新羅等
地的，由唐朝的禮儀官員引領。他們穿的是官員的朝服，注意一下左邊那個
官員的背後，繫著一條綬帶，是官員身分地位的象徵。唐代官員除去這種朝
服外，日常穿的服裝叫公服。另一幅壁畫上是當時聚集在太子身邊的官員。
他們穿著官員的常服，就是公服，一種圓領窄袖長袍，也叫襴衫，腰間繫皮
帶，穿起來比較簡便。隋唐時期，官員服裝的顏色有了區別。有紫袍、紅
袍，青袍等。三品以上穿紫袍，五品以上穿紅袍，五品以下，穿藍綠色的袍
子。這是明顯的階級象徵。現在看到的電視劇裡給官員穿的服裝顏色常是很
混亂的，這就失去了官服的禮儀意義了。

　　以上討論的都是男人。要說婦女的服裝，唐代婦女的服裝也是非常豐
富的。

　　在唐代畫家張萱畫的〈虢國夫人遊春圖〉上有高級貴族婦女騎著馬，出
去遊玩的情景。她們的服裝是很雍容華貴的。上身穿的短衫，下身繫著長
裙。根據唐代的一些文獻記載，當時的紡織品是很豐富的，有金銀線夾織
的、毛羽織成的、起絨的、透明的……樣式非常多。這些圖上的侍女，更多

的是穿著男裝。這也是唐代的特點，就是女子穿男裝。表現了唐代文化相對較開放的特點。當時婦女穿男裝也是一種流行趨勢。

圖 9 唐簪花仕女圖

尤其是低等的侍女，在唐代的文物圖像中，她們穿男裝的形象比較多，就跟男官員穿的圓領袍相似，或者穿胡服樣式的長袍。

唐代畫家周昉畫的簪花仕女圖（圖9），表現的是中晚唐雍容華貴的貴族婦女形象，可以看到當時婦女的開放程度。前面說過漢代服裝，那時無論男女都是從頭裹到腳，非常嚴實的。但是到了唐代，這時候婦女服裝非常時髦。上半身幾乎都裸露，披著很薄的輕紗。畫家表現的藝術水準也是非常高的。其實畫上的貴婦就是齊胸繫了一條繡花長裙，上身就披一條薄紗衣。這應該在唐代貴族裡是非常多見的，表現當時開放的文化氣氛，特別是來自西方與西域的文化影響，對中原的傳統禮教有一定的衝擊。

到了宋代，是以儒教治國，比較保守的時代，儒學比較發達。服裝又開始恢復到漢代比較保守的狀態。五代畫家周文矩的〈文苑圖〉表現了當時文官的衣著情形，這時的官服和唐代相似，但官帽是比較有特色的幞頭。它原

來是一種包頭巾，逐漸固定成型發展為硬質的固定形態幞頭。還有一個特點，這幅畫圖上沒有表現出來，宋代官員穿朝服時，必定在脖子上套一個叫方心圓領的飾物。幞頭後面的帽翅也變得越來越長，有時候長到了將近一丈。官員的常服大致延續了唐代的風格，各等級的官服顏色和飾物與唐代基本一樣。

圖 10 宋清明上河圖

　　這是宋代畫家張擇端的著名作品〈清明上河圖〉（圖10），從中可以看到宋代社會各階層人物的服裝風貌。畫裡面畫了上千個人物，有官員、皂隸、商人、婦女、勞動者……可以看到他們已經形成了明顯的服裝上的區別。就像魯迅在〈孔乙己〉中寫的，來酒店喝酒的分為兩類人，一種是穿長衫，一類是穿短襖。穿短衣服的是勞動階層，而上層社會，如官員、富紳、文士等階層穿的是長袍。從《清明上河圖》上就能看到這種區別。挑擔的這個人上面穿著短袍，下面是褲子，是短衣幫。還有擔水的勞動者，都是這樣的著裝，短上衣，光著腿，穿著草鞋。右邊這些是有身分有錢的，員外一類的人物，穿著長袍，帶著冠，旁邊站的是衙門的差役，就穿著短袍，褲子。僅從服裝上就可以看出人們的社會階級身分有著明顯的區別。這就是服裝的

300

社會作用。宋代服裝沿用唐代晚期的風格，基本上奠定了漢服的傳統樣式。

明朝有著更嚴格的封建等級制度，對人們服飾在禮儀身分上的作用更加看重，限制也更多。明朝官員的常服保持了圓領長袍。這時，補服制度已經定型，就是在官員的胸前繡一塊方形的或圓形的圖案，根據官職等級的不同繡上不同的圖案，形成了嚴格明確的官服體系。清代也延續了這個補服制度。這是封建禮儀制度的突出表現。

除了傳統的漢族服裝以外，中國歷史上還有過大量少數民族的服裝樣式，如北方的匈奴、鮮卑、突厥、契丹、女真、蒙古、西夏等等民族服裝。這些遊牧民族的服裝和髮式都有明顯的區別。後來有些民族習俗在和漢族融合後改變、消失掉了。在遼代畫家胡瓌畫的〈卓歇圖〉中，有契丹人出外打獵、休息的場景。我們看他們的髮式上有著明顯的區別，左下角的兩個人，頭頂都剃光了，兩邊留著辮子。這種髮式後來不存在了。遼被金滅後，金又被蒙古所滅，他們的文化就融合到一起去了。在西安出土的元代陶俑，刻畫的是當時北方遊牧民族文化影響下的人們衣著，他的服裝有很明顯的特點，左衽的長袍，腳上穿著皮靴。這一類的北方服裝在滿族建立清朝後有些改變，如在袍子外邊穿的寬大對襟的馬褂，有些還是保留了遊牧民族的服裝特點，如馬蹄袖，本名箭袖，大家看到影視中清朝官員行禮時啪啪的甩袖子，那就是箭袖。它原來是射箭時保護手腕用的。還有滿清官員戴的帽子，和漢族是很不一樣的，因為他們梳辮子，不梳髮髻。類似的變化很多，這裡就不一一列舉了。

總之，我們服裝的演變始終是密切跟隨著社會文化的變遷不斷地改變，用它特有的禮儀特點來約束和糾正著人們的行為。中國古代的服裝尤其是這樣。我今天就談這麼多，謝謝大家！

原載《在北大聽講座》第 18 輯，新世界出版社

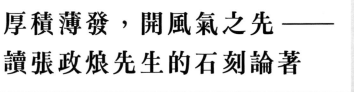

厚積薄發，開風氣之先 ——
讀張政烺先生的石刻論著

　　《張政烺文史論集》一書終於出版了。令我們這些多年承蒙師澤的學生們悲喜交集。大概只有參與過這一工作的人才會知道這本書中包含了苑峰師多麼深重的心願與學界多麼殷切的期望，而它又經歷了多少人為的艱難。近兩年來，苑峰師多次病危，又多次靠著頑強的精神與對出書的期盼挺了過來。

張政烺先生（前排中）與作者（後排右二）合照

　　我們前去探望時，看到一代哲人輾轉病榻，往往悲不自勝。所幸這冊凝聚了老師終生心血的論文集終能付梓。可令重病中的老師一展笑顏，也為後輩學子們留下了最可珍貴的道德文章典範。

　　苑峰先生是我最尊敬、最崇拜的當代學者。每當傾聽他的談話，拜讀他的著作時，心中都會浮起「仰之彌高，鑽之彌堅，瞻之在前，忽焉在後」的感慨。

　　這不僅是由於先生博聞強記，知識淵博當世罕匹，具有豐厚的學術底蘊；也不僅是由於先生思想敏銳，目光獨到，永遠保持學術的前瞻性；更是由於先生具有優秀知識分子典型的道德情操，人品高尚，胸懷博大，堪稱一代師表。曾子讚頌孔子的名言：「江漢以濯之，秋陽以暴之，皜皜乎不可尚已。」正說出了我們心中對先生由衷的感受。

張永山師要求我介紹一下先生關於石刻的研究。後學小子，實無此資格妄加雌黃。但反覆思考，庶幾有助於弘揚先生的治學精神，勉力為之。

　　不當之處，尚請先生見諒。

　　苑峰師博學廣聞，上自商周甲骨金文，下至明清小說戲曲，都有過廣泛的涉獵與研究。但是他用力最勤的還是古文字學與先秦歷史的研究。正如他在〈我與古文字學〉一文中所敘述的「幾十年間，我致力於以古文字學的理論和方法考釋甲骨文、金文、陶文（包括磚瓦文）、簡帛、石刻與璽印文字，輔之以各類古代字書，追求中國文字的形、音、義發展演變的真跡，為的是解決一些歷史上的問題」。

　　學界盡知，先生從不輕易發表論著。他對一個要研究的問題，往往要反覆思考、研究、廣泛尋找相關資料證據，甚至長達十餘年不下結論，直至確乎無疑才付諸學界，多成震聾發聵之響。比起一些誇誇其談的名人，先生發表的文章並不太多，然而這些論著中研究之深邃，論據之廣博，思慮之嚴密，觀點之新穎，均無人可望其項背，遠遠超越了各篇論文所論述的具體問題，對學術界具有指導性的重要意義。

　　因此，雖然先生自幼就精研石刻，所見拓本不下萬數，但是在他發表的著作中，涉及石刻的文章數量不太多，只能反映先生學術研究的其中一個面向。論文集中所收集的論著有：〈獵碣考釋初稿〉、〈漢孟孝琚碑跋〉、〈漢故郎中趙菿殘碑跋〉、〈跋唐蕃會盟碑〉、〈岳飛還我河山拓本辨偽〉、〈關於泰山刻石的談話〉等。另外，《中國考古學史講義》中也有大量關於古代石刻研究的介紹與評價。這些文章分散發表於近六十年間，從中可以看出先生學術研究思想的發展，看到治學的基本方法，帶給我們重要的啟迪。其寶貴價值要遠在這些文章討論的具體問題之上。

　　〈獵碣考釋初稿〉是先生大學時期的作品，論述重點仍在古文字銘文的考釋上面，所採用的方法屬於傳統的乾嘉考據學與《說文》學，這也正是當時中國古文字學界主要採用的學術方法。《石鼓文》的研究，在當時頗為風行，

有過多種釋文與考證，也涉及古文字學研究中的諸多問題。當時著名學者羅振玉、唐蘭、馬敘倫、馬衡等對此都有過研究。發表的論著有《石鼓文考釋》、《石鼓文疏記》、《石鼓文為秦刻石考》、《石鼓文刻於秦靈公三年考》等，後來又有郭沫若的《石鼓文研究》等專著。而先生以一青年學子的多年鑽研，在石鼓文的研究中能獨樹一幟，在〈獵碣考釋初稿〉中對《說文解字》中存在的問題與前人考證的不足之處多所匡正，提出了很多獨到的見解。這篇考釋中，先生熟練地運用了古文字學的傳統考釋方法，顯示出他在古文字學的三個組成部分 —— 形體、音韻、訓詁各學科中都打下了深厚堅實的功底，已經具有廣博的學術造詣。所以，先生之後撰寫的一系列金石題跋考釋文章都能在這種深厚的學術功底上做到舉重若輕，遊刃有餘。

結合 1930 年代的學術界研究狀況，可以看出，在〈獵碣考釋初稿〉中，不僅僅是一般研究者常作的考釋文字，通讀銘文等工作。更值得我們學習的是它既有傳統的考釋方法，又表現出作者著意探尋古文字變化規律，並運用這些規律為考釋文字服務的深層思維，閃現出新思想、新學術的光芒。例如：先生在考釋「吾」字時，提出「古者形聲字形與聲無固定位置」的見解。在分析「吾」字的形成時，「常疑『吾』即『語』之古文，而『吾』、『語』、『吾心』古殆一字。蓋心為思想源泉一觀念初民未知也。心之所喻唯知口說而已，故殷墟卜辭無『心』及從『心』之字。後世從『心』之字古多從『言』，更早更多從『口』」。這裡將人類思想認知逐步發展的辨證觀點引入古文字的考釋之中，極具啟發意義。

運用辨證觀點全面剖析研究對象，考慮問題細緻入微，從不人雲亦雲，是先生學術研究中的一大特點。如對「麀」的考證中，先生將石鼓文中的字形與甲骨文、金文的字形史料連繫起來，針對學界均將其直接釋作「牝」的意見，指出：「其於獸類，凡 等字（皆見卜辭），皆表其獸之牝若牡者，為實字而非虛字。謂之合書也可，謂之會意也可，謂為形

聲，概為牝、牡之異文，則不可也。」為此，先生細緻地分析出人們最早對各種動物的稱名均為專名，牝、牡只是母牛、公牛的專名。古文字中為各種動物均可加上「且」、「匕」的形符來表示性別。語言文字進化後，牝、牡才成為表示動物性別的泛稱。先生針對文字語言與社會實際狀況的關係，指出：「人類進化，與獸不相接，所以濟語言文字之窮，而求易言易曉，其去語言文字之朔遠矣。」針對文字的分化與孳乳，他提出：「文化日進，新義日多，習於通假，遂為數字。於是各有其義而本義不可尋矣。」在當時，這些從文字進化來研究古文字變化規律的新觀點，已經遠超於傳統考據學者之上，推動了古文字理論與研究方法的發展。

二十世紀初，西方現代考古學等新的學術思想傳入中國，影響了社會科學的研究與發展。王國維的「二重證據法」便是研究方法上一個明顯的發展變化。先生的論著中也明顯地反映了這一學術演進。從最初的學術研究開始，先生就注重實證，不僅廣泛運用以往所有的各方面古代銘刻資料與文獻資料，還能注意利用考古資料，結合考古實踐。在石鼓文的考證中，他不僅熟練地引用了大量文獻例證（有些還是前人從未使用過的），而且使用了甲骨文、金文、漢碑等大量古文字資料，甚至使用了敦煌寫本中的文字資料。運用之巧，看似信手拈來。但學界中人應該知道，這種運用，需要有多麼廣泛深入的閱讀與多麼驚人的記憶力。張守常先生說：「我聽張先生說過：他不寫卡片，那是因為他看過的，都記得，所謂過目不忘。」[143]但是先生的博學，還源於他對新知識孜孜不倦的探求。我記得二十多年前，先生參加我的研究生論文答辯，看到我引用了一種新出版的日本著錄《唐鈔本》，馬上就極感興趣地向我詢問相關內容，並且要立即找來看一看。以先生的博學，仍保持那種如飢似渴的求知精神，真令我們感動。〈獵碣考釋初稿〉還是先生將實物考察與學術研究相結合的一個首例，這種務實的學風貫徹先生學術研究的始

143　張守常：〈記業師張苑峰先生〉，《揖芳集 ── 張政烺先生九十華誕紀念文集編委會》，社會科學文獻出版社，2002 年。

終。對王國維將「𣀩」釋作「速」，並引師袁簋為例的看法，先生考察原器，提出：「且師袁簋「𣀩」乃「𣀩」之訛，出剔者之手，其跡甚明。」他還跟隨馬衡、王霖之先生去觀察石鼓原物，確定石質，「乃錐擊碣底，石火閃爍，因知昌黎詩『牧童敲火』者，雖想像之辭，亦庶幾近之。按趙明誠《金石錄跋尾》謂『粗石堅頑難壞，如今世為碓臼者。』是其所鑑未誤，而歐陽修疑『文細而刻淺，理豈得存』者，可勿庸置辯也。」這種細緻的觀察考證，是很多學者的研究中所欠缺的。

在〈漢孟孝琚碑跋〉中，先生注意到前人忽視的碑石圖像，並且對相關的漢碑紋飾情況作了彙集與考證，著重於四靈的比較，指出：「蓋一時風氣如此」；「漢人刻龍、虎形修短豐殺恆相稱，樣式皆同，其別唯在首部」。現在學術界對漢代石刻紋飾與宗教思想的研究，應該是沿循著先生開創的這一思路發展而來。

先生晚年曾經結合馬王堆帛書的整理，精心研究《周易》，並且釋讀出甲骨文、金文中的筮卦，解決了千古之謎，震驚了海內外漢學界。而在 1940 年代所作的〈漢孟孝琚碑跋〉中，已經反映了他對古代天文曆法、卜筮數術的精深了解。為了考證相關曆日，他「暇嘗集漢永元六年、後唐同光四年、宋雍熙三年、嘉定十一年、寶祐四年諸具注歷，與今日流俗所用通書校之。其吉凶宜忌之道，自漢已然，法式全合」。他在此文中提出的「漢人以卯金刀之故，頗重卯日」。「古今人風俗性情不同，術家常有用有不用，不能以定法繩之」等見解，至今仍對相關研究具有重要影響。近來學術界日益重視古代數術思想的研究。而先生在幾十年前就已經注意到這一研究方向，充分展現出他在學術研究上的前瞻性。

〈跋唐蕃會盟碑〉又是一個反映先生研究特點的例子。對這件記載古代漢藏關係的重要石刻史料，通常的石刻題跋一般要介紹石刻的時代、形制、地點、字數、行數、文字內容與拓本著錄情況等，並作一些相關史實、文字的考證。〈跋唐蕃會盟碑〉一文中自然也詳細記述了這些內容，並且更正了以

往考釋中的一些錯誤，如「玉府」誤作「王府」等。但是最能展現先生學術見地的，是他對「蕃」這一名稱的深入考證，在文字音韻的比較與古史研究的基礎上，提出《隋書》有「附國」，《後漢書》也有「發羌」。發字、附字和蕃字聲音相近，從地望考證上可以肯定他們就是藏族。再往上追尋，在商周春秋時期的「濮」，可能就是 Bod（蕃）的譯音。這一見解與獨到的考證方法，在當時都是具有開創性的，至今讀來仍令人耳目一新。而且先生在這時的論文中改變了以往作題跋常用的文言體，把複雜的學術問題敘述得清晰直白，為學術論文的撰寫做出了很好的榜樣。

在論文集中首次發表的《中國考古學史講義》，更給學子們以極大的啟發。先生在講課中縱談幾千年來考古學及其前身金石學的發展過程。既顯示出他廣博的知識累積，又表現了他高超的史識，獨到的學術見地。

講義中兼及考古發掘、古器物、銘文等各大方面，石刻僅為其中的一部分，然而其講述之細密完全，則在其他相關論著，如《金石學》等之上。最令人折服的就是先生將金石學的產生、發展與古代思想學術的變遷歷史連繫起來，深入分析相關的時代背景。從經學、史學、藝術譜錄之學等方面的新趨向分析出宋代金石學的開創是「一代學術上的風氣，絕不是一件偶然的事情」。近代以來，曾有過很多學者討論宋代金石學的產生原因，但就我所見，還沒有一個人能從這麼廣闊的學術背景上來予以分析。

先生對傳統金石學的批評也直刺腠理。他認為以往的金石家「所注意僅在人名、地名之考證，無關宏旨，但到清的金石學家也未能超出這個範圍」，「收穫微細」。由此反映出先生注重用金石史料來解決歷史研究中深層問題的高超見解。正如吳榮曾先生所言：「先生對宏觀史學也很重視。」[144]他利用刑徒磚等古代銘刻資料對秦漢刑徒、漢代的鐵官徒所做的研究就是他這種主張的具體實踐。透過關於刑徒的銘刻資料，先生深入考察了古代的奴

---

144 吳榮曾：〈張政烺先生與古史研究〉，《揖芳集 —— 張政烺先生九十華誕紀念文集編委會》，社會科學文獻出版社，2002 年。

隸社會，得出「漢光武是大地主出身，看見了王莽失敗的原因，意識到封建主義在適合生產力上的必要，即位之後就接二連三的釋放奴隸。從此奴隸制度開始衰落，封建主義逐漸抬頭，到魏晉時中國便步入了封建社會」的結論[145]。從而為先生主張的魏晉封建論增加論據，在曾經是中國歷史學界最重要的研究課題 —— 古代社會分期上堅持了自己的學說。

遺憾的是，儘管先生早就為我們做出了示範，但在文物考古界對古代石刻的研究中，至今還往往局限於這種「無關宏旨」的具體考證中，滿足於具體解釋一些零星瑣碎的資料。缺乏透過具體史料去駕馭、解決重大歷史問題的能力。我在總結二十世紀關於石刻的研究時，回顧大量相關論文，也深深感覺到這一問題的嚴重性。像先生這樣由微知著、化腐朽為神奇的論文真是太少太少了。先生的榜樣，正可對照出當前學術界的欠缺，啟發我們努力去掌握更多的史料，更多地去思考與解決與歷史研究理論相關的重大課題，不能又回到清儒「為考證而考證」的死路上去。

原載《書品》2005 年第 1 期

145　張政烺：〈漢代的鐵官徒〉、〈秦漢刑徒的考古資料〉，《張政烺文史論集》，中華書局，2004 年。

周紹良先生與唐代墓誌的整理研究

　　2005 年 8 月初，我去河北參加一個關於石窟與佛教刻經的學術會議。會後，正巧與幾個日本學者一起返回北京。路上聊天時，他們問起周紹良先生的近況。我告訴他們，周先生已經過了「米壽」（日本人將八十八歲叫做米壽），但是近來身體不太好，我臨出來前，他老人家還住了一次醫院。

周紹良先生與作者合照

　　於是，幾位日本學者都請我帶話，祝他老人家健康。可是沒有想到，一回到北京就接到白化文先生的電話，告訴我周先生剛剛去世的消息。驚聞噩耗，一時如雷轟頂，竟不知道對白先生說什麼好。次日，劉紹剛兄、劉世雄兄找我商量，一起為周先生送了一副輓聯：「哲人其萎，杏壇前痛失夫子；幻相斯息，佛國中重歸維摩。」在遺體告別時安放在靈前，聊以表達我們的哀思。我們想，用飽學寬厚的孔子與通達智慧的維摩詰來比喻先生應該是絲毫不為過的。

痛定之後，在《中國文物報》上看到白化文先生紀念周先生的文章。白先生特地點名要我寫一下關於周先生整理研究唐代墓誌的情況。這是我親身經歷的事情，何況先生自為小子座師以來，時時教誨，承澤良多。自應遵照白先生指示。但是一想起往事，悲傷頓起，下筆雜亂，只能簡單記述一些相關的經過。

周先生與金石收藏研究有著深厚的淵源，家族與家庭的深厚文化傳統自然是重要的因素。眾所周知，周家是著名的金石文物收藏大家。周先生的伯父周叔弢先生多次將珍貴的收藏捐獻給國家，其事蹟聞名中外。周先生的收藏，除了古墨外，偏重於古籍與碑帖，特別是古代墓誌拓片。這也就形成了周先生的一部分研究內容。

周先生是國學、佛學大師，其父周叔伽先生是著名的佛教學者。周先生早年從事敦煌寫本與敦煌文學、唐代文學的研究，可能與周叔伽先生的家傳不無關係。而周先生由於這些研究兼及唐史研究，收藏唐代墓誌，就不是簡單的喜好，而是具有學術目的的資料蒐集了。

從清代末年到 1930 年代，在洛陽地區以及陝西、河北等地，墓誌的出土達到了一個高潮。這時墓誌的大量出土，與外國收藏者大肆購買中國古代藝術品，從而刺激了盜掘古墓的不良風氣有密切關係。洛陽、關中等地民間大量盜掘古墓，大批南北朝隋唐時期的墓誌隨之出土。這些石刻由於具有豐富的歷史資料，馬上受到了學者與文人收藏家的重視。這時，中國的著名收藏家如羅振玉、繆荃孫、關葆益、董康、李盛鐸、于右任、徐森玉、李根源、張鈁等人，均從事收集墓誌，從而為國家保存了數量巨大的歷代石刻文物。而墓誌的拓片也開始大量流入民間。當時無法收集到墓誌原石的收藏家與文人，就以收藏到精美的出土墓誌初拓本為一快事。當時北京的收藏者如繆荃孫、陸和九、章鈺、邵章、李盛鐸等人，就收藏了大量清代末期至民國初年的出土墓誌拓本。

　　周先生的墓誌拓片大多購買於 1940 至 1950 年代，上述著名收藏家這時多已過世，他們的收藏，多由其後人轉手出來。周先生主要購買其中的唐代墓誌，從而形成了自己的收藏特色。周先生學識豐富，鑑定文物有獨到的眼光，所以他收藏的墓誌拓片也件件是精品。每件墓誌都單獨存放在一個信封中，上面寫上墓誌名稱、年代，整齊有序。雖然經過「文革」抄家的損失，但是在我們參與整理時，仍舊達到近 2,000 件的規模。在當時中國的私人收藏中可以說是首屈一指的。這些拓本基本上保存完好，拓工精緻，很多進行了裝裱，附有羅振玉、陸和九、章鈺、邵章等收藏家的印鑑、題跋，具有一定的文物價值。關於這些墓誌，徐自強先生有專門的文章介紹，見於《周紹良先生欣開八秩紀念文集》，這裡就不贅述了。

　　周先生收藏這些唐代墓誌，很早就有一個計劃，就是將它們編輯成錄文彙編，給治唐史者提供可靠的原始資料，同時進行相關研究。所以，他早就對收藏的墓誌作了錄文，即使是在「文革」期間，也還在進行這一工作，除了自己抄錄外，還請劉正成先生等人幫助抄錄。這些錄文，周先生親手把它裝訂成厚厚的十餘本文稿。1982 年起，我們參與整理編輯的《唐代墓誌彙編》就是在這一基礎上完成的。

　　那時，我剛從社會科學研究院畢業，來到國家文物局古文獻研究室協助周先生編寫整理《唐代墓誌彙編》，當時已經有王敏老、劉紹剛兄、李方在作補充抄錄的工作，將周先生尚未收集的唐代墓誌蒐集、抄錄出來。我則從頭開始，將所有已經抄錄好的錄文進行校勘、訂正、標點與排序等工作。所可寶貴的，就是周先生無私地將自己收藏的全部墓誌拓片搬到古文獻研究室來，為我們校勘提供了最便利的條件。（附帶說一句，我記得周先生當時說過，要把這些拓片捐獻給古文獻研究室。我調回考古所後，聽周先生說，他又把拓片收了回去。周先生對於收藏的文物，歷來認為是國家學術之公器，毫不吝惜。他原來收藏的大量古籍，「文革」中被抄走，後來發還時，周先

生就叫運書來的卡車直接把書送給了佛教圖書館。所以這些墓誌的事情，箇中自有原因，或與個別人士有關，不甚了了。）

周先生那時還要負責佛教圖書館以及佛教協會的工作，所以每週只在二、四下午來古文獻研究室，除了了解一下工作的進度外，就是和我一起校對錄文。期間切磋思索，多有教誨。尤其是談及墓誌中歷史資料的運用，對我啟發最大。因此，我在校勘墓誌的同時，為經手的每件墓誌都做了卡片，將裡面的主要資料摘錄出來。我後來在整理墓誌資料的基礎上作了一些研究，特別是編寫了《新唐書宰相世系表集校》一書，都是和周先生的啟發與鼓勵分不開的。

陳垣先生有句話，我的感受最深。就是「抄碑難，校碑更難」。不用說滿紙模糊，文字殘缺的，就是文字保存比較好的墓誌，也常常是異體字連篇，掉字、衍字的情況經常出現。要將這樣的資料完整無誤地抄錄出來，沒有相當的古文字、古文獻功底是根本辦不到的。而要再次進行校對，更正各種可能出現的錯誤，並且正確地加以標點，就更是困難，非盡可能細心，高度集中不可。由於抄錄的資料來自多方，錯誤的地方也是五花八門，有的錄文甚至有近一半抄錯，為我們的工作增加了很大壓力。有時緊張地工作一天，只能校對一、兩件墓誌。面對數千件墓誌錄文，不禁使我產生這件工作不知何時才能完成的感嘆。周先生察覺到我這種情緒，和我談起他做這件事的初衷，就是想為學術界做一件紮紮實實的事。他說：這種事情確實辛苦，甚至會吃力不討好，但是學術界需要這樣的基礎工作，需要有人來做這樣的基礎工作。它可能不如寫些時興的文章見效快，但是能造福學術，流傳後世。我們不圖名利，就是希望做點有用的事情。

周先生「為學術界做點有用的事情」這句話，影響了我的整個學術生涯。在他的鼓勵下，我那幾年把全部精力都放在了這件工作上，從早到晚，每天十幾個小時都在校勘文稿，周先生看我已經能擔當起這件工作，由於佛

協的工作和社會活動日益加重，大約一年以後，就把這件工作完全交付給我。但他仍沒有放鬆對這件工作的關注，隔一段時間，我們就在一起審核一下完成的工作，解決一些疑難問題。不知不覺，五年時間過去，我們終於完成了這件工作。當周先生和我們把審校編排完畢的全部文稿集中一起，準備交給出版社時，我不禁長長地出了一口氣，而周先生的臉上也露出了欣慰的笑容。

這部《唐代墓誌彙編》共收入了唐代墓誌約 4,000 件，全部錄文 300 餘萬字。稱得上是一件大工程了。當今，學術界實行研究項目，這樣的大項目恐怕得要幾十人參加，數百萬的投入。而我們當時主要只有以周先生為首的 5 個人，基本沒有什麼專項經費。這恐怕是現在難以想像的了。當時學術界的風氣還是很好的。我們在編輯中得到過北京圖書館金石拓本部、武漢大學歷史系魏晉南北朝隋唐史研究室、開封博物館、濟南博物館以及啟功先生、傅熹年先生、李希泌先生等前輩學者的無私幫助，從未有一處向我們提出過什麼要求或什麼條件。而該書中收集的墓誌裡，周先生的私人收藏占了將近一半，他以前所做的錄文占了百分之八十以上，可見這部書的誕生主要依靠周先生的努力，其中凝聚了周先生多年的心血。

《唐代墓誌彙編》一書歷經周折，終於在 1992 年出版。出版後受到了國內外學術界的歡迎與重視，也確實為唐史研究造成了周先生所希望造成的作用。現在我在國內外大學和圖書館裡看到厚厚的《唐代墓誌彙編》擺在書架上時，仍會思念起這一段辛勞但很有意義的時光。

《唐代墓誌彙編》出版時，我已經離開了古文獻研究室。這時，由於學術界日益重視石刻資料，新的墓誌資料陸續大量發表出來。周先生又在考慮編輯《唐代墓誌彙編》的補編。由於情況變化，他不想再與古文獻研究室合作，只是把我找去，提出要我幫助他一起來完成這個心願。實際上，由於我工作單位改變，我已經不可能像以前那樣，把全部時間都用來做這件工作

了。但是出於對周先生的尊敬，出於與周先生多年的友情，（我本不該這樣說，本來是師生之情，但是周先生卻一直說：「咱們是朋友。」始終像平等的老朋友一樣待我。這裡就冒犯一次吧。）我還是答應盡力幫助先生一起來做這件事。於是，我們商議了分工，周先生以當時出版的《隋唐五代墓誌彙編》圖錄和其他資料集為基礎，查找未曾錄文的資料。我蒐集各種考古文物刊物和報告上發表的唐代墓誌資料，同時與各地的學術界朋友聯繫，尋找新的資料。仍請周先生的老合作夥伴劉正成先生幫助抄錄。我們兩人負責查證、校對、標點。與以前不同的是，這次的工作幾乎都是在晚間與零散時間業餘進行的。周先生同樣是在繁重的社會工作之外抽時間做這項工作。現在想想，周先生當時已經是近八十歲的高齡，還孜孜不倦地俯首文稿之中，該有多麼辛苦。箇中滋味，恐怕只有我們自己心知了。這也正是周先生一生求學不倦的縮影。記得他當時笑呵呵地說：「我身體還好，每天晚上還要寫一千字。」這樣，幾年辛勞下來，到 1997 年截止時，竟也能夠將 1986 年以後新公布的資料基本收集完全，彙集目錄時一統計，有 1,700 件之多，連我們自己都不敢想像。這次編集，還是在完全沒有經費、沒有人力的情況下，憑周先生的信念和我們的持續努力，才順利完成的。支持我們的還是那句話「為學術界做點有用的事」。如果是為了那點微薄的稿費（可嘆的是這點稿費還大都用作了周先生的醫療費），恐怕沒有人肯去做這麼繁重的工作的。

在整理編輯《唐代墓誌彙編》的同時，周先生還提出要把全國新出土的墓誌加以收集彙編，他和古文獻研究室當時的負責人王東明、韓冬民等一起把這件工作擬定為古文獻研究室的重要任務，讓我起草了給文物局的報告，一起擬定了編集體例，並且親自呼籲，使這件事情得到文物局的批准，下達文件通知全國。爾後，我又和其他同仁多次到全國各地聯繫，協助工作，使《新中國出土墓誌》的編輯工作得以進行，很快就取得了大量成果。周先生對於開展這項工作，功不可沒。然而，後來我們都離開了古文獻研究室。該

書出版時，對周先生的貢獻隻字未提。多年來，周先生並沒有提過此事，但有時在言談中也會感覺到些許不滿。現在，周先生已經仙逝，這件事情再不說，恐怕之後也沒有人知道了。所以順便說出來，立此存照吧。

　　周先生是把唐代墓誌的收集整理與研究緊密連繫在一起的。他撰寫了多篇唐代墓誌的考證文章，內容涉及唐代歷史、人物、地理、社會風俗等等，頗為精到。周先生對唐代文獻的涉獵既廣且深，所以對唐代墓誌鑽研得也很透徹。我在整理唐代墓誌的基礎上，想就其中主要記錄的譜系情況對《新唐書宰相世系表》做一個系統性的訂正與補充。這一想法得到了周先生的大力支持。他還把自己多年前編寫的《新唐書宰相世系表補正》草稿全部交給我，讓我參考使用。我研究了眾多相關資料後，決定選擇前人幾種主要的考證著作，摘錄其觀點，並列在我的《集校》中。周先生的著作著重於唐代文獻中的資料，可以與其他幾家的著作互補，我希望把它作為一家收入我的書中。我把這個想法告訴周先生，徵求他的同意。周先生很高興，毫不猶豫地滿口答應。由於出版艱難，這部書在交稿十二年後才得以問世。我自己都有些淡然了。但當我送樣書去給周先生時，周先生非常高興，大笑著連聲說：「出了就好，出了就好。我一直惦記著這件事。總算了了一件心事。對學術界是有用的。」看著白髮蒼蒼的先生如此興奮，我的眼眶濕潤了。

　　現在想想，我和周先生相識、相交二十四年，除了學問與工作，很少涉至其他事情，無及乎名利，更沒有聽到過周先生臧否、評論他人。可以說是道地的君子之交。但周先生寬厚、樸直的品格一直是我尊敬與崇拜的典範。多年以來，他的周圍聚集著一大批承受教誨恩澤的學人。凡我所接觸過的，無一不對先生的道德文章心悅誠服。在先生生前念念不忘的中國傳統學術研究上，由他引導而形成的眾多學科學研究究，如敦煌文學研究、吐魯番學研究、佛學研究、唐史研究與唐代墓誌研究等也正在發揚光大。先生可以含笑以對釋迦矣。

回想起來，二十四年前參加我研究生答辯的四位座師，蘇秉琦、張政烺、周祖謨、周紹良諸先生都是當代著名大儒，小子何其有幸；然而近年來，先生們卻都不幸相繼辭世，小子又何其傷悲。這些在當代中國學術史上影響重大的大師們紛紛仙去，似乎昭示著大師時代的結束，這是最令人難過的。寫這幾行字的時候，我已經坐在日本仙台的古城址上悵望著海天了。剛剛瞻仰過的魯迅紀念碑更增加了我的傷感。忽然腦海中湧起幾句元人的詞：「石頭城上，望天低吳楚，眼空無物，指點六朝形勝地，唯有青山如壁。」斗轉星移，滄海桑田，而我尊敬的座師們，會像青山一樣，永遠屹立在中國學術的史冊中。我想。

原載《周紹良先生紀念文集》，北京圖書館出版社 2006 年版

我所認識的杜德橋

杜德橋（Glen Dudbridge），是一個在國際漢學界中十分響亮的名字。他以深厚的漢學功底與卓越的研究成果獲得了歐美學術界與中國社會科學界的普遍尊重，他不僅在世界著名學府劍橋大學與牛津大學長期擔任中文教授和中國研究所所長，而且還擔任著英國學術院院士、中國社會科學院名譽高級研究員等諸多重要學術職務。沒有見過面的人，或許會把他想像成一個威嚴睿智、不苟言笑、高不可攀的大師級學者。

杜德橋教授（右）與作者（左）合照

可是在我們十多年的交往中，他給我的感覺始終是一個慈祥和藹、親切熱情的好老師、好朋友，或者更親近地說，是一個好老頭。如果讓我用一句話來描述，那就是他不僅學貫中西，而且德貫中西，一身兼備了英國社會傳統的紳士風度和中國儒家傳統的謙謙君子之風。真像他這個美好的中文名字一樣，是一座道德的橋梁。

我是在 1996 年獲得英國學術院王寬誠基金的訪問學者資助到牛津大學中國研究所與杜德橋教授作合作研究時首次見到他的。雖然在此之前，我們已經就合作研究的工作有過多次信件往還。介紹我們進行這一合作的則是我的另一個英國朋友——當時剛出任牛津大學墨頓學院院長的著名學者潔西卡·羅森博士（Dame Jessica Rawson, 1943 －）。她覺得杜德橋教授正想進行的一項中國古籍輯佚與研究工作與我的研究側重面向有共同基礎，可以互相交流，就向杜德橋教授提出來透過申請王寬誠基金讓我到牛津去一起做這項工作。杜德橋教授很快就來信告訴我他的研究構想，並且和我約好分工先期各自蒐集一部分資料，等到牛津時再一起整理研究。儘管還沒有見面，但在這些來信的字裡行間中，已經可以感到他嚴謹認真的治學作風與平易近人的善良品格，不禁使我非常想能盡快見到他。

在一個英國常見的陰沉寒冷的冬日，天上飄著雨星，我從倫敦乘坐長途巴士來到了久已傾慕的著名學府牛津。在此之前，杜教授已經周到地安排好我的旅程，告訴我到牛津車站後打電話告訴他。那時，置身於首次來到的異域，不禁心中惴惴，既擔心將要在這裡度過半年人地兩生的日子，又不斷地猜想著將要見面的這位著名學者會是什麼樣子，好不好相處。

牛津大學中國研究所位於一條偏僻的小街——沃頓街上，是一座很顯陳舊的三層小樓。我有些跼躅地邁進大門，通報了自己的名字。「您已經到了。杜教授正在幫您收拾辦公室呢。」身材矮小的所長女祕書一邊說，一邊跑去找杜德橋教授。杜教授幫我收拾辦公室，有點離譜了吧。後來我得到確證，真的是這樣，杜教授親自去幫我搬辦公桌。在他們看來很平常，歷來就是這樣事事自己動手。而在我這裡，卻受到了很大的震撼，心裡也頓時感到熱乎乎的，似乎陰暗寒冷的天氣也不令人生懼了。

隨著一聲親熱的問候，一位滿面笑容的清癯老人快步來到我的面前，伸出了他的手，由此開始了我在牛津的半年合作研究，也開始了我們至今十多年的友誼。

　　我不想多講杜德橋教授在生活上對我的細緻照顧，使我很快就習慣了這裡的日常工作起居。重要的是我們在共同研究工作中逐漸建立起來的理解和溝通，使我們的相處十分融洽，工作也進行得很順利。

　　說實話，原來我對這項研究的選題並不太感興趣，覺得輯佚這種工作也只是簡單地查找一下各種古籍，做做考證確認而已。加上《三國典略》這種書能夠找到的佚文並不太多。我想這個研究的結果也就是平平常常的一個佚文彙集罷了。在見面後不久，我們把所有的資料統計了一下，一共有410條，其中還有16條是三國時魚豢的《典略》一書佚文。我們查找的古代類書、史書有近30種，蒐羅得已經比較完全。所以面臨的問題主要是如何深入研究，將這項輯佚工作做成具有一定學術意義的新成果，以期與清代學者蒐集佚書的做法有所不同。在這一點上，杜德橋教授等歐洲學者的研究方法給了我很大的啟發。

　　我們首先去考慮了利用《三國典略》中史料的問題。杜教授提出了他感興趣的一些問題，例如梁元帝焚古今圖書十四萬卷、北齊武成帝時期撰寫《修文殿御覽》等相關記載。這些記載都是其他史書中較少提及的。而杜教授注意的是這些記載中反映的更深層次的文化背景。他多次提到梁元帝焚書、折斷珍貴的古代文物吳越寶劍這一場面，認為它表現出一個獨裁者覆滅前的瘋狂靈魂，並批評荷蘭學者認為梁元帝焚書一事是虛構的看法，進一步透過這一紀錄去分析古代史官撰寫史書時的立場與選材方法，並去考察古代書籍散佚的原因等重要問題；他又曾結合洪業對敦煌卷子中被誤認為是《修文殿御覽》殘卷的論證文章，討論古代類書形成與發展的具體過程。這種思路對於習慣於按照中國傳統古籍校勘方法去思考問題的我們來講，應該說是很有啟發意義的。

　　後來我們討論到輯佚得來的資料如何編排成書的問題，按理說，清代和民國時期興起的古籍輯佚作法，一般就是把摘錄來的資料彙集成篇。我們要

做到這樣並不困難。可是我們總想能有所創新，做深入一些。反覆思考後，杜教授提出《資治通鑑考異》可以給我們一些啟發，於是我們想到了先去考證《三國典略》一書的原本體例，透過分析中國古代史書的編寫類型與各類史書的特點，確定了《三國典略》一書應該是一本編年體的史書，從而可以將輯佚的資料按照年代順序排列起來，更好地反映出這本佚書的原來面貌。這樣初步編排後，我們欣喜地看到，所蒐集的佚文能夠顯現出一個比較清晰的脈絡結構，甚至可以透過排列的文字了解《三國典略》一書的寫作體例與文體風格等具體特點。杜教授和我一致感到這條路走對了，之後的工作就做得更加愉快，不僅把《三國典略》的整理工作按時完成，杜教授還用這項研究成果做過專門的學術報告，去深入探討中國古代史書的編寫過程與古代類書的形成方式。

這項工作完成後，杜教授曾經如釋重負地告訴我，由於他從來沒有在學術研究上與別人合作過，更不要說和中國學者合作了，開始時他很擔心，怕不好交流或者做不出成果來，沒有想到我們合作得這麼愉快，並且雙方都有很大收穫，真令他高興。之後，杜教授還多次和別的學者們談起我們的合作與友誼，說明這次合作讓他留下了很好的印象。

英國大學的教授比起我們大學的教授來不知要忙多少。杜德橋教授身兼多職，更是忙得一天到晚團團轉，除去教授眾多課程與指導研究生外，還有研究所的管理，中文系的管理，學校教授委員會的工作以及其他學術活動等等。但就是在這樣的忙碌中，他還是盡量抽時間和我討論研究工作，帶我去圖書館，去拜訪其他漢學研究的教授，甚至專門開車帶我去劍橋大學參觀，領我看他在劍橋讀書時住的宿舍，一路跟我講他與劍橋、牛津和中國文化的淵源，那種熱情與坦誠，那種對於中國文化的熱愛，讓我感到一種心靈默契的感應，一種深深的情誼，好像和相知多年的老朋友在一起。中國有句古話叫「白首如新，傾蓋如故」，我們大概都有這種相同的感覺。

　　英國人都有喝午茶的習慣，每天下午 5 點多鐘，研究所裡的教師、學生往往都要休息下來喝杯茶或咖啡。緊張忙碌一天的杜教授在這時才能放鬆一下，如果這時我也在研究所中工作，他就叫我一起在他的辦公室中喝茶，同時天南地北地聊聊天，因為這之後他一般沒有課了，可以不擔心時間。至今閉上眼睛，還可以回憶起那時的情景，四周滿壁書架，一杯普通的紅茶，幾塊餅乾，窗外逐漸昏暗下來的暮色，伴著杜教授富有韻律的話語，造成一種溫暖舒適的人文環境，令緊張工作一天的身心都得到了放鬆與休息。透過這些輕鬆愉快的閒談，我對杜教授的學術生涯和學術造詣也有了越來越清晰的了解。

　　杜德橋教授出生在一個普通工人的家庭中，幼年過的應該是不怎麼富裕的普通平民生活，他出生在布里斯托爾，而在英格蘭西南海濱的一個小鎮克雷文頓度過了少年時代。在中學時期，他就表現出對語言、文學的愛好與突出的語言天賦，學習了法語、德語、拉丁語等多種語言，並對英國文學有著深入的研究。因此，他在 1956 年獲得獎學金，同時被劍橋大學抹大拉學院錄取。但是按照當時的規定，在入學前要先服兩年兵役。所以，杜德橋在入伍時選擇了在軍隊中接受俄語訓練，拿他自己的話說，自己的體格不適合拿槍。我想，這也正表現了他善良和平的學者心性吧。

　　當了兩年不拿槍的兵後，杜德橋又到德國佛萊堡大學短期學習了德國文學。1959 年 10 月正式進入劍橋大學學習中文，主要研究小說和戲劇。1962 年畢業後，師從張心滄教授讀博士學位。他選擇了《西遊記》作為自己的博士論文研究內容，為此，還到香港新亞研究所（今香港大學新亞學院）留學訪問。這第一次來到東方的短短一年多時間，可以說奠定了他的一生，不僅透過與眾多中國學者的交往堅定了他專門研究中國文化的決心，而且還找到了他終生的伴侶 —— 當時在香港大學學習的羅鳳陽女士。

　　1964 年，杜德橋回到劍橋大學抹大拉學院繼續撰寫博士論文，同時申請到牛津大學講師的工作。1966 年，杜德橋開始在牛津大學任教，1967 年獲

得劍橋大學博士學位。1984 年，杜德橋當選為英國學術院院士，又被聘為劍橋大學中文教授。自 1985 年起在劍橋大學工作 4 年。1989 年以後，杜德橋回到牛津大學做中文教授（邵逸夫講座教授）和中國研究所所長。他的主要研究方面始終圍繞著中國的古典文學與古代宗教思想等內容。他的主要著作有：

- 西遊記：十六世紀中國小說來源的研究（*The Hsi-yu chi: A study of antecedents to the sixteenth-century Chinese novel.* Cambridge University Press, 1970）

- 妙善傳說（*The legend of Miao-shan.* The legend of Miaoshan was first published by Ithaca Press in 1978; the revised edition by Oxford University Press came in2004）

- 李娃傳：九世紀一個中國故事的研究與校訂（*The tale of Li Wa: study and critical edition of a Chinese story from the ninth century.* London: Ithaca Press, or the Board of the Faculty of Oriental Studies, Oxford University Press, 1983）

- 唐代中國的宗教體驗與世俗社會：戴孚《廣異記》研讀（*Religious experience and lay society in T'ang China: a reading of Tai Fu's Kuang-I Chi.* Cambridge University Press, 1995）

- 1880 年的臺灣南部土著居民（*Aborigines of South Taiwan in the 1880s.* Published jointly by the Institute of Taiwan History, Academia Sinica, and the Shungye Museum. Taipei, 1999. ）

- 中世紀中國的佚書（*Lost books of medieval China*, The Panizzi Lectures 1999, London: The British Library, 2000. ）

以及十多篇關於中國古典文學研究的論文。

《西遊記》一書是杜德橋教授研究中國古代文化的起點，他的博士論文就是〈西遊記：1592 年的一百回本及其源流版本的研究〉。在這篇論文以及其

他關於《西遊記》版本的研究中,他利用中國傳統的版本目錄學、校勘學以及傳記研究等方法對《西遊記》的各個早期版本加以分析比較,試圖去搞清楚它們之間錯綜複雜的關係,並且追溯了唐僧師徒西天取經故事的原型,考察這一傳說從口頭文學到戲劇、小說的演變經過,由此深入到討論中國古代文學的發展歷程。在這些早期的研究中,杜德橋教授已經表現出對中國傳統學術研究方法的熟練掌握程度與對中國文化的鍾愛。在這以後,他又透過對唐代傳奇《李娃傳》的翻譯與研究,將自己的中國古典文學研究推向更高的境界。同時,他也越來越多地注意到中國古代文學作品對古代歷史研究與古代宗教思想研究的重要價值,把自己的研究重點逐漸轉向中國古代歷史與民間宗教等方面。對《妙善傳說》以及相關民間寶卷的研究,對《廣異記》的研究等都是在這方面具有重要影響的成果。

關於妙善傳說的研究涉及中國古代社會中觀音信仰的流行,是一個內容廣泛的課題。杜教授從一件碑刻 —— 北宋翰林蔣之奇所作《香山大悲菩薩傳》入手,討論了相關的各種古代文獻、民間寶卷、宗教經籍乃至戲曲、傳說等資料,「依據新發現的證據來敘述妙善故事的背景和它從 11 世紀到 14 世紀之間的演變過程;討論之後產生的沒有被詳細研究過的重要版本;指出其中的關係和一些重要的模式;探索故事的原始資料,故事的發展模式,故事所涉及的社會和文學環境」。使這部著作不僅在古代民間文學研究中具有重要價值,也成為一部民間宗教信仰與民俗研究的經典之作。

國內有學者曾總結出杜德橋的中國民間宗教研究主要特色有:靈活運用各種不同素材,將各個學科的理論都加以融合,為己所用。善於採用新角度來對待傳統史料,不局限於經卷或是民俗學的口頭傳說,更多地依靠傳統意義上的傳奇、志怪等文學作品來開展研究,發掘了文學作品在歷史以及宗教上的新內涵等。從杜德橋的研究成果來看,他很擅於發掘傳統文學史中較邊緣的作品,他的研究對象一般都是些不怎麼著名的在文學史上常常為人們所忽視的作品。故而他的研究成果也大多能夠填補相關領域的空白,同時顯示

出獨特的研究視角和深厚的功力。而他自己卻很謙虛地對我說過，中國文化畢竟不是他們的母文化，他們歐洲的漢學研究者由於語言和了解中國文化方面的限制，不能像中國學者那樣對中國傳統文化中的大課題做全面的論證，只能就一些具體問題進行專門研究。我覺得這正反映出杜教授實事求是的學風與謙遜樸實的學者本色。我也見過有些海外學者，總想對中國學者指手畫腳，表現出自己的研究方法高人一等。杜教授的為人正與他們形成鮮明的對比。實際上，他那種由小見大、由微觀到宏觀的專題研究是很高超的，所得成果與表現出來的研究方法比很多空洞浮泛的所謂大課題有用得多。

　　海外學者對於研究資料的重視程度極高，這一點在我與各國學者的交往中感受頗深。他們可以用多年時間到處去蒐集與自己研究有關的資料，念念在茲，一旦有所收穫，往往欣喜若狂。自然，他們的經濟條件和研究條件比我們要好很多，有條件去各地尋找資料，但是，這種對於學術鑽研十分專注的精神，也是很值得學習的。杜德橋想要去尋找的香山大悲菩薩傳碑就讓他一直念念不忘。在牛津時，他曾經詳細地把他去河南寶豐尋碑的經過講給我聽。也難為他，在還沒有全面開放的八十年代初就一個人跑到偏遠的寶豐縣城去。當地的官員沒有讓他去看香山寺，只答應提供他一份拓本（實際上並沒有提供，但是當地官員一直在介紹當地名勝時說這件碑的拓本去牛津大學展覽過）也是意料之中的了。在我們聊天時，杜教授對寶豐的香山寺充滿了嚮往，也為沒有能親眼見到那座石碑而遺憾。為了彌補他的遺憾，我回到中國後，曾和河南文物研究所的朋友們專門去了一次香山寺，拍了一些寺院和寶塔的照片送給他看。他非常高興，並且把香山寺的照片用到了再版的《妙善傳說》一書中。近年寶豐縣當地的官員找我們介紹了他們重修香山寺和建設香山文化園的規畫，並表示將邀請杜教授來參觀，看來杜教授的心願很快就會實現了。

　　英國人大多從小就受到很好的音樂教育，都會演奏樂器。杜教授就彈得一手好鋼琴，可以演奏不少名曲。有時他和中文系的其他老師來個鋼琴、小

提琴合奏，能夠讓大家都陶醉在美妙的音樂中。可惜工作太忙，這樣的機會不多。但是我們已經可以領略到他對生活，對生命，對美好事物深深的熱愛，也就更能體會到他善良美好的內心世界。

我離開牛津的時候，為了要趕班機，早上 7 點就得去乘巴士，所以前一天就向杜教授告別了。但是沒有想到，在我踏上巴士的時候，竟看到杜教授氣喘吁吁地騎著自行車趕到了車站。他還是堅持從老遠的家裡提早趕來給我送行。我的行囊頓時變得無比沉重，那裡增添了杜教授太多太多的深厚情誼。巴士駛出時，我從車窗望去，杜教授還在那裡微笑著揮手，寒風捲起了他稀疏的白髮。這一感人的情景，至今還清晰地映在我的眼前。

爾後，杜教授幾次來北京訪問、講學，都要找我見面，聊聊各自的工作與生活。2005 年，他從牛津大學中國研究所所長職位上退休，當時來信告訴我，他新買了一架很好的鋼琴，每天彈彈琴，做點研究，在家裡過著幸福愉快的晚年。我 2009 年應邀到牛津大學作客座教授時，杜教授又接我到他家裡作客，看到他們老倆口在整潔的客廳內愉快地彈琴，聽他告訴我兒孫們來時的熱鬧景象，說起近來的研究課題，真有說不完的話。十多年了，我眼前的杜德橋仍然是那個專注於學術，充滿活力，熱愛生活，善良可愛的好老頭。我的耳邊不禁又響起他發自內心的感慨：「我們的一生最幸福，因為我們一直從事著自己喜愛的事業。」

原載《國際漢學研究通訊》第二集

訪英隨感

一、百感交集的綠

我是在十一月到達英國的。離開北京時，飛機舷窗外已是一片蒼茫。掉光了葉子的樹木裸露出黑褐色的軀幹。空曠的原野上，北風揚撒著黃色的沙塵。這幅幾十年來看慣了的景象當時並沒有在我的心中引起什麼異樣。秋之為氣也肅殺，從老祖宗起就是這樣的。

我有幸生值經風雨、見世面的時代，東奔西走，到過五湖四海不少地方。但在記憶中，卻很少能找出這樣不露泥土，無邊無際的綠色原野來。中原夏天的農田綠，但是總罩著一層薄薄的灰，裡面還夾著一條條土路和村邊的土場，為綠野劃出了一道道界限。南京紫金山麓的草地綠，卻脫不盡遊人帶來的雜色，又摻入了大大小小的房屋建築。而這裡，公路兩邊，城鎮四周，都是大片大片的綠色草地，開闊得望不見邊。間或點綴上一株蓬蓬鬆鬆、冠帽大得能遮住幾十個人的老樹，有時托出一叢密密的灌木林。那綠色，隨著不高的丘陵流散開去，讓你的眼裡裝滿了一層一層深深淺淺的綠，濃得發黑的綠，淡得似霧的綠，揉進黃的綠，點著紅的綠……無數的色彩都融會在這一個綠的大基調中，清清亮亮，讓你捨不得挪開眼去。

原野上是這般的綠，似乎理所應當，總歸不是農田就是牧場，頂多是天氣溫和濕潤，植物生長得好罷了。但是接近城市，潔淨的綠色依然不減。除去幾條排滿樓房的商業街以外，學院和住宅區的路邊都是叢叢綠樹，不遠就夾著一小塊草地。一棟棟高低錯落、紅牆尖頂的古老建築，都猶抱琵琶半遮面似地隱藏在各色各樣的綠樹中。尤其有意思的是這裡的私人住宅，每家的小樓前都有一個小小的庭園。庭園中或鋪撒著細石，或築成水泥或瀝青的地坪，但更多的是種滿綠草，栽上一棵蒼鬱的大樹。有的庭園中還點綴上一座小小的石雕，顯得典雅寧靜。看慣了中國深牆大院的人，對這裡的院牆會有更強烈的興趣。這裡的院牆大多只是一尺來高，實際上只是一個花壇的邊，上面種了一排整整齊齊的花樹或灌木。有的連花壇也沒有，就用一排灌木隔

開院子與街道。這些花樹千姿百態，大多也叫不出名字來。有的像茶樹，葉子肥肥大大，油綠可愛；有的像松樹，葉子尖細，簇集在一起；有的葉子邊緣是黃色，長出尖尖的刺；還有的結滿了一堆堆的紅豆子，嬌豔好看得不得了。

牛津的四周，有許多塊大片的草地，是各個學院的財產。這些草地不做任何用途，似乎專門用來美化環境。有的草地上建有足球門，橄欖球門等體育設施，供大家使用。更多的草地上只是平坦的綠茵，一覽無遺。一次，牛津大學莫頓學院院長潔西卡‧羅森女士約我去她學院的草地上漫步。我隨口問起這些草地的用途。

她說很多草地就是為了維護這裡的環境。她們學院有一塊地曾轉讓給大學本部，但合約上還規定不得在上頭蓋任何建築。大學現在想用這塊地建一座教學樓，但限於合約，也無可奈何。讓這麼多的土地閒著長草，我們會覺得不可思議。多少年來，我們忙著把一片片的山林草場變成農田和建築，卻毫不注意我們身邊的綠色已經褪成了泥土的枯黃。直到漫步在這清新的綠色之中，我們才突然感覺到一種強烈的對比，感覺到綠色對人類的重要。

除去草地，牛津還有好幾個大學公園。看慣了中國的園林，再來看英國的公園，絕對是另一番感覺。西方人不知是頭腦簡單還是喜歡秩序化，對於自然，只是給它剃剃頭刮刮臉，讓它整齊乾淨得如同一隊剛剃了頭穿上制服的新兵，而絕不會像中國人那樣去平地造山，山頂開河。他們的公園是純粹自然。大片的草坪，大棵的樹木，毫無遮掩，一望之下，袒露無遺。唯一人工的跡象就是把一些樹木修剪成方方正正，活像根綠柱子。這大概也是歐洲人的思想，直來直去，源於自然，讓你能簡單的盡力簡單，能看到的全可以看到。不像我們的園林，高牆深掩，曲徑通幽，方寸之地也要變出八景十景，氣象萬千。文言叫「胸中自有丘壑」，方言叫「內裡一肚子花花腸子」。現在時興搞中西文化比較，也許這該算一條中西文化的不同吧。

環境保護得好，一年四季地面植被不斷，自然就空氣清新，四周潔淨。

我在牛津的時候，正好中華書局的張忱石先生也去英國洽公。他一到倫敦，別的不講，先說了幾遍：「倫敦空氣真好。」等到他來牛津，又一連聲地講：「牛津的空氣更好。」可見這種清新空氣給人留下的印象之深。即使這樣，一些英國朋友還在抱怨汽車太多，汙染了空氣。我聽到這樣的話時，總想對他們說一句：「知足點吧。」

有一次，牛津大學的杜德橋教授親自開車，帶我去劍橋參觀。一路上，窗外的景色隨著曲曲彎彎的道路不時變幻，一會兒是忽高忽低的山地畫出了柔柔的曲線，一會兒是坦蕩無際的田野揮出的平直。而那濃濃淡淡的綠色卻始終渲染著路兩邊的土地，間或點綴上一群群悠閒地漫步在綠野中的牛羊。橫看豎看，都是一幅幅絕好的畫面。在世界美術史上，英國十八、十九世紀的水彩畫最負盛名，尤其是描繪田園風光的作品，如透納（Joseph Mallord William Turner, 1775 — 1851）的寫生，給人一種安寧、舒適的感覺。到了這裡，不用任何解說，你就能理解英國水彩畫誕生的原因。那一幅幅動人的畫面就像是從大地裡搬上去的。甚至都不用選景，隨意畫一處，就是一張好畫。

看狄更斯的小說，總讓我對倫敦留下一個濃霧瀰漫、煙灰飄散、陰鬱灰暗的印象。回國以後，也有人這麼問過我：「倫敦霧多嗎？」可見霧都倫敦的名聲在我們心中多麼根深蒂固了。實際上，那是十八、十九世紀工業化的惡果。日益惡化的環境，引起了人們對環境保護的重視。隨著科學和工業設備的發展，霧都倫敦已經是遙遠的歷史了。從破壞環境去換取金錢到再被迫投入金錢去恢復自然環境。工業大國已經走過了這麼一個大彎路。我們是不是也要再走這麼一個彎路才能明白過來呢？

以前讀詩詞古文，覺得「一枝紅杏出牆來」也美，「草色入簾青」也美。看了讓人這麼百感交集的綠，忽然覺得，那草色入簾的綠，才是具有生命真諦的顏色。而被漫漫大牆遮住了的春天，即使露出一點嫣紅，幾星綠色，也令人掩不住幾多遺憾。如果大地上蓋滿了院牆，只剩下「一枝紅杏」，那恐怕就只能使人悲哀了。

二、英國的乞丐

話說人類社會最早的職業有兩類，一種是妓女，另一種就是乞丐。乞丐遍天下。這大英帝國也不例外。在倫敦，一些臨街建築的門廊下，隱蔽的凹角中，常有裹著睡袋躺在那裡的人。老人居多。地下道中也有。有的擺上儼然是一個小居室的一堆臥具，旁邊堆幾個塑膠袋子，有吃的，有用的。這就是所謂無家可歸者，讓人看了就從心裡發冷。可是從他們神態木然的臉上，看不出什麼來，好像這樣生活已經成了習慣。匆匆走過他們身邊的人們也視若無物。誰知道呢，也許像有的中國報紙上講的，乞丐裡也有萬元戶呢。

但是英國乞丐的收穫不像是太好。牛津的街巷裡，我見過幾種乞丐，卻各具風貌，說來與中國的乞丐確實不同，不知是否也顯出了這個文化聖地的文化特色。

班伯里路（Banbury Road）的南口，坐落著一座古樸的小教堂。牆還是亂石塊砌起的。說不清建築的時間，恐怕也有幾百年了。教堂外面有一塊小小的綠地，上面零零散散地點綴著幾座古老的墓碑。綠地中間有一條通道，兩邊有兩三棵粗壯的橡樹，把它那蓬鬆的枝條伸到通道上行人的頭頂，遮得這條小路影影綽綽，忽明忽暗，是個鬧中取靜的去處。

一天晚上，我從研究所回來，穿過這條小道，忽見一團黑影堆在小道的半中央，頓時毛髮一立，心想不知是羅賓漢還是李逵，會不會抽出個傢伙來問我要吃餛飩還是吃板刀麵。正猶豫之間，卻有一陣悠悠的口琴聲斷斷續續地傳過來。走近一看，原來是一個滿面鬍鬚的老人，坐在那裡，低了頭，雙手捧了一個口琴，用力地吹。吹的不知是什麼曲子，也聽不出是歡快還是悲哀，只是一股慢悠悠的音韻，像是在漫無目的地隨意回想著什麼。他面前地上鋪了一個布袋，幾枚大大小小的便士散扔在上面，冷冷地映著樹縫中透進來的路燈光。四顧幽幽，前後無人，想來這位老兄不會在我過去時打我一悶棍，於是加快腳步走過去。那老人一無反應，仍然是低了頭全心全意地吹。

走過去以後，回頭一望，不免有些悵然，油然泛起一股說不清是什麼的情緒。穿出樹影，走上大道，那琴聲，還在不緊不慢地響著。

第二天早上，又從這裡經過，那老人還在，仍然低著頭吹他的口琴。我扔下一個硬幣。老人視若不見地自吹不止。看來他是直入老莊境界，無我無物，完全沉浸到自己的思緒中去了。

第三天，這老人不見了。從此再也沒有見到他。看他的衣著並不破舊，也許是偶爾路過，缺了盤纏，也許是去了社會救濟所，也許⋯⋯

賣唱是乞丐最愛採用的手段。牛津幾條熱鬧大街的人行道上，時而也有邊唱邊奏的乞丐。這種人多是年輕人。男子大多衣著粗放，有的披著南美式的披氈，有的穿著牛仔式的坎肩，破牛仔褲，懷抱吉他，連彈帶吼，一唱個把小時不停，也真是一門絕活。這種歌曲大都節奏鮮明，速度很快，頗有點流行歌曲的味道。加上他們往往年青氣壯，聲音隔著半條街就能聽見。我對這種人是敬而遠之。匆匆走過，偶爾眼角一瞥，也能見到他們面前的琴盒中，寥寥幾枚硬幣。似乎收入也是不佳。

我也猶豫過，把這些人列入乞丐是否合適，是否稱為街頭藝人更恰當些。不過一是他們衣著太蹩腳，二是他們還達不到專業水準。在倫敦的 Subway（地下通道）中，我見過幾位專業的藝人。一位女士，穿得整整齊齊，儀態優雅，手把提琴，演奏著巴哈的樂曲。一位男士，也是衣冠楚楚，面前擺著電子琴、爵士鼓，演奏著流行音樂。那水準決非這些青年所能比擬。當然，面前少不了收錢的盒子。牛津的市場上，我還見過一個小樂隊，幾位少女，組成絃樂四重奏，技法純熟，曲調動聽。是否為了賺錢，我沒有看到，不好亂說。

記得一位革命領袖在組織工人罷工時曾經提出過「哀以動人」的方針。我在這裡見到一個女孩把它運用得最為成功。這個女孩總是穿一件褪了色的藍外衣，裹一條舊毛毯。不管多冷，都往水泥地上盤腿一坐，仰起一張長滿雀斑的圓臉，任寒風把一頭乾草色的頭髮吹得亂蓬蓬的。她手裡舉著一個罐

頭筒，搖晃著裡面的硬幣，嘴裡不斷地喃喃著：「Change Change（零錢，零錢）」。臉上一副哀婉動人的表情，加上那似乎略帶哭腔的聲音，由不得你不生惻隱之心。但住在牛津的人幾乎天天能見到她，這惻隱之心也就會打了折扣。不過對於外來人口可能還有效。一次北京大學的李伯謙教授來牛津參觀，我送他去汽車站時，路過這個女孩身邊。李先生對我說：「這個女孩真可憐，剛才我來時就見到她了，給了她半磅錢。」我唯唯，心裡卻說：「我們天天見，也不知被套去幾多 penny（便士）了。」

英國朋友告訴過我，據說有人做過社會調查，說倫敦有的乞丐一天可以要到上百磅的錢。不知這是不是普遍現象？記得《福爾摩斯探案集》中就有過一個記述專業乞丐的例子。那位老兄平時衣冠楚楚，住著花園樓房，像個商人一樣乘車上班，做的卻是扮成身障人士去乞討的工作。斗轉星移，冉冉近百年，世態依舊。人類社會真是一個永遠猜不透的謎。

有一次在路上走，一輛舊汽車突然停在我身邊。車裡大人小孩坐得滿滿的。開車的人堆著笑臉說，我們來牛津找人，汽油不夠了，身上沒錢，請你借我們一點，我們會寄還給您，並且煞有其事地把地址、電話寫給我。看到小孩們又冷又餓的可憐相，我心一軟，掏出一張 20 磅的鈔票。車上的人一把抓過去，開車就跑。我心知上當，那個地址自然也是子虛烏有了。牛津地方小，後來，我又見過這些人的車在街上轉，尋找獵物。但是，大概他們認出我了（像我這樣的傻瓜大約不多見），忽地一拐彎，溜之大吉。

也許是受了只重衣冠不重人的影響吧，有一天晚上，一位穿著整潔的三件頭西裝，頭髮梳得溜光的老人在路邊把我攔住時，頗讓我小小地吃了一驚。這等人物也會伸手要錢嗎？嘿，他還真是伸手要錢。老人很客氣又很理直氣壯地對我說：他出來後，發現沒有帶零錢，需要 80 便士坐公共汽車，問我能不能幫幫忙。我想這倒又是一種要錢的名目，不過只當做件好事，積個善緣，便隨手掏出幾個硬幣給他。老人似乎很受感動，拍著我的肩，連聲說：「好人，好人。」我暗自好笑，自以為又見識了一類乞丐。

沒有想到，事過多日，一次去超級市場買食物，偏巧在商店門前又碰見這位老人了。他盯著我看了半天，終於上前來問：「先生，我們是不是見過面？」我以為他又要故技重施，笑一笑，正要離開。他卻叫起來：「是的，我向你要過車錢。」一面說，一面向褲袋中掏錢，要還給我。這可令我頗為慚愧，想不到是自己看錯了人。這才是「假作真時真亦假」呢。

三、隨地吐痰

在中國各大城市漫步，大概看到最多的字樣就是種種禁止了。「禁止隨地吐痰」、「禁止隨地大小便」、「禁止亂扔垃圾」……甚至設有監察人員，見到違反規定的就罰款，可是還常常禁而不止。包括本人在內，有時嗓子一癢癢，那痰就自然而然地飛向紅塵之中了。

有了這個毛病，初到英國，就真有點手足無措的感覺。像我住的牛津吧，城小人少，清清淨淨，滿城乾淨得不行。每天早上外出跑步時，常碰上清潔工人開著清潔車在認真清掃城市。馬路，人行道，甚至牆根都掃得乾乾淨淨。英國雨水又多，柏油路上常像剛洗過似的。路邊隔不遠就有一個垃圾桶，所以路上常是連紙屑也見不到。加上空氣好，很少有人鼻涕痰唾一齊來的，地上自然是很難見到痰跡了。

在沒來英國前就聽說外頭執法嚴格，對亂吐痰亂扔垃圾的罰款可凶了。可是我在牛津街上，幾乎就沒有見到過警察。當然也就沒有人來檢查和罰款，有時長長的街上一個人影也見不到。按說沒有了罰款的威脅，該放膽吐了吧。可是還不行，周圍那干乾淨淨的天地，就像一座無形的大山在壓著你。

偏偏嗓子又好犯毛病，走著走著就癢癢，這時那個難受真是莫名其妙。有心呸的一口吐出來，又被那種力量堵著嘴，上下不得，彷彿喘氣都費點勁兒。偷偷往周圍打量一下，咳的一聲，一口痰到了嗓子眼。尋找一下吐的地方，柏油路上乾乾淨淨，草坪裡綠得純淨，實在讓人不忍心吐上去。找塊土

地吧，東看西看，死活沒有。實在沒轍，掏掏兜裡，還有點紙。得，拿出來，輕輕吐在上面，趕緊走幾步，扔到垃圾桶裡吧。

唉，想想在家裡時，嗓子癢癢了，挺挺胸，運運氣，響亮地「咳」一聲，挺有勁地張口「呸」他一下，一口痰飛得遠遠的。濁氣盡消，上下通泰，多痛快啊。當然，你痛快，別人就不痛快了。

想來中國人吐痰也是由來已久了。當初尼克森（Richard Milhous Nixon，1913 — 1994）訪華，就曾經為會見廳上處處擺著痰盂而感到十分新奇。究其根本，還是環境汙染太厲害，呼吸道負擔太重。空氣如果清新起來，吐痰的情況自然就會少了。當然，改改隨地吐痰的壞毛病，養成文明生活的習慣，也是必要的，可那就是非一日之功了。

自然教育與天性並不能決定一切，說了這麼半天無非是感到環境的作用。中國古代早就強調了這一點，故曰「橘生淮北則為枳」。創造一個清潔良好的環境，有助於形成文明和平的文化風尚。外國人吐痰的少吧。我在北京街頭就見過洋人也大大方方地吐痰。可見改變環境，才能改變人。不然，您看大飯店裡有沒有隨地亂吐痰的。

‖四、中英話吃‖

民以食為天，人類對於吃有說不完的話題。尤其是擁有豐富食文化的中華大國。自商周時期開始，就有從貴族老爺的「賓之初筵，左右秩秩。籩豆有楚，肴核維旅。酒既和旨，飲酒孔偕」（《詩經·小雅·賓之初筵》），到平民百姓的「六月食鬱及薁，七月亨葵及菽」（《詩經·豳風·七月》），正所謂各有各的吃法。論講究的，四大菜系，滿漢全席，飛龍鹿胎，駝峰熊掌，吃一看二眼觀三的席，乃至皇帝老子天天頓頓一百多個碟子的飯菜。論悽慘的，野菜，樹皮，穀糠，觀音土，小球藻。中國人什麼沒有吃過？

早就聽說英國人不會做飯。有位研究語言的朋友說，英語中凡是關於美

食的名詞多是從法語中來的。我不懂法語，故妄鸚鵡學舌一回，但願我的英國朋友不會因此生氣。我發現英法兩國的學者在維護自己國家的文化歷史這一點上是誰也不讓誰的。打住。回頭來說英國人不會做飯一說。拿我們中國人的標準來說，一般英國人做飯的能力可能的確不算好。所以他們更喜歡上飯館聚會。但是他們也很喜歡吃。他們的蛋糕、冰淇淋、巧克力做的真是「味道好極了」。

實際上，雖然英國已經是發達的工業化國家，大部分食品也都是由工業生產的成品或半成品，但這只加快了他們的吃飯速度，並沒有把他們的食譜變得更豐富，更沒有使他們的每頓飯變成十個八個、甚至幾十個菜的盛宴。一般的英國人早餐只是烤麵包、煎蛋或鹹肉、咖啡和奶。現在半成品多了，也有用奶沖點麥片、玉米片之類的就算一餐。至於中飯，在外工作、學習的人大多啃個三明治，泡杯咖啡或茶，也就解決了民生問題。晚飯當然得講究一點，在家裡做飯的得做一兩道菜，加上湯和甜點，這就很豐富了。像我們中國人家平常一頓飯也炒上四五個菜，那在英國人家得算宴席了。即使是在餐廳裡吃飯，英國人也只是叫一兩道菜而已，而且都吃得乾乾淨淨，很少見到有桌面上盤碗狼藉、剩菜成堆的現象。至於英國菜的味道，吃慣了中國飯的我們的確很難恭維，除了色還可觀以外，香與味都相差甚遠。

正因為如此，英國國內的飯館大多是世界各國的風味，法國菜，印度菜，泰國菜……自然少不了名聞天下的中國菜。平時宴客，約會，家人小聚，多到飯館解決。他們自己做飯的手藝就更難進步了。

在英國的飯館中吃飯，令人滿意的是那份氣氛。桌椅乾乾淨淨，臺面上擺放著嬌豔的鮮花，明亮的燭臺。客人們溫文有禮，友好融洽。像中國那種爭擺排場，山珍海味堆起幾層和頻頻勸酒，呼五喝六的場面是根本見不到的，大概是人家公費吃喝的機會不多吧。

話說回來，我在英國也出席了幾次公費吃喝，一次是英國學術院舉辦的招待會，出席的多是英國學術界的名宿大儒，個個身價不菲，但那招待會印

刷精緻的菜單上也只不過四道冷菜而已。而且賓客每人自拿一個盤子，依次由守著大盤菜餚的服務員將菜分入盤中，絕不至於剩菜成堆。賓客們隨意組合，縱情交談，同樣盡歡而散。這裡，吃是次要的，主要是情感與學術的交流。雖然沒有中國宴會那種盛大排場，效果也不錯。

又有一次，大英博物館宴請來參加中國文物討論會的各國學者，這次在倫敦唐人街的中國飯店裡，於是重現了中國宴會上的熱鬧場景，各種好菜一道道端上來，直至「吃不了兜著走」。出門後，幾個中國人相視而笑，都說：「到底是跟中國人打交道的，受了咱們的傳染了」。

原載《南方文化》1998 年第 2 期

後記

　　這裡收集的是我在考古專業研究工作項目和專業文著之外零碎寫就的一些雜文，其中有關於文史、文物考古的隨筆雜談，也有一些應邀做的專題講座文稿，還有一些回憶文章和書評。總之，都是不能正式認作學術論文的。本來想這些文章也就隨風飄散了。去年承孟繁之先生看重，提出來要幫我聯繫出版，要我整理一下。接著就得到出版方的支持，答應予以出版。這才抽空挑選了一下，歸攏了 33 篇小文，湊成這本小書。

　　這些文章實際上基本也是所謂「應題之作」，自己命題的不多，大多是交付相關期刊約稿的任務。最早寫這類雜談還源於我的大學同學王星。她在 1980 年代曾為林業部辦一個科普刊物《森林與人類》，於是找同學幫忙寫稿。我寫過兩篇考古文物與森林木材關係的短文給她，但是時間太久，現在找不到了，也就沒有收入本書。而後我當時工作的國家文物局古文獻研究室接辦了《文物天地》一刊，負責的韓仲明、於采芑二位同仁要我們寫稿支持，於是就接觸到的文物，偶有所感，便寫幾千字，陸陸續續也有十幾篇。直至《文物天地》改由《中國文物報》編輯後，才不再寫了。接著又有高校古籍整理委員會創辦的《中國典籍與文化》一刊來約稿，負責編輯部的楊忠、劉玉才兩位先生頗賜青眼，寄去的稿件都被刊登，也就不好意思不努力，關於文史廣角方面的稿子也寫了八九篇。這些文章就是本書的主要部分。除此之外，我還零星地為其他文史刊物、報紙寫過一些雜談，尤其是為臺灣的《南海》雜誌寫得較多。因時間已久，尋找收集不易，大多沒有收入本書。

　　以前學術界自視甚高，講究鑽象牙塔，在我所屬的科學研究單位，這類雜談文章不能算成果，考核評定之類更是無緣，也就沒有注意保存。所幸有些刊物還可找到，劉玉才先生又特地寄來《中國典籍與文化》上發表文章的電子版，才使本書稍具規模。想想近年各種宣傳傳統文化的熱浪，使自己覺

得這些文章或許還有點用處,至少當初寫作上還很認真,文字尚可一讀吧。只是當初發表的刊物不一,要求各有側重,這些文章也就雜得可以,考古、文物、歷史、古籍、宗教……什麼都有點,限於學力,也可能什麼都沒說透。只好請讀者多多包涵,多多指正吧。

我最幸運的是能有機會向多位中國學術界最傑出的大師和國際漢學大師學習,並與之交往。最後幾篇文章是這些交往的一點回憶,也是我對他們道德文章的由衷欽佩。這樣的大師,已經隨著那個產生大師的時代逐漸遠去。但他們的高尚品格與卓越成就應該永遠是我們精神家園中的不朽基石。

小書的出版,首先要感謝出版方的大力幫助,尤其是在出版困難的當前,還願意不計成本,慨然承擔,更讓我十分感動。孟繁之學弟從中促成,亦深為感念。同時,也要借此感謝一切在學術道路上幫助過我的師友們,並將它獻給我最愛的人。

蘇子詩云:「人生到處知何似,應似飛鴻踏雪泥。泥上偶然留指爪,鴻飛那復計東西。」雖是對無奈宿命的感嘆,但也道出千古人生的必然現象。小子命蹇,生逢史無前例的大時代,一生東奔西走為人民服務,卻難得有自我,也就很少有機會表達自己的思想。現在年逾耳順,想想也許只有這些雪泥鴻爪,會在偶然間留下真正屬於自己的點滴感悟、隻言片語,故以此為小書題名。

中國古代文化漫談：

百種調香 × 異域歌舞 × 相馬游獵，古人其實比你更懂生活！

作　　者：趙超

發 行 人：黃振庭

出 版 者：崧燁文化事業有限公司

發 行 者：崧燁文化事業有限公司

E-mail：sonbookservice@gmail.com

粉 絲 頁：https://www.facebook.com/
　　　　　sonbookss/

網　　址：https://sonbook.net/

地　　址：台北市中正區重慶南路一段六十一號八
　　　　　樓 815 室

Rm. 815, 8F., No.61, Sec. 1, Chongqing S. Rd.,
Zhongzheng Dist., Taipei City 100, Taiwan

電　　話：(02)2370-3310

傳　　真：(02)2388-1990

印　　刷：京峯彩色印刷有限公司（京峰數位）

律師顧問：廣華律師事務所 張珮琦律師

─版權聲明─────────────

定　　價：520 元

發行日期：2023 年 02 月第一版

◎本書以 POD 印製

國家圖書館出版品預行編目資料

中國古代文化漫談：百種調香 ×
異域歌舞 × 相馬游獵，古人其實
比你更懂生活！/ 趙超著 . -- 第一
版 . -- 臺北市：崧燁文化事業有限
公司 , 2023.02
　面；　公分
POD 版
ISBN 978-626-332-963-8(平裝)
1.CST: 中國文化 2.CST: 通俗作品
541.262　111019573

電子書購買

臉書